国家社科基金重大项目"中医药文化助推中华优秀传统文化复兴"成果之一

文化先行

张其成　著

中国文史出版社

中华文化是中华民族复兴的先行者！

中医文化是中华文化复兴的先行者！

目　　录

1

前　　言

我与"先行"这个词的深厚交情是从 2013 年 8 月 22 日开始的。那一天，《中国中医药报》头版刊登了一篇文章，题目是《中医药是中华文化伟大复兴先行者》。我必须摘录其中一段话佐证我与"先行"这个词的美丽邂逅："得知习近平主席提出将促进中医药在海外发展，长期从事中医文化研究的北京中医药大学张其成教授十分振奋，他认为，中医药走向世界是中华文化伟大复兴的先行者。"

这段话破土而出生长出一个命题："中医药是中华文化伟大复兴的先行者。"写这篇文章的记者敏锐地把这个命题当作文章的题目。

这个命题仔细琢磨其实挺难懂的，从"中医药先行"走到"中华文化伟大复兴"，那可真是一个并不简单的逻辑行程。这些年，我尝试写一些文章论证这个逻辑行程，难免浅尝辄止，很不过瘾。其后，我向国家社科基金提交了"以中医文化助推中华优秀传统文化复兴研究"的选题建议，这一选题最终被列为重大项目，经过竞标我有幸担任这一项目首席专家。经过数年的研究，大量的文献和调研数据对"中医药是中华文化伟大复兴的先行者"这一命题作了论证。应中国文史出版社《政协委员文库》之邀，我决定以"文化先行"为题，将我在中华文化和中医文化方面四十年的研究著述和文章进行整理结集，重点阐述两大命题：

一、中华文化是中华民族伟大复兴的先行者

二、中医文化是中华文化伟大复兴的先行者

这两大命题提出的逻辑行程，可以简单概述如下：

第一，中医不仅是一种医疗科学技术，而且是一种思想文化。具有科学和人文两种属性。中医辨证施治体现出的是一种整体观思想，其中既具有自然科学的学术特征，又具有鲜明的中华文化人文特征。中医文化是什么？就是中医的价值观念和思维方式，说白了，就是中医的整体观念和象数思维方式。中医学的基本理论、医德规范、临床诊疗，乃至养生保健无不体现了中华文化的核心价值观念。

第二，中医文化不仅是中华传统文化的重要组成部分，而且是中华优秀传统文化的杰出代表。中医文化来源于中华传统文化，中医思维方法和思维模型来源于易学最典型的阴阳五行象数模型。医源于易，医易同源，易医同理，易学与中医文化交融并进。医家和儒家、道家、佛家一样都是中华传统文化的重要组成部分。如果从易学阴阳的角度看，儒家偏阳，道家偏阴，佛家偏空，医家则阴阳不偏。从历史上看，中医学在形成和发展过程中，不断吸收了儒家、道家乃至佛家的思想精华及养生经验。所以说中医文化是中华优秀传统文化的杰出代表。

第三，中医文化具有去意识形态化又最接地气的特征，中医是治病救人的，是实用的，让人健康快乐、延年益寿，中医的养生理念和方法可以融入百姓日常生活中。从中华文化国际传播的实效看，世界一百八十三个国家和地区已经使用中医针灸，国外民众越来越欢迎中医。近年来中国外文局组织了中国国家形象全球调查，2015 年到 2018 年每年的调查报告显示，最能代表中国文化的元素符号，中医排在第一名、第二名。实践表明，中医文化实际上已经担当中华文化国际传播"先行者"的角色，也必定会担当中华文化伟大复兴"先行者"的角色。

第四，中华传统文化的基本结构是"一源三流，两支五经"。《易经》是中华文化的总源头，从这个总源头分出儒家、道家和中国化的佛家三条河流。"儒门释户道相通，三教从来一祖风。""红莲白藕青荷叶，三教原来是一家。""两支"就是当代最系统、最完整保存中华传统文化的两大学科——国医和国艺。在当代社会，普通百姓对《易经》和儒释道已经不太了解了，但这两大学科大家都熟知，人人都会看到、听到或者用到。"五经"是指最能代表中华传统文化的五部经典——《易经》《论语》《道德经》《六祖坛经》《黄帝内经》，分别是中华第一经典、儒家第一经典、道家第一经典、中国化佛家第一经典、中医第一经典。遗憾的是国艺没有留下这么一部经典，否则就是国学六经了。我把它们称为"国学五经"，是中华文化最低的必读书目。由"大易"开创的中华文化，儒、道、佛、医、艺五家互动互补，体现了"中正和谐"的核心价值和民族精神。

第五，中华文化复兴是中华民族伟大复兴的先行者。中华文化是中华民族的灵魂，是中华民族的心灵家园，不仅是我们这个民族生生不息的精神力量，而且是祖祖辈辈中国人的精神信仰。我们现在面临的时代是一个伟大的时代，那就是中华民族的伟大复兴，而民族的复兴最终必定是民族文化的复兴。"人民有信仰，国家有力量，民族有希望。"可见"信仰"又是民族复兴、国家强大的前提。而"文化"说到底就是一种信仰。当代社会最大的危机是信仰危机，所以"文化自信是更基础、更广泛、更深厚的自信，是更基本、更深沉、更持久的力量"。中华文化复兴代表着中华民族生生不息、繁荣昌盛的顽强生命力，是中华民族万古长存的理由和中华民族复兴的先行任务。中华文化以"大易文化"为源头，以"大医文化"为落地。所以中医文化的复兴好比开通了一条直奔中华文化实质、直接作用于每个人身心感受的绿色通道，中华文化孕育了中医文化，中医文化又总是不失时机地为中华文化冲锋陷阵。于是，中华文化复兴浩浩荡荡，中华民族复兴势不可当。

上述观点可能会令读者困惑或怀疑，也许读一读《文化先行》这本书可以为您解惑答疑。当然，由于从整理资料到编撰写作的时间比较短，这本书一定有许多不足之处，还请读者不吝指正。总之，希望能有机会和读者朋友共同探讨这一命题。

最后，我要感谢参与《文化先行》编著的我的两位优秀的博士后。水调歌博士出色地完成了编著提炼工作，李超杰博士全面精准地整理了资料。当然，还要感谢中国文史出版社。

上　部

中华文化是中华民族复兴的先行者

第一章　中华文化的结构
——易道主干，三教合易

第一节　一源三流：国学的基本结构

一、国学——中华文化的代称

什么是国学？实际上很简单，国是指中国，学就是学问，中华文化是指中国传统的学问，或者叫中国传统的学术，约等于中华优秀传统文化，但它们并不完全相同。它们的区别在哪里呢？在我看来，国学是中华优秀传统文化当中精华的部分，是偏重于形而上的一个层面。从文化的角度来说，国学作为中华优秀传统文化的精华，它的载体是什么呢？是文字、文献和语言，其中还有一个活的载体，就是人，我们中国人一举手、一投足实际上都体现了中华文化的精华——国学。千万年来，中国人依托独特的国学精粹，融入百姓日常生活，以风俗习惯、礼仪规范等形式彰显了中华民族身心健康的生活方式。

将国学看成中国固有的学术文化，也就是中华文化，主要是章太炎和邓实提出来的。显然这种意义的"国学"就是"中国学"，是针对"外国学"而提出的，"国学"之兴亡与国家的兴亡紧紧联系在一起。这一定义经过几代学者的努力坚守，已为大众所普遍接受。19世纪末，面对西学和"欧化主义"的冲击，日本学界发出了提倡"国学"的呼声。1902年秋，流亡海外的梁启超、黄遵宪等人商议，想在日本创办《国学报》。1904年，邓实发表《国学保存论》，并于次年在上海成立了

"国学保存会"，以"研究国学，保存国粹"为宗旨。当时旅居日本的章太炎主编《民报》时，曾举办"国学讲习会""国学振兴社"。

作为中华文化的重要载体，国学的典籍著作按照《汉书·艺文志》的分类，可分为六类：六艺（六经）、诸子、诗赋、兵书、术数、方技（中医）。如果按照《四库全书》的分类，可分为四类：经学、子学、史学、文学。如果按照学科的分类，国学或者说中华文化，怎么分类呢？可大体分为五类：文、史、哲、科、医。文，文学艺术；史，历史典制；哲，哲学宗教；科，科学技术；医，中医养生。这里将中医从科学技术里分了出来，因为它不纯粹是科学技术，还有人文属性。按照学术流派来说，主要有易学、儒学、道学、佛学以及中医学等。不能把国学仅仅看成儒学。

那么传统的典籍分类与现代的学科分类之间是怎样的对应关系呢？首先我们看"史"，最重要有三类，是纪传体、编年体、纪事本末体；子，包括儒家、道家、兵家、法家、农家、医家、天文算法、术数、艺术、杂家、类书、小说等等；集，楚辞、别集、总集等。可见，按照现代的学科分类，史，对应史学；子，对应哲学、科学还有医学等；集，就是文学。那么经是什么？"经"，是四部里边最重要的，主要就是六经，包括《易》《书》《诗》《礼》《乐》《春秋》，这又被称为六艺。汉代时期是五经，《乐经》失传了。

从传统分类看，经典始终是排在第一位的，"六艺"——《易》《书》《诗》《礼》《乐》《春秋》这六部经典，是中国原创精神的主要载体，是中华文化的思想源头。被称为当代圣人的马一浮就说过："国学者，六艺之学也。"他说的六艺是大六艺，也就是六经。古文经学派按时间先后排序，将《易经》排在六经的第一位。另一位当代圣人熊十力则出佛入儒，最后归宗于大易。

这里提请大家纠正一个基本错误——"文化总是越来越进步"。错，并不总是越来越进步。科技文化的确是越来越进步，但是伦理文化、宗教文化、哲学文化是越来越进步吗？后世儒家有超过孔子的没有，道家有超过老子的没有，佛家有超过释迦牟尼的没有？中医学有超过《黄帝内经》的没有？绝对不可能有。如果思路再稍微拓展一下，就会发现公元前500年左右，那个时候在西方是古希腊时代，古希腊文明是西方文明的摇篮，古希腊时期出了一批巨人巨著，亚里士多德的哲学后人谁超越了？

所以，这个时代被称为"轴心时代"。公元前500年左右，基本是各民族文化形成的轴心时代，我把它称为文明高峰期，就是说公元前500年左右是世界文明形成的一座高峰，后来再也没有出现第二个高峰了。所以我们才要学国学，才要学几千年以前的东西。

二、一源三流：国学的基本结构

中华传统文化的基本结构是"一源三流"，如同中华大地的地理结构一样。中华大地的源头在青藏高原、在玉树，从这里流出三条河流：黄河、长江、澜沧江。中华文化的源头是"易"，三流是儒、道、禅。

为什么《易》是中华文化的源？因为《易》在六经中起源最早。传说早在六七千年以前的伏羲就创作了八卦。目前最早的一个八卦图案是2006年5月在河南淮阳发现的，是离卦，刻在一个黑陶纺轮上，距今四千五百年。八卦是中华文化的基因，是中华文化的源头。先有八卦，后有《易经》。

《周易》经文（《易经》）学术界已认定为西周初年所作，传文（《易传》）为战国时期所作，从汉代开始历代都有解"易"之作（"易学"）。《易经》《易传》、"易学"不仅是"易文化"形成的三阶段，而且标志着中华文化从巫术文化到人文文化、科学文化的发展过程。从某种意义上说，一部《周易》成书的历史就是一部中华精神文化发生、发展的历史。

《易经》这本书，是世界四大元典之一。世界四大元典分别代表了四大文化：《圣经》是西方文化第一经典，《吠陀经》是印度文化第一经典，《古兰经》是阿拉伯文化第一经典，而《易经》作为东方文化的第一经典，不仅仅是中华民族，同时也是日本、韩国这些东方民族所尊崇的。韩国国旗就是太极八卦；日本民族叫大和民族，"大和"就是取自于《周易》"保合太和，乃利贞"，日本的国教叫神道教，取自于《周易》"神道设教"。如果将世界文化分为东西方文化的话，那么西方文化可以用《圣经》来代表，东方文化可以用《易经》来代表。

距今三千年左右（西周前期）成书的《周易》经文过了五百年之后导源出春秋战国时期的儒家、道家及其他诸子百家，也影响了中国化的佛家。从学术源流看，孔子弘扬了《周易》乾卦精神，老子弘扬了《周易》坤卦精神。《周易》不仅是人类轴心时代唯一一本由符号系统与文字系统共同构成的经典，而且是唯一一本儒家和道家共同尊奉的经典。儒家将《周易》奉为五经之首，道家将《周易》奉为三玄之一。

西汉末年，也就是公元前后，从古印度传来了佛教，它是从三条道路传来的——南传、藏传、汉传。此后，佛教就在中国生根、开花、结果。到隋唐时代，佛教在中国形成了八个宗派，其中最具有中国特色的就是禅宗。我们绝不能说佛家源于《易经》，但禅宗则受到《易经》的影响，我认为禅宗就是印度大乘佛教与中国三玄（易、老、庄）结合的产物。

"一源三流"可分解为八个字：易为主干，三教互补。我作了一副对联："易贯儒道禅，道统天地人。"其中"儒道禅"的"道"是道家、道教；而"道统天地人"的"道"则是"大易之道"。这个"大易之道"不仅深深影响了儒家、道家和中国化佛家，而且影响到了中医理论体系的形成。如果加上中医，这副对联就是"易贯儒道禅医，道统天地人心"。所以说，中华文化表面上分出这么多家，实际上是互补的，有一条主线贯穿其中。

在中华文化历史长河中，《易》是中华文化的源头活水。《易经》用源头的那一泓清泉，聚成奔涌不息的生命之水，汇成了悠悠五千年的中华文明。"大易之道"构成中华文明的主线和中华文化的支点。①

---

① 张其成：《国学是中国人的心灵家园》，人民论坛，2014 年 10 月。

第二节　图解中华文化——太极图

中华文化的基本精神，可以用"大易之道"进行概括，那就是"阴阳中和"。

《易经》究竟是讲什么的？我们看一看"易"这个字就明白了。"易"字有两种写法，其中一种写法像蜥蜴，蜥蜴最大的特点就是变化；第二种写法上面是日、下面是月，日是太阳，月是太阴，合起来"易"就是阴阳变化。《周易》说"一阴一阳之谓道"，阴阳变化、阴阳中和就是"大易之道"。可化解为三句话：宇宙周期变化的大规律，人类知变应变的大法则，人生为人谋事的大智慧。

阴阳中和的"大易之道"正是中华文化之道，是古圣先贤仰观天文、俯察地理、中通人事之后提炼出来的。

"中华文化的主干"究竟是什么？目前有三派观点，一是"儒家主干"说；二是"道家主干"说；三是"儒道互补"说，我是赞成"儒道互补"的，准确地说是儒、释、道三家互补。但互补的交点在哪里？我认为就是"大易之道"，因此我提出"易道主干"说。通贯儒家、道家乃至中国化佛家的"大易之道"正是中国文化的主干，是中华民族的精神支柱！

"阴阳中和"，表明中华民族有两大精神，就是乾卦和坤卦、阳刚和阴柔两大精神："自强不息""厚德载物"。乾坤并健、阴阳中和、刚柔并济、儒道互补。

阴阳中和的"大易之道"可以用一张图来表示。这张图叫太极图，也叫阴阳图、八卦图、阴阳鱼图。太极图是"大易之道"

最完美、最典型、最形象的表达方式。我在拙著《易图探秘》中对这张图的来龙去脉做了详细的考证，发现这张小鱼头的太极图才是唯一正确的太极图。因为最早的太极图就是对伏羲八卦次序图的形象描述，它是可以量化的，它的八条半径就是对应从乾到坤八个卦，两个鱼眼就是坎离二卦。

这张图无比形象而准确地反映了儒、释、道三家的"中和"本质。三家都可以在这张图里找到各自的位置。

儒家在哪里？白的。道家呢？黑的。因为儒家崇尚阳，道家崇尚阴，这两家不是截然分开、绝对对立的，而是互相包容、有所交叉的，是阴中有阳、阳中有阴。儒家的基本精神是乾卦阳刚的精神，自强不息、刚健有为、勇往直前、百折不挠、昂扬向上、变异创新、与时俱进、拼搏进取、勤劳勇敢。道家的基本精神是坤卦阴柔的精神，厚德载物、柔弱虚静、包容宽厚、自然无为、居下不争、谦虚谨慎、以柔克刚。佛家在太极图外面一圈，因为佛家讲究"空性"，有"四大皆空""五蕴皆空""万法皆空"等说法。

儒、释、道三家又都在两只鱼眼或者S曲线上。两只鱼眼和S曲线表达了"中"的意思。黑鱼眼是阳中含阴，白鱼眼是阴中含阳，S曲线处在中间。三家都讲"中"。儒家是站在阳刚的立场上讲中，叫"中庸"——"不偏谓之中，不易谓之庸。"《中庸》曰："中也者，天下之大本也。和也者，天下之达道也。致中和，天地位焉，万物育焉。"道家是站在阴柔的立场上讲中，叫"中道"——《道德经》讲："万物负阴而抱阳，冲气以为和"，"不如守中"。佛家是站在空性的立场上讲中，叫"中观"——大乘佛学中观派以"八不（不生不灭、不断不常、不一不异、不来不出）中道"来解释空性。

简单总结一下，三家都讲"中"：儒家讲中庸，道家讲中道，佛家讲中观。三家都讲"和"，儒家讲仁和，道家讲柔和，佛家讲圆和。儒、释、道三家"你中有我、我中有你"，圆融和谐，共同构成了中华传统文化"阴阳中和"的基本精神。

中华传统文化的基本结构，在"一源三流"的基础上，如果再深入探究的话，就可以总结为"一源三流，两支五经"。"两支五经"中的"两支"是指中国传统文化在当代社会的两个支撑点、两个落脚点。也就是说，在当代社会还有两大学科最完整、最系统保存了中华传统文化，那就是国医与国艺，国医和国艺还在现实生活中为大众服务，为大众所熟知。"五经"是指最能代表中华文化的五部经典，那就是《易经》《论语》《道德经》《六祖坛经》《黄帝内经》，其中《易经》是中华第一经典，其他四部分别为儒家、道家、中国化佛家、医家的第一经典。遗憾的是国艺没有留下一部可以与这五经并列的经典。

从中华文化的结构看，儒、释、道偏于"形而上者"，是上层思想意识、精神信仰；中医药则偏于"形而下者"，关乎每一个人的生命，贴近每一个人的日常生活，是落地的。但中医又不是纯粹的"术"，中医还是"道"，是道术合一，中医的"术"是"道"的应用、"道"的体现。在当代社会，很多人已经不知道儒、释、道，但都知道中医，有病也会去看中医、吃中药。此外，中医还是将科技与人文融为一体的文化形态，中医除了吸收儒、释、道的思想精华以外，还吸收历代的科学技术成果，可以说中医学最全面、最完整地保留了中华优秀传统文化。而且中医学持续时间长达几千年，随着时代的发展而不断创新不断发展，至今长盛不衰。所以用中医这把钥匙可以打开中华文明宝库的大门。

如果按照这样的结构模式，有一副对联就应该是"易贯儒道禅医，道统天地人心"，这里就需要补充一家——医家（中医）。从文化背景看，隋唐以后的中医是儒、释、道三家智慧在生命科学上的最佳体现。当代社会，中医是最能反映中国文化价值观和思维方式，也是唯一还活着的一种科技与人文相结合的文化形态。医家在太极图的什么地方？在中间 S 曲线上。因为中医最讲阴阳的调中致和，简单地说就是"调中"，也可以说是"致和"。①

第三节　易道与中华文化

一、易道价值观念

以《周易》为原点的"易道"，它的内涵的确定是通过《易传》完成的。《易传》赋予卦爻符号以价值观念，其后历代易学加以丰富和发展。"易道"最高价值观念应该说就是"太和"的观念和理想。

《周易·乾·彖辞传》提出"太和"思想，认为"乾道变化，各正性命，保合太和，乃利贞。首出庶物，万国咸宁"。"太和"观念可以说是对卦爻的价值理想的解读。

《易经》卦爻辞在确立吉凶时一般是看该爻是不是得"中"得"正"，如果得"中"一般为吉。可以说整部《周易》始终贯穿了尚"和"崇"中"的思想。《周易》认为"生"是"天地之大德"，"生"又是"阴阳合德"的结果，是阴阳两种对立属性相摩相荡并达到"和"的时位才形成的。"合"与"和"就是要排斥两端，就是居"中"、得"中"、应"中"。《易传》在解读卦爻时用了"得中""应中""当中""行中""中行""中正""正中"等等概念，认为这些基本上都是吉象，这是就"位"（空间）而言，如果加上"时"（时间），如果是"时中"那么就必是大吉大利无疑。

《周易》是生命哲学（"生生之谓易"），"中和"是生命赖以形成、存在、运动的基础（"天地氤氲，万物化醇；男女构精，万物化生"），也是进行"吉凶悔吝"价值判断的前提。

"合"的要求是很高的，要做一个"大人"必须要四"合"："与天地合其德，与日月合其明，与四时合其序，与鬼神合其吉凶"（《周易·乾·文言传》），能先"合"，然后才能"和"。

---

① 张其成：《国学是中国人的心灵家园》，人民论坛，2014 年 10 月。

从《周易》卦爻来看，也表现了"和"的特征，这可以从卦爻的对称上考察出来。六十四卦处处体现对称规律。阴爻和阳爻构成卦象的对称，分为相反的两元素之间相对——反对，以及相同的两元素之间相对——正对。六十四卦每一卦自身又构成一个由下而上的对称结构，各卦之间横向、纵向，均可构成对称结构。所以刘纲纪先生称之为卦象结构的对称美。

这种对称规律，其实不仅是"美"，而且是"真"，是"善"，是三位一体的价值理想。

"太和"观念是上古"天人合一""物我合一"观念的发展，也是先秦儒、道及其他诸子、各家价值理想的汇总。

《尚书》以《尧典》开篇，而尧的德行之大者，就在于能"协和万邦"。《左传》有"九合诸侯，如乐之和，无所不谐"，《国语》有"和宁百姓""和协辑睦，于是乎兴"，《周礼注》有"以和邦国，以协万民"，对宇宙自然、人类社会的和谐完善的追求，是中国先民的终极理想。

先秦道家对自然和谐仰慕至极，老子说："万物负阴而抱阳，冲气以为和"（第四十二章），"知和曰常，知常曰明"（第五章）。这种"和"又具体体现在"人法地，地法天，天法道，道法自然"（第二十五章）的行为规范和要求之中。庄子说："古之治道者，以恬养知……知与恬交相养，而和理同其性。"（《庄子·缮性》）以"和理"为人的本性。

先秦儒家提出"仁"的范畴，所谓"仁"实质上就是调和人际关系，"和"既是达到"仁"的手段，又是实现"仁"的最高境界。孔子说："君子和而不同，小人同而不和。"（《论语·子路》）孔子的弟子有子说："礼之用，和为贵，先王之道斯为美。"（《论语·学而》）孔子还主张"知和而和，以礼节之"（同上），"和"要用"礼"来调节和规范，"和"以"礼"为前提，"礼"以"和"为目的。

先秦儒家的"中庸"思想可以说是"和"的另一表述。孔子提出

"中庸之为德也,其至矣乎!"(《论语·雍也》)思孟学派将它提升为天下的"大本"和"达道"。《中庸》说:"喜怒哀乐之未发谓之中,发而皆中节谓之和。……致中和,天地位焉,万物育焉。"

《易传》是对儒、道两家思想的调中,它提出的"一阴一阳之谓道",其实就是指对"阴阳"对立面的调和,它把一卦六爻看成天、地、人三才之道的和谐统一。把乾坤阴阳的"合德",看成"以体天地之撰,以通神明之德"(《周易·系辞传》)。

《易经》卦爻的内涵、先秦诸子的思想,经过《易传》的总结、提炼,形成了"太和"的最高价值观念,对汉以后中国文化的价值观起到导向的作用,并成为中华文化的最高价值理想。

除"太和"的最高价值观念之外,"易道"还包括了有关阴阳尊卑(儒家阳尊阴卑,道家阴尊阳卑)、吉凶判断等价值理念。研究这些价值理念对于中华文化本质的认识无疑是必要的。[①]

二、中华文化的理念特征与走向

《周易》是中华文化的源头和活水,儒家尊之为"六经之首",道家奉之为"三玄之一"。

《周易》和易学对中华文化究竟有什么特殊贡献?为什么说《周易》及易学体现了中华文化的面貌,决定了中华文化的走向?

我认为最根本的原因就在于它开创了一套有别于西方的思维方式。思维方式是民族文化行为中普遍地、长久地起作用的思维方法和思维习惯,是一定的社会人群在接收、反映、加工外界信息过程中所形成的思维定式。每个民族都有自己整体的思维偏向,从而形成该民族特有的思维类型。思维方式的不同可用以说明民族文化的区别及民族社会的差异。思维方式是人类文化现象的深层本质,对人类文化行为起支配作用,并代表一个民族的文化心理素质的特征。

[①] 张其成:《易道主干》,广西科学技术出版社,2010年11月,255—257页。

《周易》象数思维方式是中华思维方式的元点和代表，决定了中华民族特有的行为方式、价值观念、审美意识及风俗习惯。它不仅渗透到最深层次的民族心理素质，而且渗透到浅表性的实用操作层面；不仅影响了中国的哲学，而且对自然科学各学科也有重要影响。

那么易学象数思维即中华文化理念有哪些特征？易学象数思维又是怎样影响中华文化的本质和趋向？我想从以下几点加以概述。

（一）周流——循环变易

"周""易"二字可理解为"周环、循环"与"变化、运动"，《周易》可看成专论宇宙万物周环变易规律的著作。在卦爻象数元系统里，第一级符号阳爻和阴爻（$2^1=2$）是相互循环转化的，阳爻"九"转化为阴爻"六"，反之亦然。第二级符号四象（$2^2=4$）——太阳、少阴、少阳、太阴也是互相转化的。第三级符号八卦（$2^3=8$）和最高级符号六十三卦（$2^6=64$）中每一卦都在做循环运动，任何一卦都可变成另一卦：在两卦一组中，前后两卦可以通过"覆"和"变"两种方式相互转化；任何一卦可通过爻变的方式变成其余六十三卦。《易林》依据《周易》六十四卦次序，将每一卦变为其余六十三卦，从而形成六十四卦整体大循环。从《周易》六十四卦卦序看，首为乾、坤二卦，末为既济、未济二卦，即蕴含宇宙变易一个周期从乾坤、阴阳开始，到既济、未济结束（"既济"意为"已经渡过"；"未济"意为"没有渡过"），"既济"是上一周期的结束，"未济"是下一周期的开始。如此周而复始，循环不已。

《周易》文字系统在对卦爻符号的解释中，明确提出周环变易的观点，如《易经》泰卦九三爻辞："无平不陂，无往不复。"复卦卦辞："反复其道，七日来复。"《易传》则反复强调："一阖一辟谓之变，往来不穷谓之通。""原始反终，故知死生之说。""变动不居，周流六虚。"《系辞传》还列举日月往来、寒暑往来的例子，说明"往者屈也，来者信（伸）也。屈信（伸）相感而利生焉"。

《易经》卦爻象、卦爻辞首先提出循环变易的观念，经过原始道

13

家、原始儒家的发挥，到《易传》总其成。后世道、儒均遵从这种思维观念。

循环变易观对整个宇宙宏观世界来说是基本合理的。整个宇宙存在永恒的大循环，而各种物体也存在暂时的小循环。这种循环是以阴阳象数的对立转化为基础的，包含着不断变化、"革故鼎新"的进步思想。同时也增强了中华文化前后承接的亲和力与稳定性。其负面影响是过分强调了循环，轻视创新发展，将循环看成运动的唯一形式而看不见其他形式（如直线形式、非升降形式等），缺乏历史进化发展观念，从某种程度上维持了封建社会的统治秩序（如三纲、五常的永恒性）。致使中华民族沿袭因循、模仿、重复的习惯思路，缺乏创造、创新精神，缺乏应有的活力，缺乏否定意识，造成了社会发展的缓慢，甚至倒退。

（二）太和——整体和谐

《周易》卦爻是一个整体，八卦、六十四卦为二级全息系统。八卦是阴阳二爻三维组合体，六十四卦是阴阳二爻六维组合体。后者六个爻位上二爻为天道、下二爻为地道、中二爻为人道，天地人三才融为一体。卦爻符号模型是事物呈现运动模式，筮法数字模式是事物潜在运动模式，对天地的推演、时间的发展、宇宙阴阳规律的变化做整体模拟，对万事万物的生成、分类、变化、运动做系统描述。六十四卦模式以"六爻""六位"关系为基础，以时、位、中、比、应、乘等为原则和标准，给人们提供一个从时间、空间、条件、关系全方位分析问题、认识事物的思维方法。

易道的"一阴一阳"既说明人与自然具有对立性，也说明其具有和谐性、统一性。"刚柔相推而生变化"表示对立面的相互推移、相互转化、相互依存。《易传》将"保合太和"看成"易"的最高理想境界。人与自然、主体与客体的相互对立与和谐、感应与交流被《周易》有机地统一起来，成为《周易》的基本思维理念，开创了中华文化"天人合一"的整体思维特征。

与儒、道两家的整体和谐观相比，儒家强调"中庸"，偏向于将自

14

然人化，道家强调"混沌""素朴"，偏向于将人自然化。而《易》则强调人与自然的对待感应、对等交流，又不抹杀各自的对立、独立的特性。只是在后世的发展中，《易》整体和谐的一面被强化，而独立、对等的一面被弱化。董仲舒强调"大一统"思想，经后代统治者的大力宣传，"大一统"思维方式成了中华民族的精神主干。

《周易》"太极"是阴阳整体对待和谐的最高概念，也是象数思维的理性提炼（宋明以来的阴阳鱼"太极图"是太极观的形象写照）。随着大一统思维的不断深化，"太极"被视为至尊的"一"，世界万物起源于"一"，全国定于一尊，就是皇帝。这种思维方式在调和矛盾、巩固民族团结、稳定国家政治、增强民族凝聚力、维护并促进统一、防止并结束分裂方面起到了积极作用。但同时民众的斗争性、独立性被遏制，迎合或促成了封建君主专制，形成了一元化政治结构。

整体、求同的思维偏向，重视主体作用，对问题的探讨往往从内因、主体出发，只求内部世界与外部世界的适应、协调，缺乏对外部世界的改造、发展。形成内向、忍让、依赖的民族性格，如安分守己、逆来顺受、保守退让、模棱两可，缺乏独立、竞争、果断、直率。只求随大溜，个性、主体意志被削弱甚至泯灭。

（三）功用——动态功能

易学象数模型是动态、功能模型，无论是取象方法还是运数方法，都是以动态、功能的一致性为条件的。只要功能相同、属性相同，即使是结构不同、形态不同也可归为同类。这种思维观念对中国文化尤其是科学技术影响深远。

中国传统医学以表示行为功能的动态形象为本位，以形体器官和物质构成为辅从，将人体生理、病理的一切"象"都归属为阴阳两大类。中医五脏六腑、十二经络都是依据功能、动态思想建构的。如"左肝右肺"，显然与实体结构不符，但却与肝主升、肺主降的属性相符，也与河洛八卦左为震木为肝、右为兑金为肺的功能模型相符。

中国古天文四象二十八宿的排列、星移斗转的周期，古地理分野坐标系统，历法物候阴阳变化节律，古乐律律吕损益的法则，等等，都是遵循易学象数的动态、功能模型。

象数思维重动态、重功能，必然导致轻结构、轻静态，致使中华文化形成重道轻器、重神轻形的基本格局。对中国科技造成的负面影响则是实证、实测科学不发达，分析科学不发达。

（四）意象——直悟联想

《周易》的"卦象"是一种意象，含有主观想象与主观意念，是知觉形象与主观意识的结合。既有形象的指示义（实象），又有抽象的内涵义（虚象）。卦象有两种作用，一是模仿；一是象征。对万事万物的模仿只是一种手段，目的是要用卦象符号来象征抽象的哲理、法则。

意象思维是古代中国认识宇宙的基本方法。战国秦汉时期，天文历法气象往往与人事吉凶政治形势相比附，汉代则与卦象联系在一起，其后经久不衰，成为在民间流行甚广的"术数之学"。至于先天八卦图、后天八卦图、河图洛书、太极图等则代表了中国宇宙论、本体论、结构论的模式。

意、象结合，"立象以尽意"的观念，导致中国艺术、美学与"象"的观念联系起来，而不再只是与声和言相连了，使得中国的艺术具有对人的存在的感受与反思相关的"意"与符合美的形式规律的"象"有机统一的特点。

卦象符号的意象思维带来了"玄象尽意"的玄想思维。王弼以"忘言""忘象"达到"得意""得象"，玄想思维方式导致了审美意象方式的兴起。

《周易》的直觉思维是建立在对卦象的比附、类推基础上的，在对卦象的提取、选择中需要直觉、悟性和灵感。直觉体悟成为中华文化特色之一。庄子提出"心斋""坐忘"，佛家主张"般若""悟性"，道学家追求"尽性""体认"。由于过分强调直觉思维，只注重对整体的感觉，从而忽略了实证与分析，使中国传统科学量化程度不高，对事物的认识往往失之模糊、粗略而笼统。从正面看，它锻炼了中国人的思辨能

16

力和对事物的领悟能力，具备一种从整体动态上把握宇宙生命的智慧，往往更富有想象力和创造力。意象直觉观念既造成民族性格中跳跃性、玄想性、感悟性的一面，又带来不求甚解、不重因果关系的一面。易学象数思维对中华文化的影响是深层次的，也是复杂的。如何整饬、修正象数思维的偏差，是中华文化"现代化"的一个重要课题。①

---

① 张其成：《易道主干》，广西科学技术出版社，2010 年 11 月，292—297页。

第二章　中华文化的源头——《周易》

第一节　《周易》的思想体系简介

一、《周易》的作者——人更三世，世历三古

易学是源于《易经》之学。《易经》问世于商周两代交替之际，是中国最古老的典籍之一，有"群经之首"和"大道之源"之称。是公元前500年左右，中西文化元典集中诞生的人类轴心时代，唯一的一部由符号系统和文字系统共同构成的书，是中国文化史上唯一一部为儒家和道家所共同尊奉的书，是中国科学史上唯一一部对人文社会科学、自然科学和生命科学都产生重要影响的书。从春秋时期开始出现对《易经》的解释，我们称之为《易传》。《易传》有广义和狭义之分，广义指一切解释《易经》的著作；狭义指先秦时期形成的解释《易经》的十篇著作，即"十翼"。《易经》与狭义的《易传》总称《周易》，汉代以后的经师、学者对《周易》经、传所做的种种解释，称之为"学"，如汉代以孟喜、京房为代表的官方易学，魏晋时期玄学派易学，以及将《周易》原理高度哲理化的宋明理学派、数学派、气学派、心学派和功利学派等。

易学是从解释《周易》经、传出发形成的一个庞大的学术思想体系，因而我们研究易学文化，不仅要研究《易经》，而且要研究《易传》及历代易学对其所做的种种解释，进而研究历代易学对中华文化产生的影响。

据《周礼·春官》《山海经》等记载，我国上古有"三易"，即夏代《连山》、商代《归藏》、周代《周易》。《连山》《归藏》早佚，故后人所称《易》多指《周易》。"三易"其经卦皆八，其别卦皆六十四。因"三易"创作于不同年代，其卦名、卦序等内容多有不同。

《周易》的成书据《汉书·艺文志》所言："人更三世，世历三古。"即上古伏羲氏画八卦，中古周文王演六十四卦并作卦爻辞，构建了《易经》的雏形，下古孔子作《易传》十翼。目前学术界比较一致的看法是，《易经》成书于西周前期，《易传》成书于战国时期。

同时，因古人但做学问，不求名利，多有托古传统，所撰之书皆托名于伏羲、神农、黄帝、孔子等圣人。因此，历代皆有学者怀疑《周易》是否为"三圣"之作。一些学者根据《周易》之爻辞记载，以及对1973年长沙马王堆三号汉墓出土的帛书《周易》的分析，认为《易经》成书于殷周之际，非伏羲、文王所作。而《易传》皆先后出于春秋至战国中期，并非出自一人之手，乃集众人之大成。

二、《周易》的含义——宇宙周期变化的大规律

《易经》古称《周易》。《周易》作为书名在《左传》和《周礼》中就已提及，那么古人为什么用"周易"二字来命名这本书呢？

（一）"周"的含义。历来对"周"的认识有多种，第一种认为，《周易》是在周代形成的书，所以用"周"来表明其成书朝代。如汉代经学家郑玄在《易赞》中说："夏曰《连山》，殷曰《归藏》，周曰《周易》。"唐代孔颖达《周易正义》中说："又文王作《易》之时，正在羑里，周德未兴，犹是殷世也，故题周别于殷，以此文王所演故谓之周易，其犹周书、周礼，题周以别余代。"宋代朱熹《周易本义》也说："周，代名也。"第二种认为，周为地名。如孔颖达在《周易正义》序文里说："《周易》称周，取岐阳地名，《毛诗》云'周原膴膴'是也。"岐阳在今陕西省岐山县，是周朝的发源地，"周原"即周国的土地之义。这一解释其实也是强调"周"为周代的含义。第三种认为，

周是普遍、包含一切的意思。如郑玄《易论》中说："周易者言易道周普，无所不备。"唐朝陆德明《经典释文》中说："周至也，遍也，备也，今名书，义取周普。"清人姚配中《周易姚氏学》列举《系辞传》"易与天地准，故能弥纶天地之道""知周乎万物""周流六虚"等来佐证周即周普之义的观点。第四种认为，周为周期、周环。笔者认为上古三易之《连山》《归藏》均无朝代名，而是以内容特征来命名，如《连山》首卦为艮卦，象山出内气，山连山；《归藏》首卦为坤卦，为地藏万物，万物归于地。故而推知"周"非朝代名称或地名，而是周环、周旋、周期之义，周易就是周而复始的变易规律。笔者又列举《周易》卦象和卦爻辞来进一步说明，认为六十四卦从乾、坤开始，到既济、未济结束是一个运动周期，既济是一个周期结束，未济是下一个周期开始。"复"卦的卦爻辞中说"反复其道，七日来复"，循环、周期是《周易》揭示宇宙生命的最根本规律。

（二）"易"的含义。"易"最早为古代卜筮书籍的通称。关于"易"的认识，大体有三种，即简易、变易和不易。唐代孔颖达在《周易正义序》中引东汉郑玄注云："易一名而含三义，易简一也，变易二也，不易三也。"（孔颖达《周易注疏》卷一）所谓"简易"，意指易卦所拟象的宇宙万事万物阴阳对待统一、消长变化规律的非神秘性和简明性，掌握《易经》八卦变易之理，即掌握宇宙万物生成变化之道，可谓"简易"也。"变易"则指"易"之卦、爻变化之道，可推演天地阴阳变化至无穷，盖宇宙万象生生不息之理。"不易"则说明宇宙万事万物运动变化规律本身的恒常性，指《易经》所揭示的太极本体之道，至真至远，永恒不变。其中，"不易"与"变易"体现了一种"常"与"变"的辩证观。"常"即不易、恒久；"变"即变易、变化。常与变是对立统一的，绝对变易中必然包含着相对不易之常则，正是因为有常则，变化才有规律可循。变易是绝对的，不易是相对的。

（三）另外有几种对"易"的解释。一是易为日月。"易"字是由"日"和"月"相合构成的。《周易·系辞传》说："悬象莫大乎日月。""日月之道,贞明者也。"《易纬·乾坤凿度》说:"易名有四义,本日月相衔。"郑玄《易论》说:"易者,日月也。"东汉魏伯阳《周易参同契》说:"日月为易,刚柔相当。"日是阳气最精者,月是阴气最精者,"易"象征阴阳的推移变化,带有哲学意味。二是易为生生不息。《周易·系辞传》说:"生生之谓易。"言宇宙万物生生不息,变动不居,易为生命哲学。三是易为逆数。《周易·说卦传》说:"易,逆数也。"言《易经》卦爻从下向上发展,来逆推万物过去和未来。四是卜筮。《管子·山权》说:"易者,所以守成败吉凶者也。"郑玄《周礼·春官·太卜》注:"易者,揲蓍变易之数可占也。"五是易为蜥蜴。东汉许慎《说文解字》说:"易,蜥蜴、蝘蜓、守宫也,象形。"易是蜴的本字,像蜥蜴之形,善变,被古人视为测知刚柔消长、阴阳屈伸的神物。

(四)"周易"的含义。"周易"两字合起来,则有三种含义。

1. 周代或周地的占筮。

2. 周代或周地的变化。

3. 周环或周期的变化。

综合起来看,"周易"表层的含义是"周代或周地的占筮",深层的含义是"周环或周期的变化",也就是说"宇宙周期变化的大规律"。①

三、《周易》的性质——占卜与哲学相融合

有人将《周易》简单地说成是算命的书,是宣传封建迷信的书,简直就是中华五千年文化史上的第一桩"冤假错案"。根据历史记载,《周易》是由伏羲氏、周文王、孔子相继创作而成的。

为什么《周易》是中华文化的源头?因为历史上记载伏羲作八卦,《周易》的作者经过了三个圣人,时间经过了三个古代,也就是上古的

---

① 张其成:《中医文化学》,人民卫生出版社,2017年8月,143—145页。

伏羲氏、中古的周文王和下古的孔夫子。那么伏羲距今天有多少年呢？一般认为是七千年。中华文明五千年那是从黄帝算起，如果说中华文明的历史有七千年，那就是从伏羲算起。伏羲出生在现在的甘肃天水，后来甘肃天水出土了大地湾文化，大地湾文化刚好距今就是七千年左右。

但遗憾的是到目前为止，出土文物上还没有发现七千年以前的八卦，目前最早的一个八卦是2006年5月在河南淮阳发现的，是离卦刻在一个黑陶纺轮上，距今四千五百年，连黄帝那个时代都没到。那么伏羲作八卦这件事究竟是有还是没有？不知道！但千万不要轻易否定，因为说不定哪一天在什么地方就挖出了七千年前的八卦。八卦是什么？八卦是中华文化的基因，是中华文化的源头。《周易》代表了中华优秀传统文化的核心精神。《周易》的思想内容流存至今，尽管语言由于年代久远难免深奥难懂，但其思想方法至今仍有很高的实用价值。

(一)《周易》究竟是本什么性质的书

1.《周易》是卜筮书。宋代朱熹说："《易》本卜筮之书。"现当代一些学者认为，《周易》不过是占卜算命、远古巫术的资料汇编。郭沫若《中国古代社会研究》、高亨《周易古经今注》等书中均持有此观点。李镜池说："《周易》是一部占筮书却是毋庸置疑的。"(《周易探源》) 刘大钧说："……归根到底，《周易》是一部筮书。"(《周易概论》)

2.《周易》是哲学书。庄子认为"《易》以道阴阳"。阴阳问题又是中国哲学的基本问题，据此，《周易》成了中国的哲学著作。现代易学家李景春《周易哲学及其辩证法因素》，黄寿祺、张善文《周易译注》等书中均持此观点。李景春说："《周易》不仅是中国古代一部最早的有系统的哲学著作，而且也是世界上最早的有系统的哲学著作之一。"黄寿祺说："冠居群经之首的《周易》，是我国古代现存最早的一部奇特的哲学专著。"

3.《周易》是历史书。近代学者章太炎先生认为，《易经》讲人类文化、发展的历史，并以此观点解释了前十二卦。近代史学家胡朴安先生系统论证了《易经》是史书，并著《周易古史观》一书。他认为：
"《乾》《坤》两卦是绪论，《既济》《未济》两卦是余论。自《屯》卦
至《离》卦，为蒙昧时代至殷末之史。自《咸》卦至《小过》一卦，
为周初文、武、成时代之史。"今人李平心提出："《周易》基本上是用
谐隐文体和卜筮外形写成的一部特殊史书。"黎子耀提出："《周易》是
一部奴婢起义史。"

4. 《周易》是科学书。当代中国哲学泰斗冯友兰说："中国哲学将
来一定会大放光彩，要注意《周易》哲学。"他在 1984 年写给"中国
周易学术讨论会"的贺信中提出："《周易》是中国古代的一部真正的
哲学著作，至少也是儒家的最优意义的经典。是一部辩证的宇宙代数
学。"《周易》是一种模式或框子，什么内容都可以往里套。冯先生的
"宇宙代数"其实是"宇宙哲学"的含义。当代"科学易"派则据之认
为《周易》是一部科学书，并引证国外一些科学家的说法，如莱布尼
茨说"中国的伏羲大帝已经发现了二进制"（事实上是莱布尼茨看出
"伏羲六十四卦方位图、次序图"与他早就发现的二进制理论吻合），玻
尔说太极图的对立原理即量子力学的互补原理，李约瑟、卡普拉等科学
家均对《周易》有赞美之词。当代"科学易"派用现代科学的方法进一
步发掘《周易》的科学内涵。

5. 《周易》是百科全书。以《易大传》为代表的古代多数易著认
为《易经》是一部神圣的、内容无所不包的万世经典，为群经之首。
今有人进一步认为《易经》是一部包罗万象的百科全书，中国乃至世
界各门学科都可以从中找到源头、找到知识。①

（二）《周易》——占卜与哲学相融合

对于《周易》一书的性质，我们要历史地看，也就是要把《易经》
和《易传》分开来论。《易经》是一部占筮书，以占筮成分为主，但也
不排除哲学的成分。古代卜筮的官员也称作"易"，《礼记·祭义》说：

---

① 张其成：《张其成全解周易》，华夏出版社，2018 年 10 月，10 页。

23

"昔者圣人建阴阳天地之情，立以为《易》，易抱龟南面，天子卷冕北面。"这句话中，第一个《易》是书名，第二个"易"字是官名，其职责是"抱龟"，也就是卜筮。到了春秋时期，孔子为《易经》作传，开始了其哲理化的进程。《易传》表面上看是占筮书，从本质上看是通过占筮来探索宇宙变化规律的书，是一部哲学书，以哲学成分为主，但不排除有占筮的成分。《易传》明确指出"易与天地准，故能弥纶天地之道"（《系辞上》），是"天人之学"，是"开物成务，冒天下之道""广大悉备，有天道焉，有人道焉，有地道焉"的论"道"之学。可见，《易经》是中国哲学肇始的标志，《易传》是中国哲学高度发展的结晶。

说到《周易》是百科全书，这是从这本书的外延说的，就是说它包含的内容十分广泛，我们学过逻辑的人都知道，当一个概念无限大的时候，它的内涵就无限小。那《周易》从内涵来说是本什么书呢？我看就两个字——天书。《周易》是讲天道的书。天道就是宇宙自然运动变化的大规律，《周易》用六十四个符号也就是六十四卦讲了这么一个大规律，而每一个卦也都反映了宇宙特定事物的规律。所以《周易》是可以用来预测的，因为掌握规律，当然就可以预测了。

但《周易》又绝不只是讲天道，恰恰是通过天道来讲人道，讲人应该怎样按照天道来做人做事。所以可以说，对我们每一个人来说，学习《周易》最大的作用不仅仅是算命，更重要是改命，它就是一部做人做事的人生手册和行动指南。《周易》认为无论是做人还是做事都不能违背天道，人在做天在看。按照天道来做就吉，不按天道来做就凶。

《周易》告诉我们什么是变的，什么是不变的。《易经》的"易"字有两种写法，一种写法的字形就是蜥蜴，也叫四脚蛇、变色龙；另一种写法的字形是上面一个日、下面一个月，日就是太阳，月就是太阴，代表了阴阳。所以《易经》其实很简单，就是讲阴阳变化的。"易"字有三个意思，第一是变易，第二是不易，第三是简易，《易经》其实就是阴阳两个符号，八卦是这两个符号的三个组合，六十四卦是这两个符号的六次组合。学习《周易》的目的就是要抓住不易，随时变易，回归简易，就是要找到不变的、抓住不变的，然后随机应变，最后回归于至简至易、简单平易。

《周易》是天道的规律与人生的指南。我用三句话概括《周易》：宇宙周期变化的大规律，人类知变应变的大法则，人生为人谋事的大智慧。简单地说就是大规律、大法则、大智慧。①

四、《周易》的哲学思想——阴阳之道、变易之道、天人之道

（一）阴阳之道

阴阳观是《周易》的基本思想。《彖辞传》最早引入阴阳解释卦象，即乾卦象阳，坤卦象阴。《系辞传》云："乾坤其易之门邪？乾，阳物也；坤，阴物也。阴阳合德而刚柔有体，以体天地之撰，以通神明之德。"以乾卦象阳，坤卦象阴，作为《周易》之门户。阴阳爻以不同方式组合形成六十四卦，好似天地结合产生万物。《周易·系辞传》又云："乾道成男，坤道成女。乾知太始，坤作成物，乾以易知，坤以简能。易则易知，简则易从。易知则有亲，易从则有功。"所谓乾始生万物，坤畜养万物。乾之德行为易，坤之德行为简，乾坤易被人理解和顺从，受人亲近。又说乾坤"广大配天地，变通配四时，阴阳之义配日月，易简之善为至德"。将乾坤归纳为具有阴阳之义和易简之德，也是周易最高的、最普遍的原则。

《系辞传》指出："一阴一阳之谓道。"阴阳之道不仅是《周易》的最高原则，也是世界万物存在及其变化的基本规律。首先，从阴阳二爻到乾坤二卦，都是一阴一阳；六经卦可分为三组对立的阴阳卦，而六十四卦又可分为三十二对卦，亦为一阴一阳。可见，离开阴阳二爻，便没有八卦与六十四卦，也就没有《周易》。其次，"一阴一阳"、阴阳对立也是宇宙万物存在与变化的基本规律。《易经》就是整个宇宙的缩影，

---

①　张其成：《中医文化学》，人民卫生出版社，2017年8月，145页。

内蕴着整个宇宙的妙理。因为阴阳卦象是上古圣人仰观天文、俯察地理、近取诸身、远取诸物，对整个自然、社会以及人身进行观察归纳而制成的。阴阳分别代表宇宙间两种相反相成的事物、性质、状态、功能、作用和力量，而宇宙间任何事物都包含有阴阳两个方面。同时，相互对立的阴阳现象之间又是相互制约、相互联系和相互转化的，犹如日来月往、寒来暑往等。最后，阴阳对立统一的观念，也同时具有方法论意义，人们观察认识事物，必须坚持一分为二、对立统一的方法。

（二）变易之道

《易经》通过筮数的变化得出卦象，又以卦爻象的变化判断吉凶。筮法本身就具有变化的观念，故"易"即有变化之意。《系辞传》曰："易之为书也不可远，为道也屡迁，变动不居，周流六虚，上下无常，刚柔相易，不可为典要，唯变是从。""易穷则变，变则通，通则久"的命题则体现了《周易》强调变易的重要思想。

在《易传》中，"变易观念"被提升到哲学高度，从筮数与卦象的变化，引申到天地万物变化的基本规律。在《易传》看来，天地万物同卦爻象一样，处在不断的变化之中，刚柔相摩，八卦相荡，鼓之以雷霆，润之以风雨，日月运行，一寒一暑。变化无有穷尽，无有止境。其变化形式，如同卦爻象的变化一样，阴阳相互推移，一来一往，一屈一伸，相互转化，日月相推而明生焉，寒暑相推而岁成焉，屈伸相感而利生焉。其变化不是对旧事物的重复，而是不断地推陈出新，即所谓"日新"。

天地万物变化的原因基于刚柔相济，阴阳相推。在《易经》之中，卦象的变化基于阴阳两爻的相互推移。所谓推移既包括相互排斥，又包括相互吸引。《易传》则概括为"刚柔相推而生变化"，并作为解释一切事物变化的源泉。所谓"天地交而万物通"（《彖辞》解释"泰"卦），"天地感而万物化生"（《彖辞》解释"咸"卦）。《系辞传》进一步将此意概括为"天地氤氲，万物化醇。男女构精，万物化生"。可见，《周易》以对立面的相互沟通作为变化的根据，更突出对立面的相

26

交相济，注重对立面的相互渗透、相反相成。它将事物变化的动因称为"神"，将变化的过程称为"化"，提出"穷神知化"的认识论，强调事物发展的内在动力。同时《易传》认为，《易经》中卦爻象的变化，并非杂乱无章，而是有序可循。《系辞传》云："言天下之至动，而不可乱也。""拟之而后言，议之而后动，拟议以成其变化。"《象辞传》云："天地之道，恒，久而不已也。"即要依据运动变化的法则而行动。卦爻象和事物的变化虽有一定规律可循，但事物的变化也有其不可预测的一面，《易传》称其为"阴阳不测之为神"。"神"谓变化多端，神妙莫测。王夫之提出"神妙万物，不主故常"，又说"乘时因变，初无定体"。认为万物变化神妙莫测，不固守一种格式，变化格式因事因地而不同。可见，《周易》对于事物的变化，一方面承认其规律性，另一方面又承认其不可预测性，充满了辩证思维的智慧。

（三）天人之道

《系辞传》云："《易》之为书也，广大悉备。有天道焉，有人道焉，有地道焉。兼三才而两之，故六。六者非它也，三才之道也。"《周易》称天、地、人或天道、地道、人道为"三才"，所以"八卦"中每卦有三爻作为其象征。由"八卦"而衍生出"六十四卦"，每卦六爻，所表现的仍然不外乎"三才之道"。《说卦传》云："是以立天之道，曰阴与阳。立地之道，曰柔与刚。立人之道，曰仁与义。"《周易》中的"三才之道"就是把宇宙万物归纳成不同层次而又相互制约的三大系统，三大系统构成了一个统一整体。

《易传》把天地人视为一个统一整体，体现了天人合一的哲学观念。天、地、人虽各有其自身规律，但人作为万物之灵，是天地交感的产物，因此，人事应该效法天地之道，而不可违背它。《系辞传》云："天地变化，圣人效之。"《易传》认为，人类效法天地可以表现为诸多方面，最主要表现为人的品格修为。如《象传·乾卦》云："天行健，君子以自强不息。"《象传·坤卦》云："地势坤，君子以厚德载物。"《象传·小畜卦》云："风行天上，小畜。君子以懿文德。"君子效法

"风行天上"的自然现象，以道德教化行于朝野，蓄积美德。

《易传》认为，人道虽然效法天道，但人并非无所作为，人应当发挥自身努力，与天地相协调，协助自然界化育万物，并从自然界吸取营养，以提高自身智力与品德修为。此即《易传》所说："天地设位，圣人成能。"《文言传》云："夫大人者，与天地合其德，与日月合其明，与四时合其序，与鬼神合其吉凶。先天而天弗违，后天而奉天时。天且弗违，而况于人乎？况于鬼神乎？"《系辞传》云："圣人所以崇德而广业也。知崇礼卑。崇效天，卑法地。天地设位而《易》行乎其中矣。成性存存，道义之门。"意思是说，人们应该掌握天地之德、四时之序，依此行事便可无忧。

五、《周易》的历史地位——三个唯一

那么《周易》这么一部书在中国文化史和世界文化史上有什么地位呢？我用三个"唯一"做一概括：

（一）《周易》是世界文化史"轴心时代"唯一一部由符号和文字共同构成的书

雅斯贝尔斯《历史的起源与目标》一书将公元前500年左右时期即公元前800年至前200年的精神过程期，称为世界历史的"轴心时代"（或译为"枢轴时期"）。古希腊诞生了《荷马史诗》、柏拉图、亚里士多德等巨著和巨人，两河流域诞生了希伯来文化元典——《圣经》，古印度诞生了婆罗门教经典《梵书》、史诗《摩诃婆罗多》、哲学经典《奥义书》、佛教经典，中国则诞生了《易》《诗》《书》《礼》《春秋》以及《论语》《老子》等诸子百家的经典。在这些文化经典中只有《易经》是由系统的卦爻符号与阐释性文字构成的。

（二）《周易》是中国文化史上唯一一部为儒家、道家共同信仰的书

在先秦典籍中，只有《周易》为儒、道两家所共尊——儒家尊之

为"六经之首"，道家尊之为"三玄之一"。汉以后，儒家说理几乎没有不依据《周易》的，董仲舒依据《易》理建构了天人感应、阴阳五行的儒学系统，北宋五子的代表作几乎全是解《易》之作，南宋朱熹、陆九渊，以及明儒、清儒对《易》理均有发挥，可以说"四书"与《易经》是儒家的两大元典系统。

汉代的道家著作如《淮南子》以及严君平的《老子指归》等都与《周易》有一定关系，而兼综儒道的扬雄，其《太玄》则是"易"与"道"融合的产物，至于道教，从《周易参同契》开始与《周易》的关系更为密切。直到今天，中华文化主干问题大论争中，《周易》还仍然是两派争抢的对象。"儒家主干"论者坚持认为《周易》归儒家的传统，"道家主干"论者则找出《周易》属道家的理由。一本《周易》几乎被扯成两半。除此之外，中国化佛家也与《周易》有密切关系。

（三）《周易》是中国科学史上唯一一部对社会科学和自然科学都产生重要影响的书

《周易》对中国传统人文社会科学的影响，从上述《周易》为儒、道共尊中可见一斑。确实，《周易》对汉及以后的政治、伦理、宗教、文学、艺术乃至经济、军事等都有过重要影响。中国传统的天文学、数学、历法学、音律学、医学、农学、化学、物理学等等也都受到《周易》象数思维方式的影响。因此我们有理由说：《周易》是中华文化的"源头活水"，是"大道之源""生命之水"。

总起来说，《周易》是中华文化的源头，是中华民族的灵魂。中华文化如果用一本书来概括，那只能是《易经》。西方有《圣经》，东方有《周易》。不仅是中国，整个汉文化圈都崇尚《周易》。

举一个例子，大家都知道曾国藩，六岁入塾读书。八岁能读"四书"、诵"五经"，十四岁能读《周礼》《史记》文选。二十七岁考中进士，后来十年七次升迁、连升十级，三十八岁当了礼部侍郎、兵部侍郎。太平天国起义后，他训练湘军，强调"军人以气为先"，带兵人要

"无官气而有血性"，可是一开始和太平天国打仗，总是打败仗，"屡战屡败"，好比走在太极图黑的位置，可是他改了一下"屡败屡战"，打掉牙齿和血吞，"扎死寨，打硬仗"，打败以后宁愿投水自尽也绝不投降。后来取得了胜利，受到了朝廷的各种奖赏，好比走在了太极图白的位置，可是他没有居功自傲，还主动裁掉湘军二万五千人，他劝他的九弟曾国荃"回籍养病"，送了一副著名的对联"千秋邈矣独留我，百战归来再读书"。可以说曾国藩的一生就是对《周易》之道、对太极图原理最成功的实践者。

至于《周易》六十四卦，就像一部词典，每当你遇到人生困惑时不妨拿起来查一下，你会从中得到启发，摆脱烦恼。六十四卦就像六十四个主题、六十四种场景，你可以把自己放进去作模拟。每一个卦的六根爻就像人生的六部曲，也像你要问的这件事情发展变化的六个阶段，它不仅告诉我们一个变化规律，而且告诉我们怎么去应对；不仅告诉我们什么时空点吉、什么时空点凶，还告诉我们怎样趋吉避凶、趋利避害。所以《易经》不仅是预测学，更是行为学，是成功人生、幸福人生的教科书。这是一部历经几千年而不衰的教科书。

我们今天所经历的事情，老祖宗早就经历过了，古圣先贤把他们生存下来的经验教训、心得体会、具体实践一一记述下来，经过历史的大浪淘沙，祖祖辈辈留下的最大人生智慧就是《周易》这本书。《周易》所讨论的人类生存问题数千年来都是相同的，没有改变。《周易》并非一部算命书，而是一部改命的书。命有什么好算的呢？反正算来算去这一辈子就只有一个结果——死了！既然如此，我们更应该去关注生命的过程，使我们的生命活得有意义，能得到善终。[1]

第二节　《易经》是蕴含哲理的占卜书

《易经》是周代卜筮之书，是上古先民对宇宙生命的占问，其构成

---

① 张其成：《张其成全解周易》，华夏出版社，2018年10月，2页。

要素包括卦爻象与卦爻辞两大类。

一、卦爻象——《易经》的符号系统

卦爻象是《易经》的符号系统，由八卦、六十四卦组成。卦的基本要素是爻。

（一）爻。"爻"是《易经》最基本的符号，不能独立使用，爻必须组成卦，是卦的最小构成单位。爻分阳爻、阴爻。阳爻符号"—"，阴爻符号"– –"。

关于爻象符号的起源，学术界有不同观点，影响较大的有两种观点：一是龟卜说。爻象符号直接来源于龟甲、兽骨上的占卜裂纹。二是筮数说。认为爻象符号源于筮数，阳爻"—"是从奇数一演变过来的，阴爻"– –"是从数字六演变过来的。"—"与"– –"分别代表了奇数与偶数。无论龟卜说抑或筮数说，都主张爻象是模拟仿效天下万物运动变化而产生的。《周易·系辞上》说："爻者，言乎变者也。"《周易·系辞下》说："爻也者，效天下动者也。"三国虞翻注："动，发也，谓三才为六画，则发挥刚柔而生爻也。"唐代孔颖达疏："每卦六爻，皆仿效天下之物而发动也。"可见《周易·系辞下》所言"爻象动乎内，吉凶见乎外"是卦爻象的基本功用。

（二）卦。卦是《易经》符号系统中基本的独立使用单位，由阳爻和阴爻组成。关于卦的起源，《说文解字》说："卦，所以筮也，从卜，圭声。"《易纬·乾坤凿度》说："卦者，挂也。言悬物象以示于人，故谓之卦。"《周易·说卦传》说："观变于阴阳而立卦。"近代有学者认为，卦为土圭，就是用泥土筑成土堆，测太阳的影子，以定方向、位置和时间，主张卦画是根据土圭测影而来。

易卦分为八卦、六十四卦两种。八卦为经卦，单卦，小成之卦。六十四卦为别卦，重卦，大成之卦。八卦不能直接用于占筮，只有六十四卦才可以用来占筮。

八卦分别由三根爻组成，由阳爻、阴爻自下而上叠合三次而成八卦符号。八卦分别是乾、坤、坎、离、震、巽、艮、兑，分别代表天、地、水、火、雷、风、山、泽。

六十四卦由六根爻组成，由阴爻、阳爻自下而上叠合六次而成。分上、下两个八卦，下面的八卦为内卦，上面的八卦为外卦。《周易·说卦》说："易六画而成卦。""易六位而成章。"就爻的总数而言，六十四卦各有六爻，则成三百八十四动爻，再加上乾、坤两卦各有一用爻，故总为三百八十六爻。六十四卦构成《易经》的符号系统。

在《周易》象数观中，象与数是统一的。象中含数，数中蕴象，象、数密不可分。《易经》之"数"是对卦爻之象的另外表达，可以当作一种特殊的象。《易经》之"数"的用处很多，如太极、两仪、三才、四象、八卦、六十四卦、三爻、六爻等等，可见《易经》之"数"特指爻数，而爻数也是爻象，如"九四"就是指第四爻是阳爻，"六三"就是指第三爻是阴爻。

爻的本质特征在于"效"和"动"。爻与卦的关系是"体"与"用"的关系，卦是物之体，爻是物之用。卦是静态的角度观察，重在反映阴阳之物，反映物之形、物之象；爻自动态角度观察，重在反映阴阳之动，反映物之变、物之化。卦爻象系统是中华文化的"文化基因"，它体现了中华民族先民的原始观念，也体现着中华民族的传统思维方式和心理内涵。

二、卦爻辞——《易经》的文字系统

卦爻辞是《易经》的文字系统。《易经》文字系统由卦爻名、卦爻辞两部分组成。卦爻名、卦爻辞是西周初期所作，明显晚于卦爻符号，是占筮者对卦爻符号所做的解读。

（一）卦爻名。卦爻名是对卦爻符号所做的最精要的概括，体现特定的义理和思维方式，一般置于卦爻辞的前面，是对卦爻符号卜筮意义的解读。

关于卦名的由来，有卦象说以及卦辞说。卦象说者认为，八卦来源于对自然界中事物形象的观察，卦名与卦象是统一的，都与该卦所模拟的事物的形象、意义有关。诸如，乾卦之象为天，乾即古"天"字，所以此卦便是乾卦。坤卦之象为地，坤即古"地"字，所以此卦便为坤卦。又说，乾卦都是阳爻，力主刚健，乾又有刚健之意；坤卦都是阴爻，坤主柔顺，而坤就是"顺"之意。卦辞说者认为，先有卦辞，而后才有卦名。卦名来自卦辞，或取筮辞中常见之一字或两字为卦名，或取筮辞中常见之一字或两字并外加一字或两字为卦名。如果卦名果真取之于卦辞，那么，它就没有特别的意义，后人不必拘泥于卦名与卦象的关系，卦名仅仅就是区分各卦的符号而已。

爻名由两种数字组成，一种是表示位置的数，一种是表示性质的数。六爻位置从下向上数，依次为"初""二""三""四""五""上"。六爻的性质只有两种：一是阳性，记为"九"；二是阴性，记为"六"。如乾卦六爻的名称分别为初九、九二、九三、九四、九五、上九；坤卦六爻名称分别为初六、六二、六三、六四、六五、上六。

（二）卦爻辞。卦爻辞主要由卦辞、爻辞组成。《周易》六十四别卦，每卦各有一条卦辞，故有六十四条卦辞；每卦六爻，共有三百八十四爻，加上乾、坤两卦各有一用爻，总为三百八十六爻，故有三百八十六条爻辞。

卦辞即说明《周易》卦义的文辞，一般认为是卜筮者的记录，与甲骨文辞同类。卦辞前有卦名，卦名即卦的名称。《易经》共有六十四条卦辞，内容主要包括自然现象变化、历史人物事件、人事行为得失、吉凶断语等。其种类大体可分为象占之辞、叙事之辞、占兆之辞三类，具体涉及狩猎、旅行、经商、婚姻、争讼、战争、饮食、享祀、孕育、疾病、农牧等生活方面。卦辞的一般体例为先举出暗示意义的形象，或举出用于譬喻的事例，然后写出吉凶断语。具体可分为先叙事而后断吉凶，单断吉凶而不叙事，或叙事、断吉凶、再叙事、再断吉凶等不同体例。

爻辞即说明爻义的文辞，是解释各卦细节内容的部分。其体例内

33

容、取材范围与卦辞相类似。例如，乾：元，亨，利，贞。初九：潜龙，勿用。九二：见龙在田，利见大人。九三：君子终日乾乾，夕惕若，厉无咎。九四：或跃在渊，无咎。九五：飞龙在天，利见大人。上九：亢龙有悔。用九：见群龙无首，吉。

卦爻象与卦爻辞作为《易经》这一占筮典籍的基本素材，并非出自一人之手，而是古人长期积累的结果。《易经》典籍经过长期的编纂与加工，体现了一定的哲学意义。就卦序而言，六十四卦"两两相偶"，表现为对立的卦象系列，体现了对立面之间的对立统一的朴素辩证法观点；就卦爻辞文字系统而言，先民以占筮形式解释客观事物存在发展的思维倾向与努力，体现了天人合一的世界观。《易经》中的这些理性思维因素成为中国哲学与中国文化的源头，滋养浸润着中华民族精神的繁荣与发展。[①]

第三节　《易传》是超越占卜的哲学书

《易传》是战国以来解释《周易》经文的论文汇编。作为一部解经之作，它从象数、义理两方面做了阐发。《易传》在解《经》之时，吸收当时自然科学的知识，又杂糅道家、儒家、阴阳家等学派的思想观点，既包含了朴素的辩证法思想，又充满了人伦道德的社会主张。因此，《易传》最大的贡献在于，赋予《易经》以哲学地位，使《易经》从巫术转变为哲学，从迷信走向理性。

一、十翼——《易传》十篇

《易传》又称"十翼"，"翼"就是羽翼，意为辅助，说明《易传》十篇是对《易经》的辅佐、解释。

（一）《象传》。又称《象辞传》，分上、下两篇。象本指卦辞，

① 张其成：《中医文化学》，人民卫生出版社，2017年8月，145—148页。

《彖传》解释《易经》，从卦名、卦辞进而阐释一卦卦义，但不涉及爻义。

（二）《象传》。又称《象辞传》，分上、下两篇。象本指卦之上、下两象及两象之六爻，《象传》则是阐释各卦卦象及各爻爻象的。解释卦象的为《大象传》，解释爻象的为《小象传》。《大象传》共有六十四条，分别解释六十四卦的卦名、卦义。每条分两句，前一句分析卦象解释卦名，后一句讲给人的启示。《小象传》三百八十六条，分别解释《易经》三百八十四条爻辞与乾坤二卦用辞。

（三）《文言传》。又称《文言》，"文言"即"文饰乾、坤两卦之言"。因为乾、坤两卦为《易》之门户，在《易经》六十四卦中意义重大、地位突出，所以特意加以文饰解说，以作为训释其他六十二卦的榜样。在对乾、坤二卦的卦爻辞进行逐字逐句或重点解释的基础上，注重发挥卦爻辞的精微大义。

（四）《系辞传》。又称《系辞》，分为上、下两篇。《系辞传》通论《易经》和筮法大义，重点诠释一些重要观念和爻辞，阐发《易经》的基本原理，由此将《易经》由一部占筮之作解读为哲学著作，集中体现了《易传》的哲学思想。

（五）《说卦传》。又称《说卦》，主要解说八卦的性质、功能、方位、取象特征及所取八种基本物象，同时对占筮的原则和体例、《易经》的义理等方面也做了新的阐发。

（六）《序卦传》。又称《序卦》，解说《易经》六十四卦的排列次序。它以前、后两卦为一组，用简约的语言，概括各卦名义及其先后次序的关系。

（七）《杂卦传》。又称《杂卦》，说明六十四卦之间错综复杂的关系。与《序卦传》相同，也采用两卦一组，"二二相偶"。不同的是，《序卦传》六十四卦次序即《易经》的卦序，而《杂卦传》六十四卦次序则与《易经》不同，其中前五十六个卦的排列顺序尚符合相综相错或非覆即变的规则，后八个卦则不符合相综相错或非覆即变的规则。

二、《易传》解读《易经》的方法

《易传》对《易经》的解读方法，主要包括爻位法、取象法及取义法。

（一）爻位法。爻位解读法其实就是根据爻位来解卦。爻位就是六十四卦各爻所处的位置，六爻分处六级高低不同的等次，象征事物发展过程中所处的或上或下、或贵或贱的地位、条件和身份等。六爻爻位由下而上依次递进，名为初、二、三、四、五、上，体现事物从低级向高级生长变化的发展规律。其基本特征是：初位象征事物发端萌芽，主潜藏勿用；二位象征事物崭露头角，主适当进取；三位象征事物功业小成，主慎行防凶；四位象征事物新进高层，主警惕审时；五位象征事物圆满成功，主处盛戒盈；上位象征事物发展终尽，主穷极必反。每一爻在卦象中所处地位及同其他各爻的关系主要有：正与不正（正当与失位）、中与不中（守中与失中）、合与不合（相应与不应）、比与不比（相承与不相承，顺与逆）、时与不时（趋时与失时）等。在具体卦爻中，又各有其复杂的变化与含义。《彖传》《象传》主要采用爻位解读法。

（二）取象法。所谓取象法，即将卦爻象征的各种事物之象寻找出来，然后用这种事象、物象解释卦爻辞，以此说明卦爻辞（文字）与卦爻象（符号）之间具有必然的联系。《系辞传》认为八卦是仰观天文之象、俯察地理之象、近取人身之象、远取事物之象而制作。卦象的创立，把纷乱的物象简约化、规范化。易卦作为一种意象符号模式，能使人们进行从一般到个别、从简单到复杂的思维演绎；同时，人们通过卦象进行类比思考，诱发人们的想象力，用自己的经验解释卦象。《系辞传》云："圣人设卦观象，系辞焉而明吉凶。"即是说卦爻象与卦爻辞之间有内在逻辑联系，卦爻辞是根据卦爻符号确定的。《说卦传》是采用取象法分析卦象的集中代表。《说卦传》云："天地定位，山泽通气，雷风相薄，水火不相射，八卦相错。"它指出了八卦所取的大象，乾象天，坤象地，艮象山，兑象泽，坎象水，离象火，震象雷，巽象风。这就是八卦的根本之象。《说卦传》首次对《易卦》取象做了系统整理，不仅归纳了八卦的大象，而且收集了八卦的属性之象、物象、身象、家庭之象等一百一十四种象征之象。《象辞传》则是采用取象比类法分析六十四卦以及爻象的集中代表。其中，"大象"是对六十四卦卦象的解释，"小象"则是对每一爻的爻象进行解说。

（三）取义法。所谓取义法，即从卦的德行、功能、属性、意义出发，解说卦爻辞与卦爻象。《易传》中的《说卦传》以取义的方法，将八卦的功能、属性做了总结：乾，健也；坤，顺也；震，动也；巽，入也；坎，陷也；离，丽也；艮，止也；兑，说（悦）也。《易传》中的《彖》《象》《文言》三篇，大量采用取义的方法逐句解经。在上述解读八卦属性的基础上，还有解释卦德的义项。如乾、坤二卦，《乾·彖》说："大哉乾元，万物资始，乃统天。"《坤·彖》说："大哉坤元，万物资生，乃顺成天。"乾主"始"，坤主"生"；乾为统领，坤为顺承。《乾·象》的解释为："天行健，君子以自强不息。"《坤·象》的解释为："地势坤，君子以厚德载物。"乾为"健进"，坤为"包容"；乾主"自强不息"，坤主"厚德载物"。这些解释都是采用了取义法。

三、《易传》——解读《易经》的哲学结晶

《易传》是先秦儒道等各家思想的汇总，它突破了经文巫术卜筮因素，建立起了博大精深的思想体系；它是一个以卦爻为形式、以阴阳学说为内核的理论体系，内容涵盖天、地、人三极之道。因此，可以将《易传》称为穿着卜筮外衣的哲学著作。

《易传》既宣扬了儒家的伦理观、政治观，又宣扬了道家的天道观、宇宙观。《易传》人道伦理思想主要体现了儒家的思想特征，如尊卑、贵贱的等级观念，"保合太和"的中庸思想，"神道设教"的教化主张，明德慎罚的德治主张，立"仁义"的伦理观念，"自强不息"的人生态度等。《易传》的天道宇宙思想主要体现了道家的思想特征，如

"无思无为"本体意识、三才合一的整体观念、太极阴阳（五行）的宇宙模型、对立统一的"化生"原则、"生生"不息的生成序列、阴阳变易的辩证思想、"原始反终"的变化规律等。

经过《易传》的解经改造，《周易》形成一种独特的思维模式。这种思维模式体现为道器合一、时空并重、重用轻体、象义互参、直观意会等特征。《易传》中有关于"道"与"器"的精辟论述，所谓"形而上者谓之道，形而下者谓之器"，所谓"道"即八卦体系；所谓"器"则是由"道"派生出来的。这种"道""器"理论成为人们认识世界、创造各种器具的出发点与模式。《周易》的象数系统，都是功能性的符号，而不是确有所指的实体。重视功能性、轻视实体性的研究方法成为中国哲学思维方法的重要特征。《周易》象数观则通过取象、运数推理分析出特定的"类"，在此基础上再归纳出万事万物统一、同构之"理"，据"理"再推测出同类事物的变化、生成之势。如筮法模式是用"大衍之数"的推衍，筮数（蓍草的根数）的奇偶变化，来模拟天地的推演、实践的发展、阴阳的变化。卦爻模式是由卦画变易来呈现事物运动的模式，反映天地间万事万物的一切变化。可见，《周易》象数观体现了归纳与演绎的合一、象义互参的思维特征。《周易》独特的思维模式，对后世产生巨大影响，并成为中华民族的思维传统和基本精神。①

---

① 张其成：《中医文化学》，人民卫生出版社，2017 年 8 月，148—150 页。

第三章　中华文化的载体——国学"五经"

第一节　《周易》的象数思维简介

《周易》从一本占筮书（经文）上升为一本哲学书（传文），后经象数、义理二派的不断阐释，使易学的外延不断扩大，其内涵则越来越小。那么易学至小的内涵到底是什么？我们认为应该指易学所揭示的思维方法以及价值理念。

易学的思维方法即易学的方法论体系对中华民族文化性格的形成、对中华文化本质的确立以及中华文化各学科体系的建构，都起到了决定性的作用。易学的思维方法可称之为"象数学方法"，它由《周易》奠基，由汉宋象数学派构筑。

关于《周易》的思维形式，学术界有不同观点，有人认为《周易》是直观思维（直觉思维），有人认为是形象思维（意象思维），有人认为是逻辑思维（抽象思维），有人认为兼而有之。笔者认为易的思维形式与上述三种形式虽有一些相同之处，但差异性也很明显。

主张《周易》是直观直觉思维者，认为《易经》中的卦爻辞大多是前人的生活经验的记录，出于个人体验而不是一般的事理或原则，这种体验成为后人判定事物和推测未来的比照范例，《易经》的应用者正是依照直观的思维方式去运用《易经》的。《周易》直观思维的重大优点是高度重视经验而又不堕入经验主义，"形而下"与"形而上"直接合而为一。《周易》作为一个预测吉凶的认识系统，由于认知能力的局限而带有神秘性，因而表现为一种典型的、超理性的、体验式的直觉思维，具有非逻辑的偶然性、象外得意的顿悟性、内省直觉的灵感性特色。

主张《周易》思维是形象思维者，认为《易经》的创制者是通过卦象来预测、判定事物的，这是形象思维的萌芽。《易传》汇总并扩展了八卦卦象的象征意义，提出了八卦之间的相互关系的象征意义，并以此解说六十四卦的象征意义，赋予爻象以种种蕴义。《周易》形象思维通过符号系统和框架结构去表述世界和认识世界，可概括为观象、得意、类情三个方面。主张《周易》思维是逻辑思维者，认为《周易》及易学遵循了分类、类推及思维形式化的逻辑法则。有专家提出"《周易》逻辑"的概念，认为《周易》逻辑以观象取类、名物取譬的方式来界定概念的含义，以主客相参的吉、凶、悔、吝为基本的判断形式，以多维发散可能盖然为推理方法，是迥异于外延型逻辑的另一种逻辑。

有学者认为《周易》是辩证思维、整体思维，这是就思维的内容特征而言的；还有学者认为《周易》是神话思维、本体论思维、功能思维，这是就思维的主客体关系而言的。这里均不将它们归入思维形式来讨论。

笔者认为，《周易》思维是融合直觉、形象、逻辑三种思维形式而又不完全等同于这三种思维形式的特殊的思维类别，可称"象数思维"。

《周易》象数思维具有直观直觉性特征，但与一般直观思维又有区别，此区别在于：后者是依据自身的直观体验对事物的前景进行判断，而前者是依据初始占筮者所规定的卦爻象辞的直观体验进行判断。虽然两者都以直观体验和感觉为依据，但后者是直接的，前者是间接的。同样，《周易》的直觉、灵感思维也往往是在卦象比类的基础上进行的，或是在依据卦象思维的锻炼中产生的（首先是"据象"，然后才"忘象"），而一般的直觉思维、灵感思维往往不依据某一实象，具有突发性、瞬间性特征。

《周易》象数思维具有形象性特征，但又不同于一般形象思维。象数思维不是以自然界及人类社会具体事物为思维媒介，而是以卦象、爻象为思维媒介。卦象是最重要的形象，是《周易》思维的放射源，而一般形象思维则以物象为思维放射源。《周易》形象思维不同于艺术形象思维，后者之"象"有强烈的情感因素，是直接表现形态、动作的活生生的艺术形象；而前者之"象"则是经过抽象、整饬的"卦象"，以客观、冷静、系统反映对象为特色，表现事物运动的轨迹与内在联系。

《周易》象数思维具有逻辑性特征，但又不同于西方形式逻辑思维，它采用外延边界模糊的"类"概念——卦象符号与卦爻辞文字，而非西方外延边界清晰的属性概念；是指为对象做动态的、先验的、综合的判断推理，而非西方重属性分析和因果演绎的判断推理。卦象是《周易》思维的先验模型。卦象之"象"又不同于抽象之"象"，后者是抽去了一切具体形象的概念范畴，而前者既是来源于万事万物之象，是对物象事象的抽象与整饬，又蕴含经过整饬过的物象、事象。它是个"空套子"，但这个"空套子"实际上又蕴藏万事万物。

以上所论的"象数思维"重点在讲"象"，至于"数"（如卦爻数、天地数、河洛数等）实际上就是一种特殊的"象"，因为这些"数"主要不是用于定量，而是用于定性、定类。

综上，可见《周易》象数思维是一种综合思维形式，是直觉、形象、逻辑三种思维形式之外的第四种思维形式，是人类思维的一个特殊的品种。

作为解《易》的两大流派之一，象数学派系统地继承了《周易》的思维形式，并有所改造与发展。象数学家解《易》以卦象和易数为出发点和依据，采用取象和取数的方法，将各种物象、事象、数量纳入卦爻象以解释卦爻辞，目的是寻找出卦爻辞与卦爻象的逻辑关联。其方法有二：一是从春秋战国尤其是《易传》中已有的八卦的取象（八卦所象征的物象）出发，运用这些物象以解释卦爻辞与卦爻象；二是从卦爻辞与卦爻象出发，认为卦爻辞是依据物象来决定的，于是运用卦爻辞的一词一字，归纳出新的物象。而如果仅从八卦上取物象总是有限的，于是象数学家就将一个卦分析成若干个卦，再以若干个卦所象征的物象来解释卦爻辞与卦爻象的相应之理。

汉易象数学派与宋易象数学派都具备上述基本特点。相比较而言，汉易象数学派更偏向于逐句逐字解释《周易》经传，宋易象数学派更偏向于解释《周易》的概念、范畴、命题。汉易象数学派不仅广泛地选取物象来解《易》，而且将五行、干支等纳入卦象，从而将卦爻与五行这两大象数系统首次结合起来，不仅极大地丰富了卦象所象征的物象范围，而且强化了卦象与爻象之间、卦爻象与物象之间、卦爻象与卦爻辞之间的相互关系。宋易象数学以河图洛书解《易》，实际上就是以阴阳五行解《易》。

综观象数学派与义理学派的解《易》倾向，可以看出，象数学派立足于事物象数，义理学派立足于事物的义理。就思维形式而言，象数学派偏向于功能思维、形象思维；义理学派偏向于属性思维、逻辑思维。象数学派注重从个体事物的形象功能出发推出另一事物，本事物与他事物之间是比拟、形似的关系；义理学派注重从个体事物的本质、属性出发推导另一事物，本事物与他事物之间是逻辑推理的关系。象数学派将卦爻看成表达事物形象的符号；义理学派将卦爻看成表达事物性质的符号。象数学派注重事物之间的联想，义理学派注重事物之间的逻辑推理。

当然象数学派与义理学派在功能或属性思维上并不是截然相反的。象数学派讲功能，而有的功能又正是本质属性的反映。如就乾卦的取象而言，《说卦传》说："乾为天、为圜、为君、为父、为玉、为金、为寒、为冰、为大赤、为良马、为老马、为瘠马、为驳马、为木果。"李鼎祚《周易集解》案："《说卦》乾，健也，言天之体，以健为用，运行不息，应化无穷，故圣人则之，欲使人法天之用，不法天之体，故名乾不名天也。"乾卦的本质属性为纯阳无阴，"健"既是乾卦的功用也反映乾卦的属性。因乾卦具有"运行不息，应化无穷"的功能和属性，所以乾又取象为马（良马、老马、瘠马、驳马）。乾卦还具有在上、向上功能，所以乾又取象为天、为首、为父、为君。向上、在上也是乾阳的属性之一。义理学派也并非不讲功能，如王弼解坎卦象辞："坎以险为用，故特名曰重险……处至险而不失刚中，行险而不失其信者，习坎之谓也。"从坎为险的功能出发，解释坎卦"刚中"的属性。可见象数学派是从功能出发推导出事物之象，义理学派是从功能或属性出发推导出事物之理。

就形象思维与逻辑思维而言，象数学派与义理学派同样也不是将其断然分离的。象数学派往往是立足于形象思维，从形象（卦象及物象、事象）的分"类"（象）基础上进行逻辑归纳与演绎，这一点在宋易象数学派中表现得较为突出。而义理学派也并非不借助卦象、物象，只是"因象"的目的在"明理"，"假象"的目的在"显义"。如朱熹站在义理学派的立场，提出"易只是一个空底物事"，将卦爻象辞看成表现事物之理的抽象公式，可以代入一切有关事物，也可以推导出一切有关的事理。①

第二节 儒：《论语》的思想体系简介

一、《论语》与伦理思想

如果说孔子所创立的儒家有宗教的功能主要体现在人伦教化方面，那么，这种教化所仰赖的根本就在于日常伦理，这之中又可以分出两个层次：一是个人修养，一是社会理想，两个层次是以"仁"为核心的修己安人之道而贯穿始终，而修己安人的逻辑起点则在于自然的人伦之情。

我们先看第二个层面：孔子的社会理想。孔子的社会理想是恢复周

---

① 张其成：《象数易学》，广西科学技术出版社，2010年11月，228—233页。

朝的"礼乐"之邦，孔子给当时"礼崩乐坏"的社会开出了治疗的"药方"，这个"药方"的"主药"就是"爱"，而"爱"在不同关系中的运用原则就是要依"礼"而爱。可是这个"药方"并不能自然而然地起效，毕竟有那么多人没有"爱"，实际行为中在不守"礼"、在逾越名分而干出格的事情、在为了获得权力而不那么孝亲爱人。孔子也意识到了这个问题，他也需要为自己的学说找到一个可靠的说法，让大家都能相信这个"药方"并且自觉地用它。那么，靠什么来保证每个人都有"爱人"之心而且能守"礼"、正名呢？孔子认为依据来自人的本性，孔子发现我们每一个人肯定都有父母，既然有父母，就天生会有孝敬之心，这是自然而然的血缘亲情，这个"孝"就是仁爱之心的来源。孔子认为，"孝悌"是一切正确人伦关系的起点，一个孝顺的人，他就不会犯上作乱。如果一个人做到了"入则孝，出则悌，谨而信，泛爱众"，这个人就是一个"君子"，如果每一个人都能成为"君子"，就可以重建一个国家的秩序。

所以，人伦亲情之"爱"是孔子学说的内在根基，这种"爱"随着人们之间关系的不同而有差等地展开，各种人伦关系中"爱"的调整则要依靠"礼"来完成，因此"礼"是外在的表现形式。通过"礼"基本上可以调整全部的人伦关系，正如《礼记·曲礼》中所说："道德仁义，非礼不成；教训正俗，非礼不备；分争辩讼，非礼不决；君臣上下，父子兄弟，非礼不定；宦学事师，非礼不亲；班朝治军，莅官行法，非礼威严不行；祷祠祭祀，供给鬼神，非礼不诚不庄；是以君子恭敬撙节退让以明礼。"如何保证人伦之爱是有秩序而合"礼"呢？这就要有具体的方法，归结起来就是孔子所说的第一个层面：个人修养。

孔子伦理思想的第一个层面是个人修养，这个层面可以说是孔子伦理学说的实践起点，孔子学说的这个大厦都搭建在这个地基上，如果没有个人的人格修养和我们后面将要谈到的教化功夫，孔子儒家学说就只是空中楼阁，只是一种假想。

客观来说，孔子本人就是个人修养的楷模，即使是习惯了批评儒家的道家也只是拒绝儒家的以"礼"为中心的仁义观念，而对于孔子个人的人格则不仅不攻击，反而是加以利用，在"先秦诸子莫之能先"的《庄子》中就多次让这个受人尊敬、饱学、谦虚、有爱心而又勇于改错的孔子来宣称他要放弃原本立志践行的社会理想，这种设计比对孔子的个人修养进行赤裸裸的攻击要高明得多。

那么，个人修养从哪里起手，又有哪些方法呢？正如我们前面反复提到的那样，在孔子的视角看来，这个世界上的所有思考和行为根本就只有一条确定正确的路可走，其他的都不用进入作为"君子"的行者的视野。孔子眼中的"君子"的修养起点从"孝亲"开始，经过孔门的德行、政事、言论、文学四个科目的训练，经过学而不厌、诲人不倦的坚持和努力，最后扩大到"臣事君以忠""祭如在，祭神如神在"等等范围，成就一种君子人格。具体怎么修养？《论语》中讲了很多，后世儒家也讲了很多，总结得比较全面的是《礼记·儒行》，在这篇文章里以鲁哀公和孔子对话的形式展开讨论，总共有十六条属于儒者的行为，条目太多，这里就不一一引用原文，总结一下大致有以下一些行为原则：第一，儒者要学而不厌，身体力行，是指儒者在没有出仕之前要学习并实践；第二，平时生活中动作容貌要恭敬、慎重；第三，居处修身，言行中正，也是儒士还没从政时的行为状态；第四，不宝财禄，这是儒者对于富贵利禄的态度，也折射出儒士对出仕的态度；第五，见利思义，行动果敢，表示儒者在压力下仍要坚持操守，不随波逐流；第六，刚毅有节，指儒者立身处世要重视自己的尊严节操；第七，仁义忠信，是说儒士有坚定的道德信念，即使在暴政之下也不会改变；第八安贫守道和第九穷则持志，是指儒者政治上不得意时仍能坚持政治理想和正确的志向；第十，宽裕有礼，是指儒者的待人接物时的胸襟；第十一，举贤援能，是儒者对待贤能的态度；第十二，以善为则，这是儒者对于同侪的态度；第十三，独行中庸，指儒者立身行事要能得其中道；第十四，傲毅清廉，强调儒者从政时在政治上的清廉；第十五，交友有义，指儒者的交友之道；第十六，贫贱不移、富贵不屈，这是儒的风骨气度。

很悲哀的是孔子在政治领域的努力几乎都不果而终，一直受到挫败，他最后只做了一个伟大的教师。也正因为孔子成为"万世师表"，被后世奉为"大成至圣先师"，中国传统知识分子因为领受孔子的"教义"而开出了中国知识分子独立自强的精神风貌，就是当儒家（历史上更多地表现为某个儒家人物的政治抱负）的社会政治理想不能实现的时候，儒家提倡"穷不失义""富贵不能淫""威武不能屈"，常常要用文化理念来对抗政治权威，这就是后来我们所说的"道统"尊于"政统"。

二、《论语》与教育思想

孔子所处的春秋时代，一方面官学已经衰败得不成样子，学在官府的格局被打破，孔子于是感叹说："文王既没，文不在乎？天之将丧斯文也，后死者不得与于斯文也；天之未丧斯文也，匡人其如予何？"（《论语·子罕》）另一方面又有大量有学养的贤人散落民间，孔子之前有老子等掌管原来官家学问的人散落民间，而孔子本人也是衰败的贵族家的孩子，以懂得上古三代的礼乐文化而闻名于世。这些贤人一方面出于谋生的考虑（学生拜师学习都是收"学费"的，孔子办学也收弟子送来的拜师礼，富有的弟子送的礼重，穷苦学生送的礼轻），另一方面由于有想改变现实的抱负，于是开始在民间讲学，孔子在这方面是开风气之先的人物。私人讲学的风气一开，不但带来了思想上"百家争鸣"的局面，也带来了私家著述风气的盛行，诸子纷纷著述表明和传播自己的思想观点。春秋战国时代的诸子"百家争鸣"，不但是中国思想史上的黄金时代，也是中国文学史上的黄金时代，先秦诸子的散文，无论是析事论理，还是谋篇布局、遣词造句，都达到了很高的成就。

孔子教学的态度是"诲人不倦"，而且对学问毫无隐瞒，和那种"鸳鸯绣了从教看，莫把金针度与人"，总想留一把"绝活"的师徒关系大不一样。孔子对学生倾囊相授，毫无隐瞒，赢得学生对他的尊敬。

孔子死后，学生们如同死了父母一般，在孔子墓旁结庐而居，三年之后才离开，而子贡还继续在墓旁居住了三年。

孔子的收徒原则是"有教无类"，不管学生富贵还是贫贱，只要有志于学"仁"、体"仁"，都可以到孔子这里来学习。孔子的招生范围很广，相传孔子前后共有学生三千多人，其中有少数是贵族子弟，还有很大部分是平民的子弟。在中国教育史上孔子收徒教学被认为是私人讲学和平民教育的开端。孔子死后，他的学生子夏、曾参、子游、子张等人也收徒讲学，继续不遗余力地传播孔子的思想，而且接着在"述而不作"中创新发展。

孔子教学的原则是"因材施教"，而且非常强调教学技巧的应用，比如"不愤不启，不悱不发"，注意把握教育时机，等到学生有困惑时再适时地启发他们、教育他们。孔子对每个学生都非常了解，在解答学生的疑问时，纵然同一问题，也会随着提问的学生的不同，答复也随之变化。比如颜渊、仲弓、司马牛三人同样"问仁"，孔子就有三种不同的答案。子路和冉有都问"闻斯行诸"，孔子的答复甚至是完全相反，因此还引起了公西华的疑问。

孔子教学中非常强调学习态度和学习方法，孔子说他自己是"我非生而知之者，好古，敏以求之者也"，强调学而知之，学习要勤勉；还说"三人行，必有我师焉：择其善者而从之，其不善者而改之"，强调在交往中注意学习，而且一定可以从对方学到东西，子贡也说孔子没有一定的老师，去哪里夫子都在学习。

三、《论语》以"仁"为核心的思想体系

从根本上说，孔子思想、《论语》思想的核心概括为一个字就是"仁"，这个仁既是人性中最根本的禀性，也是人心内在的修养标准，更是人生为人处世的行为标准。关于《论语》中的"仁"，我们这里做一个简要的总结，把最重要的句子归纳整理一下。

"仁者人也，亲亲为大""义者宜也，尊贤为大"，这两句是《中庸》里的话。"仁者人也"，仁的意思就是做有仁德的人。"亲亲为大"，前面的"亲"是动词，后面的"亲"是名词，古汉语中"亲"是父母的意思，"亲亲"就是孝敬父母，仁最重要的表现是孝敬父母，这是仁的根本。"义者宜也"，义就是要公正，"宜"就是合适，"尊贤为大"，义最主要表现就是尊重有才能和德行的人。

有子曰："其为人也孝弟，而好犯上者，鲜矣；不好犯上，而好作乱者，未之有也。君子务本，本立而道生。孝弟也者，其为仁之本与！"这段话说明仁的具体表现有孝、有悌，孝悌是仁的根本。

子曰："巧言令色，鲜矣仁。"仁反对花言巧语、装出讨好人的伪善面貌。

子曰："弟子入则孝，出则悌，谨而信，泛爱众而亲仁，行有余力，则以学文。"这里说到仁包括了孝、悌，讲信实，广泛地爱人。如果你还有余力，仁就要求你去学文，学习知识，学习文献。

子曰："刚、毅、木、讷，近仁。"读完这句话后，好多人觉得仁的人肯定是软弱的人，这样理解就错了。孔子的坐骑是马，马就是自强不息、刚健坚毅。所以有仁的人，肯定是刚健坚毅，说话不多，言语方面可能显得比较迟钝，但是行为肯定很敏捷。

子曰："仁者必有勇，勇者不必有仁。"一个仁者一定是勇敢的人，一个勇敢的人，不一定是有仁德的人。有的勇敢的人鲁莽，不符合仁。

子夏曰："博学而笃志，切问而近思，仁在其中矣。"一个有仁的人，一定是博学的人，是不懂就问、善于思考的人，而且有坚定的志向。

子贡曰："夫子温、良、恭、俭、让以得之。"仁在具体的风度上，就表现为温、良、恭、俭、让，这都是仁的表现。

孔子的核心思想用一个字概括就是仁，仁的内涵和外延又特别的丰富，别说我们今天人需要认真学习思考才能有所理解，就是当时跟随在孔子身边的那些弟子也时常有不明白的地方，于是孔门弟子也有一些关于仁的请教，孔子在回答这些问题的时候，实际上也是在为我们解答什么叫仁。以下就是一些弟子问仁的内容。

有一个叫仲弓的弟子问孔子什么是仁，子曰："出门如见大宾，使民如承大祭；己所不欲，勿施于人。"20世纪和21世纪世纪之交的时候，世界上的一些宗教领袖、伦理学家们聚会，他们评选世界各民族的伦理规则，最后被评选为第一名的就是八个字"己所不欲，勿施于人"。自己都不想做的事情，不要强加给别人。这就是仁的表现。

颜渊问仁。子曰："克己复礼为仁。一日克己复礼，天下归仁焉。为仁由己，而由人乎哉?""克己复礼"就是克制自己，恢复礼仪。为什么孔子回答学生问仁的答案都不一样呢? 这就是孔子在因材施教! 因为颜渊有恢复礼仪的重大志向，所以他的仁就表现在"克己复礼"上。要是一日克己复礼了，那么天下人都仁了。为仁由己，而由人乎哉? 实现仁就是靠自己，难道是由别人吗?

樊迟问仁。子曰："爱人。"爱别人就是仁。

樊迟问仁。子曰："先难而后获，可谓仁矣。"先要艰难，要努力、精进，然后才有收获，这就是仁。

孔子的仁范围很广，最重要的意思就是要"仁爱"，表现为"克己复礼"，就是爱天下所有的人。

我们仔细读《论语》，就发现孔子和他的弟子的形象活灵活现、跃然纸上。"子路率尔……，夫子哂之"，孔夫子在那里嘿嘿笑。子贡有一次问仁，孔子告诉他"己所不欲，勿施于人"。子贡是孔门弟子中非常执着的一位，他是孔子去世后唯一的守墓六年的弟子，结果他发财成为富翁。子贡说，老师啊，你这八个字太多了，能不能说一个字，让我终生信奉呢? 孔子说，可以给你这一个字——恕。

子贡问曰："有一言而可以终身行之者乎?"子曰："其恕乎! 己所不欲，勿施于人。""恕"就是宽恕、包容的心，这是"仁"的最大表现，你宽恕别人了，说明你肯定爱别人了。这是从反面来说的，你这件事能做到了，那从正面说你肯定对上级就"忠"了，对父母"孝"了，对长辈"悌"，对晚辈就"慈"。能做到"恕"了，就对所有的人都能表现出不同的仁爱行为。恕就是爱的最大表现，如果仁用一个字来说，就是"恕"。

四、《论语》的人生启示

《论语》的核心是在讲述关于"仁"的学问，倡导"忠恕"之道，主张做人要孝悌忠义、克己复礼，同时也有"半部《论语》治天下"的说法。孔子的人生智慧不仅指引我们独善人生，而且指引我们兼济天下，"达则兼济天下，穷则独善其身"，穷通不改其志，面对不同的人生境遇，《论语》教会我们始终保持住体验生命的情调。

（一）事业从"五伦"做起

我们中国的古圣先贤非常了不起，他们很早就概括出人生在世面对各种关系的行为原则，比如"父慈子孝""亲情""忠义"等观念，我想即使再过数千年都会继续有价值。人生在世要面对的诸多关系，比如君臣、父母、兄弟、夫妇、朋友等等，在这些关系中，作为一个有修养的人，一个君子会怎样行为呢？以《论语》为开山之作的儒家学说把做人的基本原则总结成了五条，即忠、孝、悌、忍、善的准则。

我们前面已经说过，儒家学说是家—国—天下同构的学说，治理天下的学问起始于治理家庭的学问，家庭关系是所有社会关系的起点。那么，在家庭中什么原则是核心呢？是"孝"，即"孝弟也者，其为仁之本与"。一个人为什么要"孝"？为什么"孝"是子女对待父母最正确的行为方式？《论语》中并不能找到太多直接的论证，这也是我们学习孔子的《论语》需要注意到的一个特点，孔子从来不是一个"讲道理"的人，他只是说人之常情和人之正确的行为。孔子所告诉我们的是唯一正确的道路，这条路是毋庸置疑的，不是多种可行的选择之一，而是唯一一条正确的路，是一条需要确信的路。如果非要给"孝"找一点论据，我们可以看看《论语·阳货》中孔子和宰予的对话，孔子主张父母过世后子女要守孝三年才算得上"孝"，宰予则认为守孝三年太长了，他就跑去问孔子：守孝一年可不可以呢？按照宰予的理解守一年也是可以的，孔子于是很不高兴，批评了宰予，说："予之不仁也！子生三年，然后免于父母之怀。夫三年之丧，天下之通丧也。予也有三年之爱于其父母乎？"意思是说你怎么能这么不孝顺啊，父母把你抱到怀里养育，经过三年你才能脱离父母的怀抱，自己在地上走来走去，现在父母过世了，你居然三年都不愿守。从这个逻辑来看，之所以要孝顺父母，是因为父母对子女有养育之恩。所以，后世也认为孔子所阐述的人伦关系都是互相对待的关系，"子孝"一定对应着"父慈"，若是家庭暴力的父母，也许就不要奢望得到子女的孝顺了吧。不过，不管怎么说，孔子在《论语》中描述的是人伦天性，是人性本来的面目，父母疼爱子女、子女孝顺父母是人性本来的面目，自然应当善加呵护，大力提倡。更何况"其为人也孝弟，而好犯上者，鲜矣"，"慎终追远，民德归厚"，即能孝顺父母、尊敬兄长的人，而喜欢犯上作乱的是少之又少了，而且从孝道开始，慎重恭敬地对待终老病死，礼敬祖先，则可以让老百姓的德行都归于淳厚，有了这样的社会教化功能，一心救世的孔子自然会加倍地重视"孝"。

至于怎么做才算是"孝"，《论语》中提到的有以下几条。

"父在，观其志；父没，观其行；三年无改于父之道，可谓孝矣。"即当他父亲活着，要观察他的志向；他父亲死了，要考察他的行为；若是他对他父亲的合理部分，长期地不加改变，可以说做到孝了。

孟懿子问孝。子曰："无违。"樊迟御，子告之曰："孟孙问孝于我，我对曰，无违。"樊迟曰："何谓也?"子曰："生，事之以礼；死，葬之以礼，祭之以礼。"即孝就是不要违背礼节。父母活着，依规定的礼节侍奉他们；死了，依规定的礼节埋葬他们、祭祀他们。

孟武伯问孝。子曰："父母唯其疾之忧。"即做爹娘的只是为孝子的疾病发愁，换言之，子女的其他任何行为都能令父母满意舒畅。

子游问孝。子曰："今之孝者，是谓能养。至于犬马，皆能有养；不敬，何以别乎?"即孝道是要存心严肃地侍养孝顺父母，而不是像饲养狗马那样仅仅提供给父母物质上的供给。

子夏问孝。子曰："色难。有事，弟子服其劳；有酒食，先生馔，曾是以为孝乎？"即孝顺父母要做到和颜悦色，有事情，要年轻人效劳，有吃有喝，得让年长的人吃喝。

子曰："三年无改于父之道，可谓孝矣。"即孝顺讲究能继承光大父辈正确的事业。

家庭生活中的第二种重要关系类型是兄弟关系。当然这种重要性是在中国古典社会的情况下出现的，因为那个时候大家都是一个家族生活在一起，是一个大家庭，而不像我们现在的都市生活，单元楼里就住着一家三口，家庭单位变得小了很多。我们知道，中国古典社会是以男性为主导的社会，儒家认可这样一种社会组织形式，所以，儒家一定需要把男性之间的关系理清楚，第一层重要的父子关系儒家已经有了规定，接下来自然就是同辈的两个男人之间的关系——兄弟这一层的关系，孔子开创的儒家认为兄弟关系的准则是"悌"，即弟弟应该尊重哥哥，弟弟得跟随着哥哥；反过来，哥哥要爱护照顾弟弟。

接下来家庭关系中的重要关系就到了夫妇关系，《中庸》中说："君子之道，造端乎夫妇"，即中国人认为真正的君子，会从夫妇开始做起，从家庭生活的小事做起。具体来说，夫妇关系的准则是什么呢？准则是夫妇有别，是忍，所谓夫妇有别还是讲家庭秩序，比如说男主外，女主内，夫妇两个一个为主，另一个就为从，不要起争执，生意见。还要彼此宽容，彼此不忍心伤害对方，这样家庭就和睦，于是家和万事兴。

家庭中的各种关系是五伦的起点，然后人还要走出家庭，去面对社会处理各种关系。走出家庭之后，孔子和儒家最关心的人伦关系就是君臣关系，因为君臣关系是当时人伦关系中最大最重要的一种社会关系。中国传统的社会结构是层层归属的，一个人归属于一个家，一个家归属于一个宗族，一个宗族归属于一个国。国就是家的放大，国下面管着许多家，比如鲁国有最大的三家：孟孙氏、叔孙氏、季孙氏，这三家又和鲁国的国君有亲戚关系，国君就好像一个大家长，管着这几家。这三个大贵族再往下分出来一些士卿之家，再管着这些士卿之家。层层传递这样一种结构，就构成了中国传统社会的基本模型。到秦始皇之后，中央集权更加厉害了，不再往下分封，皇帝直接向下管理，郡县一级的长官都由皇帝任命，地方官直接对皇帝负责，于是整个国家都是皇帝一家的国家了。所以，中国的老百姓过去常说"李家坐天下""赵家坐天下""朱家坐天下"，就是这个意思，天下就是一个家。那么，所有的中国老百姓都是皇帝的臣子，都是皇帝家里的，这种关系有别于血缘关系，又是从血缘关系推衍出来的，这种关系的处理原则就是臣对待君要尽忠、君对待臣要依礼。

五伦中的最后一种关系是朋友关系，两个人之间没有血缘亲情，也不是君臣上下的关系，比如同殿称臣的两个人，比如一起向老师学习的两个人，这些关系中也需要一定的指导原则来规范，这个指导原则就是"善"，就是与人为善。具体怎么做呢？子贡帮我们问了孔子，子贡问孔子说："有一言而可以终身行之者乎？"有没有一句话来概括人一辈子的处世原则，孔子说："其恕乎！"也就是"己所不欲，勿施于人"，是"己欲立而立人，己欲达而达人"，以善意待人，而不以恶意害人，你自己不想干的事，也不要强迫别人干。那有的人讲"害人之心不可有，防人之心不可无"，太善良了会不会总吃亏呢？我们的孔子当然知道这个情况，他还说了一句话叫"以直报怨"，以自己的正直去面对别人的怨念。

在我们徽州有这么一副对联："事业从五伦做起，文章本六经中来。"就是做事业要从人的五种伦理做起，五伦是一个起点，然后要以此为起点渐渐地建立事业。写文章也是这样，要先从六经读起，读完六经，然后渐渐地文章就能写好了。事业、文章其实也是一回事，就是为人，处世做人要从六经中学道理，在五伦里实践，以此为起点，然后渐渐做成了善德、贤德，然后改善了整个民俗，一个地方的民俗都改善了，那么整个国家也就振兴了。

（二）为政以"德行"为先

儒学和《论语》的思想都有非常浓厚的社会关怀，从某种意义上说，这是一种探求"治国安邦""长治久安"的思想，也就是讨论怎么为政的思想。

《论语》中第二篇开篇就是"为政以德"，如果能做到政治以德行为先，则可以垂拱而治，为政的人端坐在那里就够了，不用做什么，而其他一切都会像众星环拱北辰运行那样有条不紊地开展，达到政治清明的气象。这样一来人的治理就和天地规律达到和谐，就像孔子对鲁国人阳货所说的那样："天何言哉，四时行焉，百物生焉，天何言哉！"老天爷一句话也不说就能生成万物，为政者也可以一句话都不说而政治清明。

这种"为政以德"表现的是一种和谐气象，怎么和谐呢？具体来说就是做到宽猛相济，正如孔子在评价郑国子产的治理时所说的那样："政宽则民慢，慢则纠之以猛。猛则民残，残则施之以宽。宽以济猛，猛以济宽，政是以和。"孔子称赞子产的这种为政之道是"和之至也"，和谐到了极点。所以孔子给出的治世良方就是"道之以德，齐之以礼"，用"德"来让老百姓有了羞耻心，他们就不会做坏事了，一个道德高尚的人是不会犯法的，因为法律是外在约束的底线，而他自身道德是内在的约束力，这种约束力的效果要高于法律，那他怎么还会犯法呢？

同时，我们也需注意到孔子的时代正值周王室丧失权力和威信，"陪臣执国命"是普遍现象，臣杀君、子弑父的现象时有发生。而孔子又想恢复周礼，恢复周天子的权威，他奔走呼吁，却应者寥寥。因此，孔子想推行"为政以德"就必然需要采取一定的措施来纠正当时的社会乱象。

孔子想到的第一个措施就是"正名"，名正了就站在"德"的一边，可以无往而不胜，即"其身正，不令而行；其身不正，虽令不从"。正名就是"君君，臣臣，父父，子子"，君王像个君王，臣子像个臣子，父亲像父亲，儿子像儿子。孔子五十岁之后短暂的执政期间完成了两件政绩，这两件都是打"正名"的旗号完成的。一件政绩是夹谷之会，鲁定公十年和齐景公在夹谷相会，在外交上取得重大胜利，孔子打出的就是"正名"牌；一件是子路毁坏季氏的费城，叔孙氏自己毁坏了他们的郈城，其理论依据仍然是"正名"——城郭建制要符合身份。可惜后来孟氏不配合孔子的"正名"，不肯毁坏成城，孔子在鲁国的正名最后还是失败了。

"正名"的核心就是一个"正"字，一切都要正确、正直，孔子认为一旦"正"就能顺理成章地达到治理的效果。他说"举直错诸枉，则民服。举枉错诸直，则民不服"。以公平、正直置于不公平、不正直之上，老百姓就服，把不公平、不正直置于公平、正直之上，老百姓就不服。还说"举善而教不能则劝"，"举"就是推举，"举善"就是对那些善的、好的人、事都加以表彰，以教育那些"不能"，所谓"不能"就是做得还不够好的人，只要做到这一点，老百姓自然就能受到鼓励，自然就会努力向善。

"正名"之后，第二个措施就是要求人们遵守"礼"。孔子认为"不知礼，无以立也"，一个人如果不懂得遵循"礼"，就没法在世上立身处世。当然孔子知道时代在不断进步中，礼要有所"损益"。具体来说，外在表现就是要君待臣以礼，臣事君以忠，因为礼的表现主要就是恭敬，"恭近于礼，远耻辱也"，孔子觉得值得赞赏的人是"贫而乐，富而好礼者也"，就是要乐天知命、安贫乐道，虽然贫穷却很快乐，纵然富贵却还能够好礼，用礼来约束自己，所以程子说："礼三百，一言以蔽之，曰：毋不敬。"礼的外在表现的核心就是尊敬。而礼的内在核心则是"仁"，孔子说："人而不仁，如礼何？"没有内在的"德"，再怎么讲礼也是空的。

"正名"也好，遵礼也好，都还是行为规范，都是一种要求，既然是要求就会有的人听你的，有的人不听你的。于是孔子为了配合他的"为政以德"思想，为了让全民都各安其所安，都能循名责实，都能和谐共处，还需要完成一个任务——教化百姓，这也是儒家入世的一个基本任务。想要教化百姓首先要有一个前提条件，这个条件满足了，老百姓才愿意接受你的教化。这个前提就是要爱民，就是"节用而爱民"，就是"使民以时"，就是要节约财政开支，爱护官吏臣僚和老百姓，役使百姓时要遵循天时，不要耽误了农时。这些思想后来就逐渐发展出了社稷为重、君为轻的思想。"爱民"之后就是要"富民"，孔子认为如果想要让老百姓生活安定，非常有必要让他们的生活富足起来，提出要"足食""富而后教"。"富民"的主要措施就是"因民之所利而利之"，就是在"节用而爱民"的基础上，实行宽惠的经济政策，允许人民谋利取财。这之后就是教化的任务了，孔子用来教化百姓的工具就是"六经""六艺"，这部分内容《论语》通篇都是，就不再细说了。

（三）处世以"中庸"为准

《论语》里的做人智慧很多体现在日用伦常方面，概括来说就是"极高明而道中庸"，《论语》里讲到的日用伦常是每个人生活中都在碰到的，非常平常，但是正因为这样平常，所以这些道理才是恒常的，才能经过了几千年的沉淀直至今天仍然有价值。

孔子在《论语》中提到"中庸"这个词仅仅一次，但是中庸的思想确实贯穿始终，而且孔子更为中庸原则找到了理论渊源，《论语·学而》说："礼之用，和为贵。先王之道，斯为美；小大由之。有所不行，知和而和，不以礼节之，亦不可行也。"什么叫"和"？《礼记·中庸》这么解释："喜怒哀乐之未发谓之中，发而皆中节谓之和。""和"就是恰当，就是恰到好处。这种"和"也就是"中庸"，"增之一分则太长，减之一分则太短，着粉则太白，施朱则太赤"，只有恰到好处才能美到顶点，美到极致。所以孔子说："中庸之为德也，其至矣乎!""中庸"是德行里面最高明、最美的一种，也是德行修养达到最高明时的一种展现，这种展现就是一种"从心所欲而不逾矩"的从容。

与"中庸"词义相近的另一个词是"中行"，就是按照中庸的德行而来的处世行为，也就是施行中庸之德的人。在《论语》中"中行"

也只提到一次，《论语·子路》中记载孔子说："不得中行而与之，必也狂狷乎！狂者进取，狷者有所不为也。"如果没有言行合乎中庸的人来交朋友，就选择狂者或者狷介的人来做朋友吧。狂就是激进，如果用现在的话来说，就是有点"轻躁狂"，而且精力始终充沛地去追求崇高的理想，是行动者。狷就是隐逸，就是不肯向污浊的世界妥协，通过退隐来保守理想，是隐士。而这两种人都不是孔子所赞许的，孔子赞许的是"中行"的人。

具体怎么做才能算是"中庸"呢，才能成为一个"中行"的人呢？如果要用一句话来总结告诫的话，那就是"允执其中"，这句话是尧传位给舜的时候告诫舜的话，也是舜传位给禹时告诫禹的话，《尚书·大禹谟》里说："人心惟危，道心惟微，惟精惟一，允执厥中"，允执厥中和允执其中的意思是一样的。后来《大禹谟》里的这句话就被称为"十六字心法"，成为中国古代社会代代相传的最高治国纲领，也成了历代帝王告诫自己和皇权继承者的话。今天我们去参观故宫，在中和殿里就有一个乾隆皇帝御笔写的牌匾，上面写着："允执厥中"。朱熹注释说："允，信也。中者，无过不及之名。"允是诚信的意思；执是把持、把握的意思；厥是代词，翻译成"那个"；中指不偏不倚。允执厥中就是真诚地坚持中庸之道，把什么事情都做得恰到好处。

具体怎么做才算是"允执其中"呢？怎么才算是保持住了中和？我对我们传统文化的这个"和"字有一个总结，中和又分四个层面：天与人要和，人与人要和，人与社会要和，人的身心要和。"和"的思想是儒家、道家、医家都着力提倡的。《中庸》对"中和"的解释是："中也者，天下之大本也，和也者，天下之达道也。致中和，天地位焉，万物育焉。"先秦道家对和谐之道非常推崇，《老子·四十二章》说："万物负阴而抱阳，冲气以为和。"庄子也说："古之治道者，以恬养知……知与恬交相养，而和理同其性。"先秦儒家的"中庸"思想讲的其实也是中和，除了我们《论语》中强调中和外，《周易》的《易传》提出"一阴一阳之谓道"，讲的就是"阴阳"对立面的调和，也是讲中和。

在为政来说，中庸就是要做到仁礼相济、宽猛相济，"导之以德"就是仁，"齐之以礼"说的是礼，这两者相和就是孔子所谓的最高治理境界，就能达到"譬如北辰，居其所而众星拱之"的效果。孔子还说："政宽则民慢，慢则纠之以猛；猛则民残，残则施之以宽。宽以济猛，猛以济宽，政是以和。"这是孔子评论郑国子产的话，说治理国家既要有宽宏的一面，也要有严厉的一面，只有当宽的时候宽，当严的时候严，国家的政治才能达到"和"，也就是政治清明。

在想问题、做事情来说，中庸都要做到"执两用中"，比如说做学问要学思相和，因为"学而不思则罔，思而不学则殆"。做人要文质彬彬，因为"质胜于文则野，文胜于质则史"。还有君子要展现"温而厉，威而不猛，恭而安"的人格，处世要讲义利相和，因为"不义而富且贵，于我如浮云"等等，都是中庸的具体表现。①

第三节 佛：《六祖坛经》的思想体系简介

一、达摩东来及传法：顿悟禅法初入中土

世尊在圆寂前不久，于灵山法会付嘱正法眼藏。那一天，在灵鹫山顶，世尊和大众都静默地坐着，此时娑婆世界之主的大梵天王，以千叶妙法莲金光明大婆罗花，双手捧着举过头顶奉献佛陀，然后退后顶礼请佛说法。此时大梵天王将自己的身体化作庄严宝座，请大智如来坐。

世尊受此莲花，坐上宝座，无言无说，但向法会大众，拈起莲花。此时与会的百万人天及比丘众都面面相觑，不知如来的动作是在表示什么。唯有长老摩诃迦叶，知道世尊所示即是无上法门，所以破颜微笑，从座而起，合掌正立，默然无语。

世尊便向大众宣示："我有正法眼藏，涅槃妙心，实相无相，微妙

---

① 张其成：《张其成全解论语》，华夏出版社，2017 年 6 月，24—37 页。

法门，不立文字，教外别传，总持任持，凡夫成佛，第一义谛，今方付嘱摩诃迦叶。"又说："一切众生都具足真如法性，但不修行便不能证得，法性亦不显现。诸佛应世就是要让人人都能证悟。今日拈花授记，付正法眼于摩诃迦叶，是诸佛应世密意付嘱的大事，以心传心的究竟法，非思量分别所能理解。一切经者，以此正法眼藏而为佛法正印，一切诸法，以此涅槃妙心而为实相印。"

摩诃迦叶与佛心相印，传承了"正法眼藏，涅槃妙心"的无上心法，这便是禅宗第一公案：拈花微笑。迦叶尊者在佛陀涅槃后承担起佛法流传的责任，此后化缘将近，他将正法印传给阿难尊者，然后来到鸡足山示现入灭，进入久远的禅定中。教外别传的这一正法眼藏，就这样开始在娑婆世界代代相传。

直至菩提达摩禅师，禅宗法脉在印度传承的祖师共经历了二十八位，被尊为"西天二十八祖"：第一祖摩诃迦叶尊者、第二祖阿难尊者、第三祖商那和修尊者、第四祖优婆毱多尊者、第五祖提多迦尊者、第六祖弥遮迦尊者、第七祖婆须密多尊者、第八祖佛陀难提尊者、第九祖伏陀密多尊者、第十祖胁尊者、第十一祖富那奢尊者、第十二祖马鸣大士、第十三祖迦毗摩罗尊者、第十四祖龙树尊者、第十五祖迦那提婆尊者、第十六祖罗睺罗尊者、第十七祖僧伽难提尊者、第十八祖迦耶舍多尊者、第十九祖鸠摩罗多尊者、第二十祖阇夜多尊者、第二十一祖婆修槃头尊者、第二十二祖摩奴罗尊者、第二十三祖鹤勒那尊者、第二十四祖师子尊者、第二十五祖婆舍斯多尊者、第二十六祖不如密多尊者、第二十七祖般若多罗尊者、第二十八祖菩提达摩尊者。

法脉传到达摩祖师，祖师遵循第二十七祖般若多罗尊者的教言，将此正法眼藏带入中土，因此成为东土初祖，在东土传到六祖，衣钵便不再传。"东土六祖"为：初祖达摩祖师、二祖慧可大师、三祖僧璨大师、四祖道信大师、五祖弘忍大师、六祖慧能大师。以心传心的法门在中国落地生根，至六祖慧能大师后，一花开出五叶，直至今天，依旧灯灯相传，绵延不绝。

初祖菩提达摩大师,是南印度国香至王的第三个儿子。当时二十七祖般若多罗来到此国,将法传给这位王子,并为他取法名"达摩",意为"博通",即对一切佛法已经通达,并告知他往后会前往震旦(中国)弘法利生,但暂不可远游,否则会令东土的佛法不能光大。《佛祖统记》中记载了这段历史:"(达摩祖师)自出家后,遇二十七祖般若多罗,付以大法。谓曰:'吾灭后六十年,当往震旦行化。'多罗既亡,师演道国中,久之,思震旦缘熟,即至海滨,寄载商舟,以梁大通元年达南海。"般若多罗尊者还对达摩祖师授记了很多未来将会发生的事,预言了佛教发展和教派的兴衰。达摩大师遵循师父的教诲,恭承教义,在师父身边承侍四十年无所懈怠,等到师父圆寂之后便在本国演说佛法,教化人民,直到其师灭度六十七年后,方才前往中国,广设教法。

达摩祖师用了三年时间,历尽艰难曲折来到中国。到达中国后,梁武帝热情接驾,为其接风洗尘,宾客相待。武帝是一位虔诚的佛教徒,广造塔庙、供僧设斋,见到达摩祖师后请问:"朕即位以来,造寺、写经、度僧不可胜数,有何功德?"尊者答道:"并无功德。"武帝惊问道:"何以并无功德?"尊者答:"这只是人天小果有漏之因,如影随形,虽有非实。"武帝又问:"如何是真实功德?"尊者道:"净智妙圆,体自空寂,如是功德,不于世求。"武帝问:"如何是圣人所求的第一义谛呢?"尊者答:"廓然浩荡,本无圣贤。"武帝问:"对朕者谁?"尊者道:"我不认识。"由于话不投机,大师告辞武帝,北上而去。

路过南京,在法会上见神光法师讲经,有天花乱坠、地涌金莲的境界,祖师因之提问:"你在这里做什么?"神光说:"正在讲经。"祖师说:"你说法无用,白的是纸,黑的是字,你教不了别人的生死。"神光用铁念珠朝达摩祖师脸上打去,祖师门牙被打掉两颗。圣人的牙齿如果掉落在地上,当地便会大旱三年,达摩祖师慈悲众生,将这两颗门牙吞到肚中,留下"打落门牙和血吞"之说。此后祖师一言不发,转身走出道场,渡江来到河南嵩山少林寺,在此面壁。

当晚神光法师便遭无常鬼来索命,黑白无常对他说:"我们奉阎罗王的命令，请你去喝茶，谈谈你讲了多少经、念了多少经，还有多少经没有讲没有念。"神光一听，吓得魂飞九霄云外，知道寿命将终，恳求地问道："谁能了生死，不受阎王所管？"无常鬼说："就是刚才那个满脸大胡子、被你打掉两颗牙齿的黑和尚。"神光一听，后悔不已，于是向无常鬼请求："能否给我一些时间？等我学到了生死之法，便跟你们走！"无常鬼同情地说："可以，不过速去速回！"神光日夜赶路，急追祖师，追到嵩山，远见祖师面壁而坐，急忙来到达摩祖师面前，恭恭敬敬地顶礼忏悔："请和尚慈悲，宽恕弟子，赐弟子了生死之法吧！"达摩祖师连头都没有回，继续打坐。神光就这样长跪不起，这一跪就是九年。

到了一年的十二月九日夜，天下大雪，神光依旧坚立不动，黎明时积雪甚深。达摩祖师怜悯地问道："你久久立在雪中，要求什么呢？"神光流着悲泪说："唯愿和尚慈悲，开甘露门，广度众生。"祖师说："诸佛无上妙道，旷劫精勤，难行能行，难忍能忍，怎么是以小德小智、轻心慢心能够获得的呢？除非天降红雪，我传法给你。"神光听到这样的诲勉，立即取出利刃，自断左臂，瞬间血染白雪，天未降红雪，断臂染红之。达摩祖师知道他是法器，说道："诸佛最初求道，为法忘却身躯，你现在在我面前断臂，求法之心尚可。"神光于是说："我心不安，请祖师为我安心。"达摩祖师说："你把心拿来，我为你安。"神光听闻此言，困顿无比，说："我找心找不到啊！"祖师说："我已将你的心安好了。"遂为其改名慧可，传付禅宗法脉，成为东土第二祖。这是禅宗史上最为著名、最重要的传法公案。

达摩祖师圆寂后两年，东魏使臣宋云从西域返回洛京。在途经葱岭时，迎见祖师一手挂着锡杖，一手掮着一只鞋子，身穿僧衣，赤着双脚，由东往西而来。二人相遇后，宋云急忙停步问道："师父您往哪里去？"祖师回答说："西天去。"这便是"只履西归"的公案，在后世传为佳话。

自古以来，禅宗学人求法，都要参问一句："如何是祖师西来意？"

西来传法的高僧里，达摩祖师是禅宗的开山祖师，禅门五家七宗几乎占据了汉传佛教的半壁江山，直到今天依旧如此。禅宗不断内化为中华文化的鲜活血液，也深刻影响了世界多地的社会与文化。

二、慧能悟道

原文

慧能偈曰：

菩提本无树，明镜亦非台；

本来无一物，何处惹尘埃。

书此偈已，徒众总惊，无不嗟讶，各相谓言："奇哉，不得以貌取人，何得多时使他肉身菩萨。"

祖见众人惊怪，恐人损害，遂将鞋擦了偈，曰："亦未见性。"众以为然。

语译

慧能的偈颂是这样说的：

菩提本无树，明镜亦非台；

本来无一物，何处惹尘埃。

这首偈颂写出来以后，门下弟子无不赞叹惊讶，相互议论说："真是奇异啊！确实不能凭相貌来评判一个人啊！这才没多久时间，他竟然成就了肉身菩萨！"

五祖看到大众这般惊奇怪异，恐怕有人对慧能不利，于是就用鞋子擦掉了偈语，说："这也并未见性！"大家以为真是这样。

解读

慧能就作了这首偈子，这完全针对的是神秀的那首偈子来作的，所以我们对比着来看这首偈。

神秀说"身是菩提树"，自己的身子就是一棵菩提树；而慧能说

"菩提本无树"，菩提本来就不是一棵树，它不是一个有形的东西，神秀说有形，他肯定还没有完全悟道。道家老子也是这样说的，拘泥于"有"的时候肯定是有限的，一个有形的东西必定有限，一个无形的东西必定无限。

神秀说"心如明镜台"，心就像明镜之台，清净无染；慧能说"明镜亦非台"，明镜也本来就不是一个台，就是说心也是不局限于有形的。

这个偈子的关键是第三句："本来无一物"，这就是本来面目，就是真如，所有的物都是心念而起的。那究竟有没有这个物呢？还是我们刚才讲的得法，放在这里的花，我们看到的是它的相，这是存在的；然后我们给它起了名字，叫作花；然后就误以为看到的就是花，这就叫妄想；可是"本来无一物"，叫作"诸法无我"。花没有一个真实的存在，它同样是各种因缘而生，叫作"性空缘起"。花需要种在土里，假设没有土，就长不出这朵花；假设没有雨露的滋养，也不会有花；假设环境不适宜，寒风凛冽，也不会有花；假设已经放了十天，那这花也已经凋谢了。

所以一切都是因缘而生，还有必要执着于这朵花吗？执着于它，就是苦，所以需要破除这个执着，需要正智，回归到真如本性，就不会再执着，就见性了。一个字来说就是"空"，"性空"。当然，更为广大的空是连这个"空"也空掉，这个"空"也是假名，这就更进一步了。所以"何处惹尘埃"，就没有再让凡尘俗事停留干扰的地方，也就没有必要去"时时勤拂拭，勿使惹尘埃"了。

慧能这首偈子写出来之后，大家一看都很吃惊，一对比就知道这个偈子要比之前的偈子高明多了，所以无不惊叹，无不惊讶：哎呀！不能以貌取人呀，看上去是个獦獠，长得不是很好看。你们见过没有，慧能的肉身还在，在韶关的南华寺，后人拍了照片，我几次想去都没能成行，而且现在去了也没有缘看到，因为已经被封起来了。但是我见过图片，慧能长得确实个子不是很高，样子也不是很好看，所以不能以貌取人。"何得多时使他肉身菩萨"，所以大家都赞叹，不知道什么时候，慧能竟然成就为一位肉身菩萨。

这个时候五祖也听到大家惊怪的声音，去到一看，就明白这是真正的见性。但是五祖恐怕有人会损害慧能，于是用鞋底把偈擦了，还故意说："这是什么偈子，也没有见性！"既然师父说没有见性，那众人就也都认为是没有见性。[1]

三、六祖其人及革命：佛教的彻底中国化

慧能大师（638—713），唐朝人，是中国禅宗的第六祖。俗姓卢，先世河北范阳（今涿州市）人，后父亲贬官到岭南新州（今广东新兴）。大师幼年丧父，家境贫困，靠卖柴供养母亲。有一天，送柴至客店，听见有人持诵《金刚经》，颇有领会，便问此经从何处得来，客人告以从黄梅弘忍禅师处受持此经。大师遂生寻师访道之志，回到家把母亲安顿好后即北行寻师。

到黄梅东山后，弘忍大师问："你从哪里来，想求什么呢？"慧能说："弟子是岭南人，只求作佛！"弘忍大师说："你是岭南人，又是獦獠，怎么能作佛？"慧能说："人有南北，佛性哪里有南北？"弘忍大师遂命他随众劳动，在碓房舂米。有一天，弘忍大师准备传付衣法，命弟子们作偈呈验。神秀作了一偈："身是菩提树，心如明镜台，时时勤拂拭，莫使惹尘埃。"慧能在碓房听见一位童子诵读这首偈颂，知道还未见本性，于是另作一偈，请人写在墙壁上。偈语说道："菩提本无树，明镜亦非台，本来无一物，何处惹尘埃！"众人见此偈语，都惊异万分。弘忍大师见了，于夜间召慧能入室，传与衣钵，并立即送他往九江渡口，叮嘱他暂时往南方去，待时行化。

慧能在四会、怀集二县隐遁了十多年，一日心想："应当是出来弘法的时候了，不能永远隐遁下去。"于是来到广州法性寺，值印宗法师讲《涅槃经》。有二僧辩论风幡义理，一个说风动，一个说幡动，争论

---

① 张其成：《张其成全解六祖坛经》，华夏出版社，2017年8月，53—55页。

不已，慧能便进言："不是风动，也不是幡动，是仁者的心动！"大家听了颇为诧异。印宗法师便延请他至上席，请问深义，慧能回答言简理当。印宗法师便问："久闻黄梅衣法南来，莫非就是行者您吗?"印宗法师作礼请慧能将衣钵出示大众，慧能果然拿出来，大众都赞叹不已。印宗法师于是集众在树下为慧能剃发，又请名德智光律师等为他授具足戒。两个月后，慧能大师即于寺中为大众开示禅法。不久，辞别众人回到曹溪宝林寺，此后在曹溪宝林寺说法三十余年，后圆寂于新州国恩寺，并留下金刚不坏肉身舍利。

慧能大师的禅法，舍离文字义解，直澈心源，去来自由，心体无滞。他说自心既不可攀缘善恶，也不可沉空守寂，须识自本心，达诸佛理。他并不以静坐敛心才算是禅，而是于一切时、一切行住坐卧中，体会禅的境界，教人只从无念着手，并不限于静坐一途。达摩祖师这位天竺高僧当年不远万里东来震旦，开创了一个令汉传佛教乃至中国文化满盘皆活的禅宗，六祖慧能正是这一格局的全面开拓者。他提出的"不立文字""直指人心"，近乎以革命性的方式完成了佛教的彻底中国化，严格遵循《般若经》的宗旨，不允许行者将明心见性预设成遥远的事，让人时刻谨记：一切善恶本性都是般若，大众本性都是佛。这种风范，使中华文明在盛唐时期化解了积滞的问题，规避了教条化的误区。

钱穆先生说："在后代中国学术思想史上有两大伟人，对中国文化有其极大之影响，一为唐代禅宗六祖慧能，一为南宋儒家朱熹。自佛教传入中国，到唐代已历四百多年，在此四百多年中，求法翻经，派别纷歧。积存多了，须有如慧能其人者出来完成一番极大的消的工作。他主张不立文字，以心印心，直截了当地直指当下。这一号召令人见性成佛，把过去学佛人对于文字书本那一重担子全部放下。如此的简易方法，使此下全体佛教徒，几乎全向禅宗一门，整个社会几乎全接受了禅宗的思想方法和求学路径，把过去吃得太多太腻的全消化了。也可说，从慧能以下，乃能将外来佛教融入于中国文化中而正式成为中国的佛教。也可说，慧能以前，四百多年间的佛教，犯了'实'病，经慧能

65

把它根治了。"

又说："唐代知识分子，在中国历史文化上的更大贡献，还不在政治，而转更在宗教上。……尤其自六祖慧能大师以下的禅宗，在精神上，在意态上，实可算得是一番显明的宗教革命。'我若遇如来，一棒打死，与狗子吃'，那是何等话！在后代被目为狂禅，在当时非有绝大理解，绝大胆量，不敢出此语。……唐代第一流豪杰，全走进禅寺中去了。我们若细籀禅门诸祖师的言论风采、讲堂故事，我们可以说他们实在当得起豪杰二字。……盛世豪杰难认，而隐藏在深山和尚寺里的豪杰更难认。慧能大师、马祖之类，真都是不世豪杰。没有他们，下半部中国史必然走样。"

正如钱穆先生所说，六祖大师实在当得起"豪杰"二字，可以说是一位伟大的革命家，在他之后开出的禅门五宗，秉承灵山拈花的遗风，惠泽了无数后人！

四、《六祖坛经》的文化地位

《坛经》为什么称为"坛"？这源于刘宋时代，求那跋陀罗三藏法师在广州法性寺创立戒坛，立碑预言"将来当有一位肉身菩萨到此坛受戒"；后在梁天监元年时，智药三藏法师在此坛畔种了一株菩提树，也预言"将来有一位肉身菩萨在此树下开演上乘，度无量众"。唐高宗仪凤元年（676）二月八日，六祖慧能大师即在此坛受具足戒，并在这棵菩提树下开始传佛心印，因此弟子们将六祖前后语录的汇集统称为"坛经"。

历朝以来，禅宗的典籍浩如烟海，而《六祖法宝坛经》正是这汗牛充栋的法宝中的无上宝典。元代德异法师说："大师始于五羊，终至曹溪，说法三十七年。沾甘露味，入圣超凡者，莫记其数。……五家纲要，尽出《坛经》。"又说："夫《坛经》者，言简义丰，理明事备，具足诸佛无量法门。"北宋明教契嵩禅师说："伟乎《坛经》之作也！其本正，其迹效，其因真，其果不谬。前圣也，后圣也，如此起之，如此示之，如此复之，浩然沛乎！"《坛经》这部流传久远的佛学圣典，堪与富丽广阔的《华严经》、圆通畅达的《法华经》媲美，是当之无愧的禅宗典籍之王。

六祖大师以"不立文字""直指人心"的方式，使来源于印度的佛法彻底中国化，令佛陀的智慧与中国本土三玄（易、老、庄）的智慧水乳交融，形成了别具一格的中国化佛教——禅宗，促成了佛教在中华文明土壤下的辉煌发展。可以说佛教发源于印度，但光大于中国，这一辉煌灿烂局面的开拓者正是六祖慧能大师。太虚大师说"中国佛教的特质在禅"，这正是《六祖坛经》的最佳注脚。

六祖大师化阶级、除思议的手眼，不仅将达摩祖师开创的这一高超法门发挥得淋漓尽致，同时也令中华文明从僵滞的思维讨论和概念包袱中解脱出来，从而使得中国文化满盘皆活，焕发出无尽的人文光彩。《坛经》不但在佛教界居于极其重要的地位，是佛门的革命性创举，堪称中国佛学思想上一部开创性的经典，甚至于唐以后的整个中国文化都深受影响，曾一度主导中华文明的走向。宋、明两代理学家的语录中就有清晰的《坛经》思想痕迹，事实上禅宗思想是宋以后儒家理学思想的源头。近代国学大师钱穆先生将之与《论语》《孟子》《大学》《中庸》《老子》《庄子》《近思录》《传习录》共列为中国人必读的九本书，其在中国学术史上的思想价值是毋庸置疑的。

《坛经》及其指导思想引领下的禅宗，影响并不仅限于中国，而是世界范围的。

当今，在很多西方国家，禅宗已经落地生根，禅文化已深入其社会生活的各个层面。在硅谷，禅修已经成为一种风尚，许多公司都设有专供员工禅坐的禅修中心。西方人瓦茨氏称誉《坛经》为"东方精神文学的最大杰作"。禅宗影响了这些国家政治生活、社会生活、文化生活、艺术生活在内的方方面面，几乎每一个领域都有禅的痕迹。

在亚洲，以与中国毗邻的日本为典型。日本奈良时期，天台僧人将《六祖坛经》介绍到了日本，这是日本佛教与禅门最早的接触。到了镰仓时代（中国南宋时期），禅宗在日本正式立宗。荣西法师在天台山虚庵怀敞禅师座下得传临济法脉，后开启了临济宗在日本的传承，日本禅宗由此逐渐兴盛。日本曹洞一脉的开山祖师是道元禅师，他来华求法，最后在天童如净禅师座下参学数年，受曹洞法脉。日本禅宗的禅风超越寺院山门，深深地走入民间生活，在文学、艺术、武术等各个领域成为社会生活的重要组成要素，可以说，禅成了日本的灵魂。禅宗本身也受到日本本土文化的影响，呈现出独具特色的日本禅文化：武士道、茶道、花道……日本茶道受禅宗影响，以"和、敬、清、寂"为基本精神，主张通过在茶室中举行茶会的方式来了悟禅法，参透本心；禅宗推崇深远的美学意境，追求简洁、质朴的设计理念，擅长精致、细腻的处理手法，深深地影响了日本的传统建筑；禅宗的真实质朴，影响日本形成了独有的典雅、简约的审美意趣和生活风格……

《六祖坛经》是一部阐述人真心本性的经典，这一部充满生命智慧的宝典，给人类带来的文化价值是无法估量的。《六祖坛经》的广播、禅宗的弘传和禅文化的流行，打破了海峡与国家的界限，沟通了不同民族间的文化交流与融通，"禅"的简约、质朴已经深刻融入多国民众的思维习惯之中，成为人们生活形态不可隔离的部分。①

第四节　道：《道德经》的思想体系简介

一、《道德经》的哲学——"道"

《道德经》是一部伟大的哲学著作。什么是哲学？权威的定义是：关于世界观的学说，是自然知识和社会知识的概括和总结。"哲学"源出希腊语 philosophia，转换成英文 philosophy，意即爱智慧。1874 年日本学者西周第一次用汉文翻译成"哲学"。《说文解字》说："哲，智也。"

---

① 张其成：《张其成全解六祖坛经》，华夏出版社，2017 年 8 月，5—14 页。

《道德经》就是这样一部关于世界观的伟大的智慧学。中国哲学所研究的世界观最重要的是人生观、生命观。胡适在《中国哲学史大纲》中指出："凡研究人生且要的问题，从根本上着想，要寻求一个且要的解决。"这样的学问叫作哲学。冯友兰在《中国哲学简史》中提出哲学定义："就是对于人生的有系统的反思的思想。"我仿照先师的定义，曾下过一个定义："哲学是使人获得终极关怀和心灵提升的智慧乐园。"（《中医哲学基础》）当然这样的哲学主要是中国哲学，老子、孔子就是伟大的中国哲学家。

比较而言，老子更像一个哲学家，因为他除了讲人生根本问题以外，还讲了宇宙的根本问题。用《道德经》的话说就是"道"，这个"道"既是人生之道，又是天地之道。老子了不起的地方就是明天道以推人事，明人道以应天地。

《道德经》哲学的核心用一个字来讲就是"道"。"道"的内涵用一个字来解释，就是"无"，也就是司马迁说的"无为自化，清静自正"，具体地说就是无为自然、无欲不争、无形自化、无动清静、无强柔弱。好多人觉得这个"道"太玄乎了，"道"是说不清、道不明的，不可捉摸，简直没办法掌握。老子很慈悲，他怕我们后人不懂，就打了比喻，他把"道"比喻成两个东西，一个就是自然界中的"水"，一个就是人中的"婴儿"。《道德经》第八章："上善若水。水善利万物而不争，处众人之所恶，故几于'道'。""道"像水一样，柔弱、居下、无为不争。水具备最高的善德，具体说有"七善"。

"道"又像婴儿。《道德经》第十章说："抟气致柔，能如婴儿乎？"第五十五章说："含德之厚，比于赤子。"婴儿有四大秘密，从这四大秘密中我们可以体会到，"道"是柔弱的、纯朴的，是最接近本真的，实际上"道"就是本真、本原、本体的代名词。

正因为"道"是本真、本原、本体，所以才可以成为世界万物的最高主宰。基督教说世界的最高主宰是上帝，老子说世界的最高主宰是"道"。"道"并不是一个具体的人，也不是一个具体的东西，而是世界的本真，自然的规律。这样的"道"可以统领一切，可以运用在各个方面，比如天地，比如人生，所以"道"的外延很大，包括了天道、地道、人道。"天地之道"包括：宇宙本原之道，变化规律之道，认知神之道，等等；"人生之道"包括："见素抱朴"的为人之道，"复归婴儿"的养生之道，"无为而治"的管理之道，等等。但不管是叫什么"道"，其实只有一个"道"。

二、宇宙本原之道

宇宙世界从哪里来？世界的本原是什么？万物是怎样生成的？这是自古以来哲学家所思考的终极问题。在中国的思想家中，老子是第一个对这个问题做了系统探究与思索的人，可以说老子是中国第一位哲学家。

（一）道生万物

老子第一个提出了"道"为万物之宗，"道"为天下之母的思想，回答了世界的本原问题，提出了"道"本体论，明确提出天地万物的本原不是天帝，而是"道"。通行本第一章开宗明义："道可道，非常道；名可名，非常名。无名天地之始；有名万物之母。"

"无"是创生天地的本始，"有"是生育万物的根源，先有"无"，后有"有"，无中生有，"无"和"有"是"道"运行时的两个阶段、两种状态："天下万物生于有，有生于无。"（第四十章）

老子进一步指出："有物混成，先天地生；寂兮寥兮，独立而不改，周行而不殆，可以为天下母。吾不知其名，强字之曰道。"（第二十五章）

意思是，这个浑然一体的东西，先于天地之前而产生，独立存在而不改变，永不懈怠地运行着，它就是天地的母亲，万物的根本，就是道。"道"作为天地万物之母，生成万物的具体过程是怎样的呢？老子说："道生一，一生二，二生三，三生万物。万物负阴而抱阳，冲气以为和。"（第四十二章）

由道产生出一团混沌的元气，由元气产生出阴阳二气，阴阳二气和合、冲和就是"三"（参），阴气、阳气的冲和，化生万物。"道"生万物的过程，也可以表示为："道"（无）—"一"（有）—"二"（阴阳）—"三"（阴阳和合）—"万物"。

宇宙生成的过程既是从"无"到"有"的过程，也是从"一"到"多"的过程。神奇的"道"产生了天下万物，那么它是什么样子的呢？老子指出："道之为物，惟恍惟惚。惚兮恍兮，其中有象；恍兮惚兮，其中有物。窈兮冥兮，其中有精，其精甚真，其中有信。"（第二十一章）

在恍恍惚惚之中，又有一个混成之物存在，这个无形的实在，无名无象，处于质朴的状态。老子又指出："视之不见，名曰夷；听之不闻，名曰希；搏之不得，名曰微。此三者不可致诘，故混而为一。其上不皦，其下不昧，绳绳兮不可名，复归于无物，是谓无状之状，无物之象，是谓惚恍。迎之不见其首，随之不见其后。"（第十四章）

道是看不见、听不到、摸不着的东西，不是具体的存在物。从老子对"道"的状态描述中可以看到，"道"是混沌的、合一的，"道"既不是纯粹的物质，也不是纯粹的精神，而是物质和精神互渗的。

(二) 道法自然

"道法自然"是老子思想中重要的命题，也是道家学说的主旨之一。老子说："道大，天大，地大，人亦大。域中有四大，而人居其一焉。人法地，地法天，天法道，道法自然。"（第二十五章）

在老子看来，天地之间有四种东西是最重要的，即道、天、地、人。人的行为以地为法则，地的行为以天为法则，天的行为以道为法则，道的行为以自然为法则。人所以以地为法则，这是因为大地与人类关系最为密切，大地负载和生养万物，人类须臾不可离，人类必然要遵循效法地的行为。地与天的关系最为密切，大地需要天降雨露、空气、阳光，四季之交替、阴阳之交合，都不能离开天，所以地要遵循和效法天的行为。但天的运行也不是盲目的，也要遵循一定的规律，要效法

71

"道"。"道法自然"并不是说"自然"高于"道"，而是说"道"的运行以其自己的本然为法则。这里的"自然"并不是自然界，而是自然而然。以"自然"为法则，即顺应万物的自然本性。这种思想是很了不起的，"道法自然"，而不是"法天命"，从而否定了"上帝""天帝"能够主宰自然与社会的天命、天志思想。

三、变化规律之道

宇宙万物怎么运行？运动变化有没有规律？老子在阐明"道"产生宇宙万物的同时，也指出自然界和人类社会的运动、发展都遵循一个总的规律，即事物向相反的方向运动与发展，总要返回到原来的始基状态。事物向相反的方向发展，是"道"运动的结果。老子提出"反者道之动"的辩证法和运动观。

（一）有无相生

《道德经》一书中提出了许多相对待的概念。如有无、难易、正反、美丑、祸福、强弱、雌雄等。这些相对待概念的提出与阐述揭示了事物对立统一的规律。

对待的双方是相互联系的，一方的存在以另一方的存在为条件。老子说："天下皆知美之为美，斯恶已；皆知善之为善，斯不善已。故有无相生，难易相成，长短相形，高下相倾，音声相和，前后相随。"（第二章）这是说当天下人都知道美所以为美就有了丑，当天下人都知道善所以为善就有了恶。因此有和无相互化生，难和易互相促成，长和短互相比较，音和声互相和谐，前和后互相追随，对待的双方是相互联系、相互依存的。

《道德经》还指出相反的事物中有同一性、可变性："曲则全，枉则直，洼则盈，敝则新，少则得，多则惑。"（第二十二章）老子看到没有曲也就没有全，没有枉也就没有直，没有洼也就没有盈，没有敝也就没有新。老子对于事物既对立又统一关系的大量论述，反映了他的辩证法的思想水平，同时也反映了他对世界认识的高度。

（二）反者道之动

老子概括了当时的社会现象与自然现象，指出了事物无不向自己的对立面转化。向相反的方面转化是"道"自身运动的结果，这是一个基本规律，如老子说："祸兮，福之所倚；福兮，祸之所伏。孰知其极？其无正也，正复为奇，善复为妖。"（第五十八章）意思是说，幸福倚傍在灾祸里，灾祸隐伏在幸福中，谁能知道事物演变的终极呢？这是没有定准的。正可以转化为邪，善可以转化为恶，一切事物的转化无不走向自己的反面。老子从这一原则出发建立了他的贵柔的人生哲学与认识世界的态度，老子说："物壮则老，是谓不道，不道早已。"（第三十章）这是说事物强大了就会引起衰老，有意造成事物的强大，是违反道的原则的，会使它过早死亡。最好处在柔弱的地位，就可以延缓走向死亡的结局。"故坚强者死之徒，柔弱者生之徒。是以兵强则灭，木强则折。"（第七十六章）老子又说："弱之胜强，柔之胜刚。"（第七十八章）

因此他要人们以委曲求全的态度对待生活。他希望人们向水的品质学习："上善若水，水善利万物而不争。"（第八章）"天下柔弱莫过于水，而攻坚强者莫之能胜。"（第七十八章）

老子还要人们"知其雄，守其雌""知其荣，守其辱""知其白，守其黑"，深知雄强，安于柔雌；深知尊荣，安于卑辱；深知光彩，安于暗昧。这并不是让人们不思进取、消极自保，而是给人一种更积极的生存智慧指导。

老子对辩证法的贡献是巨大的，他的辩证思想对后世的影响极其深远。这些思想除了有无相生、相反相成、阴阳转化以外，还包括：量变引起质变的思想；"欲进先退"的思想；事物发展不同阶段相似，实质上提高的思想；万物运动发展从"道"出发，复归于"道"的思想。

老子无愧为世界上第一位辩证法大师。

四、认识方法之道

宇宙万物可不可以认识？怎样认识？用什么方法来认识？

既然世界来源于"道"，而"道"又是混沌的、不可捉摸的，那么世界是不是就不可把握、不可认识了呢？老子的回答是，世界是可以认识的，规律是可以把握的，但这种认识能力如果在浮躁的心态下是不可能具备的。为此老子提出了"知常""静观""玄览"等认识论。

（一）知常

老子是可知论者。他认为人有认识"道"的能力，"道"也是可被认识和运用的。因此，他要求人们掌握规律，按规律行事。"常"就是恒常不变，在老子哲学里指的是规律，就是"道"。"复命曰常"，复归本性是事物变化的规律。"知常"就是认识规律："知常曰明。""不知常，妄作凶。"（第十六章）知道事物运动的规律叫明，不知道事物运动的规律，轻举妄动，就会遭凶险。

老子说："知常容，容乃公，公乃全，全乃天，天乃道，道乃久，没身不殆。"（第十六章）他告诉人们按事物的规律来办事，才能免遭危险，把事情办好。老子认为要认识"道"即事物的规律，就要反对主观主义的认识方法。他指出："前识者，道之华而愚之始。"（第三十八章）那些自作聪明、没有调查就做出结论的行为，是愚昧的开始。他告诉那些有作为的大丈夫：要"处其厚，不居其薄；处其实，不居其华"（第三十八章）。有真智慧的大丈夫要立身于淳厚坚实之处，不置身于风气浮华之处。也就是说，要求实求真，反对浮华之风。

（二）静观、玄览

老子的认识论是和以"道"为最高本体的宇宙观相统一的。他把"道"看作宇宙万物的本原，看作认识的最终目的。"道"不是依靠理性外求的，而只能通过非理性来直觉体悟。他说："不出户，知天下；不窥牖，见天道。其出弥远，其知弥少。是以圣人不行而知，不见而名，不为而成。"（第四十七章）不出家门，可知天下之事；不望窗外，能熟知天体运行规律。圣人无所作为能获得成功。这不是脱离实际的玄思冥想，而是直觉体悟的结果。

老子是用体悟的方法达到对"道"的认识的。老子认为要认识

"道"，就需要"致虚极，守静笃"。人们认识事物时，要使自己的心灵极度空虚，不存一点固有成见，还需达到极度虚静的境界，只有二者兼备，才能客观地、正确地认识事物真相。他把处于这样一种心灵状态称为"玄览"，即心如明镜，不沾一点灰尘。心虚则容物，心静则察物，最终达到与"道"的同一。老子"静观""玄览"的认识方法，是认识史上积极的探索，它启发人们从多种方式、多种渠道探究本体，以挖掘人们潜在的认识能力，使所认识的本体更贴近客观世界的真相。

五、《道德经》的人生智慧

《道德经》是讲智慧的，因为老子这个人就是一个智慧的化身。《道德经》这本书讲天地之道的目的还是在讲人生之道，也就是人生的大智慧。人生智慧无外乎就是两个方面：第一是做人；第二是做事。

做人做事是连在一起的，先做人再做事。做成什么样的人就知道能做成什么事，能做多大的事。做人包括修德，也包括养生；做事有做大事有做小事，对领导来说，最大的事莫过于治国、治企。《道德经》告诉我们"见素抱朴"的为人之道，"复归婴儿"的养生之道，"无为而治"的管理之道。

无论是从做人还是做事，都可以简单地分成三个阶段，第一个阶段是有为，第二个阶段是无为，第三个阶段是无不为。无不为是什么意思？就是通过无为的手段达到无不为，无不为就是没有什么不做的，没有什么是做不成的。所以老子是一个最大的积极主义者，看上去是用消极的方法，实际上"消极"里面就蕴含着最大的积极。

在现在这个时代，《道德经》离我们有两千五百多年，好多人以为这么遥远的一个人，然后讲的又是这么难懂的话，对我们现在有什么意义呢？实际上我认为老子在诸子百家里面对我们今天的意义应该是最大的，跟我们当代的人生关系是最为密切的。因为我们这个时代是一个竞争非常激烈的时代，生活节奏越来越快，选择越来越多，环境破坏、生态失衡，自然灾害加剧，所以我们人心变得越来越浮躁、越来越焦虑，我们的困惑越来越多，幸福指数越来越低。在这种情况下我们最需要的是什么？最需要做什么？就是要修心，要开智慧。而老子恰恰就是这么一个看破红尘、洞见世界的智者，是一个心地清静、心态平和、心灵纯净的哲人。《道德经》就是教我们怎么修心，教我们怎么开智的。

（一）"无为而治"的治国之道

好多人都认为孔子是入世的，老子是出世的；孔子是积极的，老子是消极的。这就大错特错了。其实老子是最大的入世者，也是最大的积极者。《道德经》这本书，历史上称它为"君王南面之术"，就是帝王的统治之术，《道德经》是教帝王怎么治理国家的。这还不是入世吗？这还不积极吗？只是老子是在看透世界以后，以出世的心做入世的事，以貌似消极的方法来达到最积极的目的。这是多么的了不起！所以我经常以无限崇敬的心情来赞美我们这位李家的祖先："老子是一位伟大的'阴'谋家!""阴"字要打个引号，老子从"阴"入手，实际上是以阴制阳、以阴胜阳，最后达到最大的阳。

也就是说，《道德经》这本书是写给帝王看的，不是给一般老百姓看的，帝王按照《道德经》的这些思想，就可以治理国家。汉代以及后世的帝王往往都尊崇《道德经》，比如，"窦太后好黄帝、老子言，帝及太子诸窦不得不读黄帝、老子，尊其术"（《史记·外戚世家》）。再比如唐玄宗更是尊崇老子，将老子奉为玄元皇帝，读《道德经》可以治理国家："我烈祖玄元皇帝，秉大圣之德，蕴至道之尊，著五千文，用矫时弊，可以理国家。"（唐玄宗：《命两京诸路各置玄元皇帝庙诏》）

我们现在要管理一个企业，管理一个单位、一个部门，都可以从《道德经》中汲取智慧。推而言之，《道德经》是给企业董事长，单位、部门一把手看的。当然在我们这个社会，任何一个管理者，看了《道德经》都会有启发。而一个企业、一个组织的最高领导，那是一定要看《道德经》的。

"无为而治"是老子治国之道的核心，他的一整套治国方略都是围绕这一思想展开的。老子主张："处无为之事，行不言之教。"用"无为"去处世，用"不言"去教导百姓。"我无为而民自化，我好静而民自正，我无事而民自富，我无欲而民自朴。"（第五十七章）

"无为"并非无所作为，而是不可妄为，不可强为，要顺其自然，"自然无为"。做君王的须知民意、顺民心，让百姓自然发展。"去甚，去奢，去泰"，即去掉极端的、偏激的、奢侈的为政态度，也就是要求君王为政不要对百姓太苛刻，不把个人意志强加给百姓。"圣人"就是得"道"的君王，他是没有固定意志的，他以百姓的意志为意志，百姓意志好的要善待，不好的也要善待，这样就得到了大善；百姓意志可信的要待以诚信，不可信的也要待以诚信，这样就得到了大信。这就是"无为而无不为"，通过"无为"而达到了最积极的"有为"。

"无为而治"是一种高明的治国艺术。老子认为最好的统治者是"太上不知有之"，不知道有你的存在，是"悠兮其贵言，功成事遂，百姓皆谓：我自然"（第十七章）。

好的统治者是悠闲地治理自己的国家，很少向百姓发号施令，事情成功了，百姓未受任何侵扰，百姓都说自己本来就是这样。这样的帝王便可"无为而无不为"了。

老子的"无为而治"也是古代帝王统治术的总结。他指出："天下神器，不可为也，不可执也。为者败之，执者失之。"（第二十九章）国家是非常神圣的东西，是不能勉强去治理的，谁去人为地治理天下，谁就会把天下搞乱；谁要用心地把持天下，谁就会失去天下，帝王应"以无事取天下"。"无为而治"的理想社会是什么样子呢？老子设想一个"小国寡民"的理想社会："小国寡民。使有什伯之器而不用；使民重死而不远徙；虽有舟舆，无所乘之；虽有甲兵，无所陈之。使民复结绳而用之。甘其食，美其服，安其居，乐其俗。邻国相望，鸡犬之声相闻，民至老死不相往来。"（第八十章）这个社会没有阶级，没有战争，人与人之间和睦相处。这样的社会理想为后代中外哲学家所借鉴，影响深远。

有些人觉得《道德经》这个"无为"跟市场经济是不吻合的，甚至是背道而驰的。"无为"是消极的，而市场经济讲的是积极有为。这些人是把"无为"理解错了，"无为"理解为无所作为，理解为什么都不做。实际上，《道德经》这个无为不是不做，而是不要人为地去做，就是不要妄为、不要强为，就是要顺其自然，就是不要违背自然规律地去做，当然也指不要违背市场规律去做。我们说在市场经济大潮当中，一个企业家，如果去妄为，强行去为，违背市场的规律，这样做的话，肯定会失败。所以《道德经》的无为不是消极的，是最深层次的，就是说不要为了一个外在的利益、一个所谓的经济指标、一个个人的需求而违背了自然规律，违背了市场规律，尤其是违背了整个企业的人心，这样去做，一达不到目标，二就算达到了目标也会很快垮掉，这才是《道德经》"无为"的真正意思。

《道德经》讲无为的目的是什么？是无不为，最后的目的就是什么都为了，什么都成功了，这是它的核心思想。这就是"为"和"无为"的辩证关系，从"无为"入手，最后要达到一个"无不为"的顶峰。

（二）"复归婴儿"的养生之道

老子认为人可以"长生"，虽然不能像天地那样"天长地久"，但只要按照养生之道，只要"深其根、固其柢"，是可以"长生久视"的。那么一个人的"根"和"柢"在哪里？人身的"根柢"就是人身清静的本质、虚无的本性，也就是人生之"道"。怎样才能使"根""柢"坚固呢？老子认为只有回归到虚静之"道"，才能"深根固柢"。

养生就在于依"道"而行，如果违背了"道"去"益生""厚其生"，不仅不能养生，反而加速灭亡。老子说："盖闻善摄生者……以其无死地。"（第五十章）善于养生的人，没有致命的要害，没有进入死地，所以总能逢凶化吉、遇难呈祥。

怎样养生？老子是不是说了一些秘诀？其实老子的养生之道与治国之道、为人处世之道是一脉相承、一以贯之的，就是"自然无为""不争""居下"，这也是养生的基本原则。

养生的基本取向就是"复归于婴儿""复归于朴""复归于无极""复归其根"。老子多次提到"婴儿""赤子",在第五十五章中赞美婴儿的特性,并分析了原因是"精之至""和之至",可见养生首先要养精,首要是和谐。不要使自己强壮,因为"物壮则老",要像婴儿那样柔弱,才能长寿不老。

养生实际上分为养精、养气、养神三大方面,老子都做了论述。其中养神是最重要的。老子提出了"少私寡欲""致虚极,守静笃""尊道而贵德""守中""静曰复命"的思想,其实都是在强调养神的重要性。第十章说:"载营魄抱一,能无离乎?抟气致柔,能如婴儿乎?涤除玄览,能无疵乎?"可以看成养神的系统论述。首先要魂(营)魄合一,就是精神专一,不可散失,形神合一而不分离。后来道教引申出行气练功的内丹功法,专心于一念,意守丹田,神不外驰,形神合一,这是练功运气的前提,是第一步功法。第二步是"抟气致柔",就是像婴儿那样柔弱但却充满生机,就是丹道功气聚丹田,丹田之气盈满以后,运营全身,使全身充满元气而柔软调和。第三步是"涤除玄览",就是涤除杂念,只有将纷乱的思绪、念头以及各种欲望彻底摒除,才能使元气流行无碍,才能使元神清净、纯洁。所谓"玄览"就是内观,只有澄明之心才能内观精、气、神的运行、变化,才能与天地自然融为一体,从而达到祛病健身、与天地同寿的目的。老子的养生思想对后世道家、道教、医家的养生学说产生了极为重大的影响。仅以养神为例,如中医第一经典《黄帝内经》在开篇《上古天真论》中就说:"恬淡虚无,真气从之,精神内守,病安从来?是以志闲而少欲,心安而不惧。形与神俱,而尽终其天年,度百岁乃去。"后世中医无不重视养神。历代道家、道教更是如此。河上公说:"人能养神则无死。"孙思邈说:"炼气养神。"俞琰说:"虚极静笃则元阳真气自复也。"道教金丹派周天功炼精化气、炼气化神、炼神还虚,最终复归于虚无本体,就可以"长生久视"了。

（三）"见素抱朴"的为人之道

老子的"道"表现在为人处世方面就是"人之德"，"人之德"直接体现了"道之德"。"道"是无形的，"德"是有形的；"道"是"德"的内涵，"德"是"道"的外现。人的德行应该反映"道"、服从"道"："孔德之容，唯道是从。"（第二十一章）这种德行老子称为"孔德"（大德）、"上德""广德""玄德"。为人处世之"道"就在于要做一个具有"上德""广德""玄德"之人。

"上德不德，是以有德。"（第三十八章）上德的人不是刻意地修德，而是自然而然地流露出内在的本性，所以才是真正的有德。具体表现就是自然无为、清静恬淡、虚怀若谷、谦下不争、少私寡欲，这一切其实都是"道"的外现，都是返璞归真，见素抱朴，回归到人生的本性之中，老子说："见素抱朴，少私寡欲。"（第十九章）要表现并保持住人本来纯朴、淳厚的德行，要减少自己的私欲。"少私寡欲"不等于无私无欲，不是灭绝人的一切欲望，而是在满足人的基本需求以后不再有别的欲望。老子反对纵欲，反对追求声色名利。第十二章就指出"五色""五音""五味"等会造成人"目盲""耳聋""口爽"。

老子认为："祸莫大于不知足，咎莫大于欲得。"（第四十六章）"甚爱必大费，多藏必厚亡。"（第四十四章）人一旦不知足，欲望无限膨胀，就会招来莫大的灾祸。过分地贪爱、收藏反而招来更大的丧失。所以老子主张"致虚守静"，内心要恬淡、清静、虚空。因为天道是虚静的："天地之间，其犹橐籥乎！虚而不屈，动而愈出。"（第五章）

所以人也应该效法天道，要放空自己，排除私欲杂念，回复人的自然本性。老子将为人之道——为人处世的基本原则归纳为"三宝"，拥有"三宝"的人就是"上德""玄德"之人。

老子说："我有三宝，持而宝之：一曰慈，二曰俭，三曰不敢为天下先。"（第六十七章）"慈"就是慈爱，"俭"就是节俭，"不敢为天下先"就是退后、谦下、不争。

第一宝"慈"表现出老子对人以及众生的生命关爱之心、悲悯之情。"慈"是"爱"的体现，而"爱"是一切圣人、一切宗教的第一要义。老子讲"慈爱"，孔子讲"仁爱"，墨子讲"兼爱"，释迦牟尼讲"慈悲"，基督讲"博爱"……老子的"慈"表现了一种母性的大爱，是慈母对孩子的爱。韩非子解释说："爱子者慈于子，重生者慈于身，贵功者慈于事。慈母之于弱子也，务致其福……圣人之于万事也，尽如慈母之为弱子虑也，故见必行之道。"（《韩非子·解老》）

慈母对于柔弱的孩子当然是关怀备至、爱护备至，当弱子遇到危险的时候，由母爱爆发出来的力量是常人无法企及的，正如莎士比亚所说："女子虽弱，为母则强。"所以老子说："慈故能勇。"这个"勇"不是一般的争强好胜，更不是逞凶斗狠，而是一种无私无畏的勇气，是一种在面临危险时奋不顾身、舍己为人的勇气。不是"勇于敢"，而是"勇于不敢"，"勇于敢"是指逞凶、掠夺、侵犯别人，其结果是被"杀"；"勇于不敢"是勇于拒绝，勇于保护，勇于防守。为保护弱小者可以上刀山，下火海，大无畏，大慈悲。所以"慈"充满了悲性、悲情，有"慈悲"的意思，是对母爱的升华。"慈爱"的对象是众生，是对众生的宽恕、悲怜。

第二宝是"俭"，就是节俭、俭约、俭朴，老子还用了另外一个同义词"啬"。老子说："治人事天莫若啬。""俭"和"啬"是为人的基本原则，是人生三大法宝之一。老子要人们爱惜精神智慧，要克制自己的私欲，不要为满足欲望而浪费财物、耗费精力。当然老子并不是一个禁欲主义者，并不完全否定私欲，而是反对过分沉湎于私欲之中，老子说："甚爱必大费，多藏必厚亡。"（第四十四章）

老子认为"不知足"，不知节俭是造成一切灾祸的根源；反之，"俭，故能广"。"俭"不仅是为人谋事、养生修身的法宝，而且也是爱国治民的法宝。诸葛亮告诫自己的孩子说："静以养身，俭以养德。非淡泊无以明志，非宁静无以致远。"（《诫子书》）司马光说："有德者皆由俭来也。"（《训诫示康》）可见"俭"是修德之本。

第三宝是"不敢为天下先"，如果用一个字来表示就是"后"。这是要我们为人处世不要处处争先，要退后、谦虚、忍让、居下、不争。万事万物中只有"水"具有这一美德，所以老子十分推崇"水"："上善若水。"（第八章）"江海所以能为百谷王者，以其善下之，故能为百谷王。"（第六十六章）"天下莫柔弱于水，而攻坚强者莫之能胜。"（第七十八章）

人要像水一样居下、不争、柔弱、谦让，要低姿态、高境界。实际上人生能做到像水一样，反而可以无往而不胜、无坚而不摧。老子还要人们："知雄守雌，知白守黑，知荣守辱。"（第二十八章）老子的意思就是要后退、守弱，这并不是要人自甘堕落、不思进取。恰恰相反，这是为了保全自身、发展壮大、攻强克刚。这就是"进道若退"。看似后退，其实恰恰是前进，是最有智慧的人生之道。正如《尚书》中所说："满招损，谦受益。"毛泽东也说过："虚心使人进步，骄傲使人落后。"老子在说到"后"的作用时说："不敢为天下先，故能成器长。"谦虚、退让才能成为众人尊敬、信服、遵从的人。

可见，老子"三宝"的作用是巨大的，是为人处世的根本，如果抛弃它，是非常危险的："今舍慈且勇，舍俭且广，舍后且先，死矣！"（第六十七章）

老子将人生的最高品德称为"玄德"，将人生的最高境界称为"玄同"。"玄同"就是："挫其锐，解其纷；和其光，同其尘。"（第五十六章）达到这个境界的人，消除一切锋芒和纷扰，没有丝毫争强好胜之心，和尘世之人完全相同，与天地万物齐同。只有在这个境界中，人才能和"道"合一，物我无别，才能成为宁静、逍遥自在、长生久视的"玄德"之人。

最后我要说一下，老子讲的治国之道、管理之道、为人之道、谋事之道、养生之道，实际上是一回事，都要服从天地之道，也都是天地之道的具体反映。"道"只有一个，这一个"道"是一个最高本体、最高主宰，它运用在做人做事的各个方面，各个方面的"道"都是这一个"道"的体现。这就好比佛家说的"月印万川"，也好比儒家说的"万物一太极，物物一太极"。所以不是说为人之道要"见素抱朴"，养生之道要"复归婴儿"，管理之道要"无为而治"，"见素抱朴""复归婴儿""无为而治"都可以用在为人、养生、管理上，都可以用在做人做事的各个方面。①

第五节　医：《黄帝内经》的思想体系简介

《黄帝内经》是中国人的"生命之书"。中华文化博大精深，其经典可以用"国学五经"来概括，即《易经》《论语》《道德经》《六祖坛经》和《黄帝内经》。《黄帝内经》是我国第一部中医学经典和养生学宝典，也是第一部生命百科全书，它不能被简单地视为一部医学书，它还囊括了天文、地理、历法等内容，奠定了中医学的理论基础，也从生命的角度出发，提出了健康的总原则。

"法于阴阳，和于术数"这八个字也是中医学健康原则——养生要效法阴阳的变化规律，与方法和技术相和谐。从国学经典的角度解读，健康就是阴阳中和。"阴阳中和"既是中华文化的核心价值，同时也是中医学生命健康的最高原则。

"天人合一"是中国古代哲学思想中最根本、最核心的观念，也是《黄帝内经》的指导思想。天人合一的整体观是《黄帝内经》最基本最重要的特征，不仅贯穿于人由出生到死亡的整个生命过程，而且贯穿生理、病理、诊治、养生等等所有层面。《素问·咳论》提出"人与天地相参"的命题，"天人相参""天人相应"是《黄帝内经》"天人合一"思想的另一种表述方式，具体表现在三个方面：天人同构，天人同序，天人同德。

《黄帝内经》与中华传统文化"天人合一，中道和谐"的价值观是完全相通的，这种价值观转换为中医学整体调和的思维方式。因为中医

---

① 张其成：《张其成全解道德经》，华夏出版社，2017年6月，15—29页。

药最贴近百姓生活，通过体验中医药就能了解中医思维，进而了解中华民族的价值观念和中华优秀传统文化的基本精神。所以说用中医国学文化这把"钥匙"就可以打开中华文明宝库的大门。

《黄帝内经》当然不是黄帝写的，只是托名"黄帝"，表示这部书产生的时间很早，也很有权威性。这部书采用黄帝和岐伯等大臣相互对话的形式，非常亲切轻松，仿佛两个人在聊天。考察书中的用字音韵和学说原理，可以发现这本书不是一时之言，也不是出自一人之手。虽然有形成于战国时期的篇章，但最后汇编成书是在西汉时期。

《黄帝内经》最早被《汉书·艺文志》收录。到了西晋，有个叫皇甫谧的人第一次提出《黄帝内经》由《素问》和《针经》（也就是《灵枢》）两个部分组成，两部分各为九卷，加起来是十八卷。《素问》主要是讲人体生命的基本问题、基本原理。《灵枢》主要讲针灸、经络方面的内容。现存早期最完整的《黄帝内经》版本是元代古林书堂本，现藏于中国国家图书馆。2011年这个版本被联合国教科文组织列入了《世界记忆名录》。

《黄帝内经》的理论精华可以概括为"阴阳调和，五行致中"。这与中华传统文化"天人合一，中道和谐"的价值观是完全相通的，这种价值观转换为中医整体调和的思维方式。因为中医药实践最贴近百姓生活，通过体验中医药就能了解中医学思维，进而了解中华民族的价值观念和中华优秀传统文化的基本精神。

天人合一的整体观是《黄帝内经》最基本的特征。《黄帝内经》用"阴阳五行"的思维模型，不但把人体生命和宇宙自然看成一个整体，而且把人体内在脏腑和外在肢体看成一个整体，将人体的生理病理与天文地理有序地联系在一起。我们既可以从天地自然推测人体内在生命的秘密，又可以从人体生命活动推测天地自然的秘密。

《黄帝内经》提出"天人相参"的命题。认为天人是同构同序的，人体形态结构与天地万物是相互对应的，人体生理功能节律、病理变化周期与天地自然四时变化的节律周期是一致的。《素问·阴阳应象大论》说："天有四时五行，以生长收藏，以生寒暑燥湿风。人有五藏，化五气，以生喜怒悲忧恐。"

《黄帝内经》用阴阳五行的思维方法构建了中医学的理论体系。阴阳其实就是两种气——阴气和阳气。五行是对"阴阳"的进一步分类。五行就是木、火、土、金、水五种自然界基本物质，其实代表的是五种不同功能属性。《黄帝内经》用五行天地自然分为五类：五时、五方、五谷、五色、五味、五气等。同时，用五行把人体分成五类：五脏、五腑、五体、五窍、五志、五神等。然后用五行相生和五行相克说明人体正常的生理现象，用五行的相乘相侮（过分的生克）说明人的病理情况。

《黄帝内经》有一句名言："治病必求于本。"也就是要在复杂的各种临床表现中，找出疾病的根本原因，然后采取正确方法解决这个根本原因。治病的根本就是"阴阳"。一个健康人的状态是阴阳调和平衡的，如果打破这种平衡导致阴阳失调就会生病；医生治病就是要调和阴阳，也就是将失调的阴阳恢复到平衡的状态。

《黄帝内经》诊断疾病的方法可以概括为四诊，也就是"望、闻、问、切"。望诊主要是观面色，辨舌苔。闻诊主要是听声音，闻气味。问诊是询问病人发病的情况以及生活经历、饮食嗜好、劳逸起居等。切诊主要是运用手指按压病人脉象获得诊断信息。这些都是通过由表及里的方法认识体内病变情况。

《黄帝内经》重视对病因的分析。导致疾病发生的因素是很多的，可以分为三大类。一类是"六淫"（风寒暑湿燥火）致病，这是外因；一类是"七情"（喜怒忧思悲恐惊）致病，这是内因；还有一类是饮食、起居不当、过度劳累引起的疾病，这叫不内外因。

治疗疾病的核心方法是辨证施治，通过脏腑辨证、经络辨证、八纲辨证与六经辨证给出中药配伍、针灸配穴以及各种合适的治疗方案，最终达到阴阳的中和协调。

《黄帝内经》十分重视"治未病"，也就是在没有生病的时候就注意预防，从而不生病。这就需要"养生"。《素问》第一篇《上古天真论》就提出养生的一条总原则"法于阴阳，和于术数"，就是要效法阴阳的变化规律，找到适合自己的养生方法。然后讲养生有四个重要方法，那就是："食饮有节"，饮食要节制，要合理搭配；"起居有常"，起床、睡觉等日常活动要有规律，要跟大自然的规律一致；"不妄作劳"，运动与劳动要适度，不能太过分；"形与神俱"，外形与精神要结合起来，尤其要保持精神安宁、情志平和。

第四章　中华文化的核心价值——"阴阳中和"

第一节　何为"阴阳中和"

一、阴阳

（一）阴阳的内涵

虽然"阴阳"这个词出现得比较晚，但阴阳的观念却出现得很早，大约在上古农耕时代就出现了。上古时代人们观察日月、昼夜、阴晴、寒暑变化，发现了大量相反相对现象，如在农业生产中发现了向阳者丰收、背阴者减产等，因此在殷周时期，人们就总结出"相其阴阳"的生产经验。最早记载"阴阳"观念的是《易经》。《易经》大约成书于西周前期，由六十四卦符号系统与六十四卦文字系统（包括六十四条卦辞、三百八十六条爻辞）组成。其最基本的符号是"爻"，"爻"只"—"和"－－"两种。虽然《易经》并没有直接称它们为"阳爻""阴爻"，甚至连"阴阳"两个字也没提到（只提到一个"阴"字，但不是阴阳之阴），但"—""－－"符号反映了上古先哲的阴阳观念。在卦爻辞文字中，也有大量的表示阴阳对立的词语，如乾坤、泰否、剥复、损益、既济未济等卦名，还有吉凶、上下、大小、往来等卦爻辞词语。可见至迟殷周时期，阴阳观念已相当成熟。《尚书》《诗经》等古籍中的许多文字，也反映了阴阳的观念。

突破原始意义而开始具有哲学意义的阴阳概念出现在《国语》《左传》中。据《国语·周语》记载，阴阳概念的出现至迟是在西周末年。

周宣王即位后（公元前827年），卿士虢文公劝说宣王不可废除籍田仪式，并以阴阳二气解释土地解冻、春雷震动的原因："阳瘅愤盈，土气震发……阳气俱蒸，土膏其动……阴阳分布，震雷出滞。土不备垦，辟在司寇。"（《国语·周语上》）周幽王二年（公元前780年），太史伯阳父以阴阳二气解释地震，进而论述朝期将亡："阳伏而不能出，阴迫而不能蒸，于是有地震。今三川实震，是阳失其所而镇阴也。阳失而在阴，川源必塞；源塞，国必亡。"（《国语·周语上》）从上述引文可见，西周末年的阴阳已抽象为具有普适意义的二气。

到了春秋时期，阴阳观念不仅相当成熟而且运用十分普遍。《国语·周语下》记载了周景王二十三年（公元前522年）伶人州鸠用阴阳论述音乐，《国语·越语下》记载了越国大夫范蠡与越王勾践以阴阳论天时人事。《左传》也有大量阴阳记载。春秋战国时期是诸子百家争鸣时期，其时儒家、道家、墨家、法家、兵家、杂家都普遍使用阴阳概念。道家的创始人老子是第一个真正将阴阳提升为哲学范畴的哲学家。战国时期更出现了专论阴阳的阴阳家，以邹衍为代表的阴阳家不仅融合了阴阳学说与五行学说，而且以阴阳五行解释季节变化和农作物生长，解释王朝的更替、政治的兴衰。

将阴阳思想更加系统化、理论化，并达到空前水平的是于战国时期成书的《易传》。《易传》将阴阳提升到哲学本体论层面，并明确提出"一阴一阳之谓道"的命题。可以说《易传》是我国第一部关于宇宙生命、阴阳哲学的专著，它不仅把阴阳看成宇宙万物的本体，而且把阴阳当成描述、解释宇宙生命一切现象的模型方法，阴阳被提升为表示两种对立统一事物或同一事物的对立统一的两面的符号。

《说文解字》："阴，暗也。水之南、山之北也。""阳，高明也。"段玉裁注："山南曰阳。"这里"阴阳"指阳光照射不到的地方与阳光照射得到的地方。从《尚书》《诗经》中阴阳的意义看，大部分取此义。这是阴阳的原始含义。后来阴阳的内涵逐渐扩大，归纳为以下几种。

阴阳指相互对待的两个实体，如日月、天地、水火、血气、魂魄、男女等。

阴阳指无形的二气。这种意义的阴阳已初步具有哲学意味，是抽象的、无形的。这是先秦多数学派的观点，阴阳往往与气连用。

阴阳是事物对立统一的属性。老子第一次将万物看成"负阴而抱阳"，即认为万物都具有阴阳合抱的属性。《管子》《庄子》进一步将阴阳与动静相联系，发挥阴阳的属性含义。而真正完成并普遍使用阴阳属性含义的是《易传》。《易传》中阴阳虽然也指日月、天地、乾坤等有形实体，但更多的是指刚柔、进退、往来、动静、阖辟、寒暑、伸屈、尊卑、吉凶、贵贱、险易、大小、得失、远近等相对属性。

(二) 阴阳的关系

阴阳互根，指自然界一切事物现象中阴阳双方具有互为根本、互为依存的关系。阴依据阳而生存，阳依据阴而生存；阴的根本为阳，阳的根本为阴。任何一方都不能离开另一方而存在，任何一方都以另一方为存在的依据、前提和条件。

阴阳互动，阴阳双方是互相资生、促动、助长的。《老子》说："反者道之动。"《素问·阴阳应象大论》说："阴在内，阳之守也；阳在外，阴之使也。"

阴阳消息，指阴阳双方数量和比例的消长变化。易学十二消息卦形象地说明了阳长阴消、阴长阳消的过程。阴长则阳消、阳长则阴消，阴消则阳长、阳消则阴长，这是阴阳消长的基本规则。此外，由于阴阳互根互动，也有阴长阳长、阳长阴长、阴消阳消、阳消阴消的特殊情况。

阴阳交感，指阴与阳之间的相互感应、相互交合。《周易·咸·彖传》说："咸，感也。柔上而刚下，二气感应以相与……天地感而万物化生，圣人感人心而天下和平。观其所感，而天下万物之情可见矣。"

阴阳互制，指阴与阳之间的相互制约。阴阳具有功能相反的属性，两者互相克制，从而维持了事物和人体生命机能的动态平衡。

阴阳争扰，指阴阳双方相互争斗。《周易》卦象变化及"经传"文中已有反映，《黄帝内经》进一步阐明其理。

阴阳转化，指在一定条件下，阴阳双方可以向其相反方向转化，即阴可转化为阳，阳可转化为阴。

阴阳胜复，指阴或阳如果一方过于亢盛，那么另一方则会报复。阴盛则阳衰，阳盛则阴衰，这是阴阳互制的结果。但如果某一方过盛，则可能会导致另一方的异常反应，如阴胜则阳复，阳胜则阴复。[①]

二、中和

中华文化的核心价值可以用四个字来概括："阴阳中和。"其中，"易道"就是"阴阳中和"之道，儒家讲"中庸"，道家讲"中气"，佛家讲"中观"，医家讲"中和"，我们祖国叫"中国"。"易道"《易经》落地于"太和"；儒家《论语》落地在"仁和"；道家《道德经》落地在"柔和"；佛家《六祖坛经》落地于"圆和"；医家《黄帝内经》落地在"调和"。

（一）"中和"的三种境界

修心就是要达到阴阳中和，这不仅是中华文化的基本精神，也是我们修心的最高境界，表现为以下三个层面。

1. 天人合一。也就是人与自然要和谐，天人合一，天和人这一对关系当中谁是阳谁是阴？天为阳，人为阴。

2. 人我合一。人与人之间要和谐，人与社会要和谐。人我合一里面谁是阳谁是阴？人生只有一个最大的敌人，就是自己。所以人我关系之中，如果从内外位置来说，别人是阳，我是阴，因为别人在外，外是阳；我在内，内是阴。如果从功能上来说，起主导作用的是阳，被主导的是阴，所以我是阳，人是阴。人际关系中你自己起主导作用发生了什么事情，先不要怪别人，一切都是由自己造成的。

---

① 张其成：《易学与中医》，广西科学技术出版社，2010 年 11 月，43—48 页。

3. 形神合一。也就是心身合一，形是阴，神是阳，也就是说身是阴，心是阳。养生主导的是神，养生是养精气神。

这三个境界，中华文化中的主体——易、儒、道、佛、医五家其实都体现了这个思想。这五家你中有我、我中有你，阴中有阳、阳中有阴。如果要区分的话，五家各有偏重。易家与道家偏向于讲天人合一；儒家偏向于讲人我合一；禅宗与医家偏向于讲心身合一。所以我写了一副对联，"易贯儒道禅医，道统天地人心"。重点落实在心上。

在这里要特别关注一个问题，就是中医学和易、儒、道、佛是什么关系。可以说，隋唐之后，中医为易、儒、道、释文化在人体生命上的具体应用和最佳体现。总而言之，中华文化终归是在人体生命层面的应用。易、儒、道、释都偏于"形而上"；而中医学则偏于"形而下"。当然，这只是说"偏"，而不能说就是"形而上"或者"形而下"，因为中医学里也有很多"形而上"，中医不仅是医术，更是医道。

与儒家道家相比，中医则是不偏阴阳的。如果阴阳有偏了则是病态，所以中医治疗的目的就是调和阴阳，达到阴阳不偏、阴阳平衡、阴阳调和，这样才会健康、快乐、长寿。就这一点而言中医比儒家、道家更接近于"大易之道"，更能体现中华传统文化的核心价值。可以说，中医从人体健康这一最切近生命的领域，最完整地体现了"中和"的核心价值和思维方式。

中华文化的中和之道，是在农耕文化这样的文化环境下产生和发展的。我们知道，农耕文化特点是接近生活、人性化、天人合一，人与天地相呼应，所以，中医学的本质是人文医学，以提高人的生命质量为关键，不是冷冰冰的纯技术。

(二) 故宫是中华文化求 "和" 活态展现

《周易》说 "保合太和，乃利贞"。"保合太和"，是我们中华民族最高的价值取向，"保" 就是保持住，"合" 就是阴阳相合，就是要保持全宇宙间万事万物阴阳和谐的最高状态。所以 "和" 又可以分为太和、保和、和合，还有一个非常重要的 "中和"。简单地说，"太和"

是最终目的，"保和""和合""中和"都是达到"太和"的手段。这其中的"阴阳中和"则是非常重要的一个手段，从某种意义上来说，"阴阳中和"是易、儒、释、道、医这五家共同的价值观，也就是我们中华优秀传统文化的基本精神和核心价值。

中华文化心身兼修。说到底，心身兼修就是养"精、气、神"，在这三大要素中，养精是基础，养气是途径，养神是关键。养神和修心息息相关，因为心藏神、心主神明，修心求"和"。

比如，一个充分体现中华"和"文化的建筑——故宫。很多人都去过故宫，在故宫的中轴线上，建有前三殿后三宫。前三殿——太和殿、中和殿、保和殿，都有一个"和"字。所谓太和就是大和，就是要达到四个层面的"和"。"太和"是目标，是最高境界。"中和""保和"是实现这一目标的方法和途径。故宫的太和殿、保和殿、中和殿，其取名就是出自《易经》的《乾卦·象传》"保合太和，乃利贞"。"和"是一种调和的状态，"和"是中华文化的最高价值趋向，更重要的是要保和，要保持住这个"和"。要把"中和"变成一种习惯，按照这个"和"来做，我们都可以达到"顺应自然，调和阴阳"的目的。

第二节　中华文化的基本精神——阴阳中和

中华文化的基本精神，就是中华民族的民族精神。中华民族精神的具体内涵，学界有不同的看法。梁启超将中华民族两大精神——"自强不息，厚德载物"，作为清华大学的校训。张岱年认为，指导中华民族延续发展的中华精神集中表现于《周易》的两个命题上，这就是："天行健，君子以自强不息"；"地势坤，君子以厚德载物"（《中国文化传统简论》）。方立天认为，中华民族精神的内容有五个方面：重德精神、务实精神、自强精神、宽容精神、爱国精神（《民族精神的界定与中华民族精神的内涵》）。张岂之认为，中国文化即基本精神包括人文精神、自然精神、奇偶精神、会通精神（《中国传统文化》）。中国共产党十六大报告对民族精神的内涵进行了全面概括："在五千多年的发展中，中华民族形成了以爱国主义为核心的团结统一、爱好和平、勤劳勇敢、自强不息的伟大民族精神。"

中华文化的基本精神可以简单地用"阴阳中和"四个字来概括，具体地说，包括三大精神："自强不息"的阳刚精神、"厚德载物"的阴柔精神以及"中正和谐"的中和精神。

一、自强不息

"自强不息"一词出自《周易·乾卦·象传上》："天行健，君子以自强不息。"1914 年 11 月初，梁启超先生在清华大学作题为《君子》的演说，以"天行健，君子以自强不息；地势坤，君子以厚德载物"为中心内容，激励清华学子发愤图强，希望清华学子"崇德修学，勉为真君子，异日出膺大任，足以挽既倒之狂澜，作中流之砥柱"。而此次演讲以后，清华大学即将此八字确定为校训，"自强不息，厚德载物"，正可以概括中华文化的基本精神。

"天行健，君子以自强不息"，就是说天的运行刚强劲健，君子效法天的运行，要不停地自我奋发图强。乾为纯阳卦，阳主动，君子按照乾卦来做，即履践"自强不息"。作为中国传统文化的基本精神，自强不息具有独特的历史内涵，主要表现在政治生活、个人生活上。

在政治生活上，自强不息表现为对外反抗侵略、对内反抗暴政。中国传统文化蕴含了沉重的历史使命感和责任感，从《大学》言君子修身齐家治国平天下，孟子说"平治天下，当今之世，舍我其谁"，到顾炎武"天下兴亡，匹夫有责"的倡言，爱国主义、英雄气概是中华文化的重要内容。中国是一个有着五千多年灿烂文明的国家，中华民族是一个不屈不挠、历尽磨难而自强不息的民族。在中国历史上，中华民族精神从来就是动员和激励中国人民团结奋斗的一面旗帜，是每一个真正的炎黄子孙所应有的骨气和胆识，是各族人民共同的精神支柱！

自强不息的精神还鼓舞了无数仁人志士为国家和民族抛头颅、洒热血。无论是"出师未捷身先死，长使英雄泪满襟"的慨叹，"匈奴未灭，何以家为""会挽雕弓如满月，西北望，射天狼"的壮志，还是"人生自古谁无死，留取丹心照汗青"的豪迈情怀，都是自强精神的体现。爱国主义在不同的历史时期有不同的内容。鸦片战争以来，中华民族不甘忍受耻辱，前仆后继，用血肉长城驱逐了侵略者，谱写了一曲曲悲壮的故歌。今天，热爱祖国，报效祖国，把祖国建设得繁荣富强，实现中华民族的伟大复兴，是自强不息精神的具体落实，是爱国主义的本质所在。

在政治生活上，自强不息还表现为"革故鼎新"精神，即除旧布新、不断进行社会变革和社会革命精神。《周易·系辞传》言："日新之谓盛德，生生之谓易。""穷则变，变则通，通则久。"《周易·革·象传》言："天地革而四时成。汤武革命，顺乎天而应乎人。革之时大矣哉!"《诗经·大雅》云："周虽旧邦，其命维新。"《礼记·大学》称赞："苟日新，日日新，又日新。"自强不息、革故鼎新的思想，成为推动社会发展的一种内在动力。

在个人生活方面，自强不息弘扬的是一种积极进取、刚健有为的人格精神、生活态度，这也是中国的古圣先贤留给后代子孙的宝贵财富，是中国人做人行事的准则。儒家主张刚健有为，孔子重视"刚"的品德，认为"刚毅木讷，近仁"，高度肯定刚毅的品质。孔子对生活采取一种积极而乐观的态度，"发愤忘食，乐以忘忧，不知老之将至"。孔子一生充满忧患意识，以救世为己任。他心系天下，为实现自己的政治理想，带领弟子周游列国，一生奋斗，屡遭困厄，惶惶然如丧家之犬，但穷达由他，弘道在我，矢志不改。孔子表现出了一种"知其不可而为之"的自强不息精神。

孔子弟子曾参提倡"士"要"弘毅"，强调的是一种不屈不挠、勇于担当的奋斗精神。他说："士不可以不弘毅，任重而道远。仁以为己任，不亦重乎? 死而后已，不亦远乎?"孟子倡导"富贵不能淫，贫贱不能移，威武不能屈"的大丈夫人格。从人格取向看，儒家讲内圣外王，荀子认为理想的人格应当具有"经纬天地而材官万物"的本领。

自强不息也是古人对独立人格的追求。孔子说："三军可夺帅也，匹夫不可夺志也。"极力称赞伯夷、叔齐"不降其志，不辱其身"，以保持自己独立的人格。道家主张自然无为，庄子追求逍遥的境界，向往精神的绝对自由，实际上是对个性人格的张扬。《庄子·天下》说："独与天地精神往来，而不敖倪于万物。"

自强不息的精神是中华民族的宝贵财富，是中华民族创造出灿烂辉煌的民族文化的精神支柱。中国人民勤劳智慧，中国历史上对中华文化做出贡献的名人，他们身上都体现出刚健有为、自强不息的奋斗精神。勾践卧薪尝胆，苏秦读书"头悬梁，锥刺股"，司马迁继承父志，完成《史记》，成为"史家之绝唱，无韵之离骚"，苏武牧羊十九年不易气节，李时珍历时二十年编成《本草纲目》，周恩来"为中华之崛起而读书"等等。正如鲁迅赞扬的：中华民族"从古以来，就有埋头苦干的人，有拼命硬干的人，有为民请命的人，有舍身求法的人……虽是等于为帝王将相作家谱的所谓正史，也往往是掩不住他们的光耀。这就是中国的脊梁"（《且介亭杂文·中国人失掉自信力了吗》）。自强不息的奋斗精神，正是中国传统文化中对生命的深刻阐释，也是中国传统文化重要的基本精神。

二、厚德载物

《周易·坤卦·象传》："地势坤，君子以厚德载物。"坤为地，大地非常丰厚，无私地承载万物，滋养万物，具有宽厚、包容、博大、坦荡的品德。君子应该效仿大地厚实和顺的美德而载育万物。

厚德载物体现在国家关系上，就是反对战争、和谐相处的精神。《老子》说："兵者，不祥之器。"墨子主张"非攻"以消弭战争。儒家主张王道，以"德"使远人来服。中华民族历来主张与邻邦和谐相处、平等互利以求共同发展。春秋时代，中国产生了诸国之间的会盟制度。秦汉以降，帝王处理国家关系时，常常通过结盟、和亲、通商等形式与他国交往。

厚德载物表现在人际关系上，就是要加强品德的修养，要有宽容、忍让、谦虚的态度，要有"与物同体"的磊落胸怀。《尚书·舜典》把"宽"视为一种做人的重要品德，"直而温，宽而栗，刚而无虐，简而无傲"。春秋战国时代，儒家主张"仁"与"恕"，"己欲立而立人，己欲达而达人"和"己所不欲，勿施于人"的"忠恕"之道，蕴含着一种人文关怀。道家主张"包容"，"江海之所以能为百谷王者，以其善下之也，是以能为百谷王"，阐明一种谦逊、包容的品格。墨家主张"兼爱"，"天下兼相爱则治"，兼爱是一种博大宽广的普世之爱。这些主张都体现了"厚德"精神。

在对待不同文化的态度方面，厚德载物提倡以宽容的精神对待不同文化、不同学术观点。春秋战国时期，出现了诸子竞秀、百家争鸣的格局，儒家的仁义礼让，道家的自然无为，墨家的兼爱非攻，法家的严刑峻法，阴阳家的敬顺昊天，各家相互辩难，却在争鸣中取长补短。秦汉时期，各家学说显示了相互融合的倾向。司马谈《论六家要旨》说："道家……因阴阳之大顺，采儒墨之善，撮名法之要，与时迁移，应物变化，立俗施事，无所不宜。"反映了先秦百家学说精华相互包容荟萃的历史事实。中华文化还在长期吸取周边少数民族的优秀文明中日臻盛大。魏晋南北朝是中华各民族大融合时期，也是中华文化的大发展时期，北方少数民族与中原农耕文化的碰撞、融合，为中华文化的发展注入了新鲜血液。

对外域文化、外来宗教采取的宽容和吸收态度，充分展现了中国文化"有容乃大"的伟大气魄。汉末以后，儒道佛的鼎立、互补以及多种其他文化的和平共存，体现了中国文化的包容性。佛教自汉代传入中国，至魏晋南北朝时期，形成一个高潮，印度佛教被儒家哲学、道家哲学影响、渗透，成为中国化的佛教。隋唐时期中国佛教分为八个宗派，不少宗派都体现了中国儒道文化和印度佛教文化大融合的特征。盛唐是中国最开放的时代，唐文化体现出一种兼容并包的宏大气派，以博大的胸襟吸收了外域文化，创造了文化交融的典范。

三、中正和谐

"自强不息""厚德载物"两大精神不是分离的、割裂的，而是融合的。自强不息，厚德载物，是成就君子人格的基本要素。宋代哲学家张载说："察天行以自强，察地势以厚德。""自强"以法天，"厚德"以法地，《道德经》说："人法地，地法天，天法道，道法自然。""自强""厚德"以法天地之道，体现的是一种天人合一的境界。这就是"中正和谐"的精神。"中正"一词最早出自《周易·豫卦·象传》："六二……不终日，贞吉，以中正也。"《易经》卦爻辞在确立吉凶时，一般是看该爻是不是得"中"、得"正"，如果得中、得正，那么往往就吉利。《周易·乾卦·象传》提出"太和"思想，认为"乾道变化，各正性命，保合太和，乃利贞。首出庶物，万国咸宁"。可以说，整部《周易》始终都贯穿了崇"中"尚"和"的思想。"自强不息，厚德载物"的最佳状态，就是"保合太和"，"和"可以说就是中华文化的核心精神。"和"观念是对上古"天人合一""物我合一"观念的发展，也是先秦儒、道及其他诸子价值理想的总汇。

《尚书·尧典》有"百姓昭明，协和万邦"的名句。西周末年，史伯提出"和实生物"的思想。《国语·郑语》记载史伯说："夫和实生物，同则不继。以他平他谓之和，故能丰长而物归之；若以同裨同，尽乃弃矣。故先王以土与金木水火杂，以成百物。"在承认事物之间有差别的前提下提出"和"的观念，是强调将不同性质的事物相结合而达到的一种和谐状态。春秋末年，齐国的晏婴进而用"相济""相成"的思想丰富了"和"的内涵。他将其运用于君臣关系上，强调君在处理政务上意见"否可相济"的重要性，并通过济其不及、以泄其过的综合平衡，使君臣之间保持"政平而不干"的和谐统一。

此外，《左传》有"九合诸侯，如乐之和，无所不谐"，《国语》有"和宁百姓""和协辑睦，于是乎兴"，《周礼》有"以和邦国，以统百官，以谐万民"，都表达了古代先民对宇宙自然、人类社会和谐完善的向往。

先秦道家对和谐之道仰慕至极，《道德经》说："知和曰常，知常曰明。""万物负阴而抱阳，冲气以为和。"这种"和"，又具体体现在"人法地，地法天，天法道，道法自然"的行为规范和要求之中。《庄子》说："古之治道者，以恬养知……知与恬交相养，而和理出其性。"以"和理"为人的本性。

先秦儒家提出"仁"的范畴。所谓"仁"，实质上就是调和人与人之间的关系，"和"既是达到"仁"的手段，又是实现"仁"的最高境界。孔子说："君子和而不同，小人同而不和。"孔子的弟子有子说："礼之用，和为贵，先王之道斯为美。"主张"知和而和，不以礼节之，亦不可行也"。"和"要用"礼"来调节和规范，"和"以"礼"为前提，"礼"以"和"为目的。

先秦儒家的"中庸"思想可以说是"和"的另一种表达。孔子提出："中庸之为德也，其至矣乎！"思孟学派将"中和"提升为天下的"大本"和"达道"。《中庸》说："喜怒哀乐之未发，谓之中；发而皆中节，谓之和。中也者，天下之大本也；和也者，天下之达道也。致中和，天地位焉，万物育焉。"

《易传》是对儒、道两家思想精华的汇总调和，它提出"一阴一阳之谓道"，其实就是对"阴阳"对立面的调和，它把一卦六爻看成天、地、人三才之道的和谐统一，把乾坤阴阳的"合德"看成"以体天地之撰，以通神明之德"。《周易》认为，"生生不息"是"阴阳合德"的结果，是阳阳两种对立属性相摩相荡并达到"和"的时位才形成的。"中正和谐"就是强调阴阳的调和。西汉董仲舒《春秋繁露·循天之道》说："和者，天之正也，阴阳之平也，其气最良，物之所生也。"

儒家体现了乾阳刚健、自强不息的精神，具有阳的属性特征；道家体现了坤阴柔的归藏、包容功能，具有阴的属性特征。唯有通过"保合太和"、中正和谐才能实现二者的统一。[①]

第三节　阴阳中和的重要意义

中华民族的基本精神就是《易经》乾坤二卦的八个字：自强不息，厚德载物。乾坤精神就是天地精神、天地之道，代表了中华民族两大精神。自强不息是乾卦阳刚的精神，代表是儒家。厚德载物是坤卦阴柔的精神，代表是道家。儒家基本精神是自强不息、刚健坚毅、奋发进取、百折不挠。道家基本精神是厚德载物、自然无为、柔弱虚静、居下不争。正因为是一阴一阳、一刚一柔、一儒一道、一乾一坤、一天一地，所以中华文化的基本精神简单地说，我认为就四个字"阴阳中和"，这就是中国人的核心价值观，是我们的民族之魂。

中华文化的核心价值是"和"，扩充为两个字就是"中和"。从《尚书·尧典》"协和万邦"，到《周易·乾卦·象传》"保合太和"；从西周末年史伯"和实生物，同则不继"，到春秋末期老子"冲气为和"、孔子"和而不同"，"和"逐渐成为中华文化的核心价值。

在人类文明史上，世界上有五大文明形态，唯一保留到今天的是我们中华民族的文明，其他四种文明早已湮没。中华文明保留下来的根本原因就是因为有中华国学文化精神，按照我的话来解释，就是有着太极阴阳的精神才使得我们的文明没有亡。如果我们这个国家光有儒家阳刚的精神，走不到今天，光有阴柔这种精神也走不到今天。我们这个国家就是因为有阴阳，叫"一阴一阳之谓道"，才走到了今天。因为我们有一个守中并守和的民族文化精神，生成中华民族团结奋进、生生不息的不竭动力。请注意，什么叫不竭的动力？就是不仅过去，现在和未来依然还是由这种精神支撑着！

中共十八大提出了社会主义核心价值观，用二十四个字来表述：富

---

① 张其成：《中国传统文化概论》，人民卫生出版社，2009 年 2 月，2—5 页。

强、民主、文明、和谐；自由、平等、公正、法治；爱国、敬业、诚信、友善。

我个人认为，这二十四个字分别针对国家、社会、个人三个层面说的。这二十四个字的核心在于中间层面：自由、平等、公正、法治。第一个层面偏于所达到的目标，中共十九大报告指出：社会主义现代化奋斗目标是"富强民主文明和谐美丽"，增加了"美丽"，使得"五位一体"总体布局的建设目标有了——对接。第三层面则是针对每一个公民的道德规范而言，是个人的品德要求。而中间层面才是社会主义核心价值观的核心所在，其中自由、平等、公正无疑是正确的，"法治"应该是实现核心价值最主要的手段。

中华文化的基本精神是"中和"两个字，其实这两个字就可以概括社会主义核心价值观中间层面的八个字。"中"就是中正，也就是公正，"和"就是和谐。要"公正"必须"平等"，要"和谐"必须"自由"。所以社会主义核心价值观和饱含中医价值理念的中华文化的基本精神是一脉相承的。"社会主义核心价值观并不是天外来客，而是以优秀的文化根脉和精神基因作为源流，以现实的时代变革与社会发展作为导向，以崇高的理想追求和美好的生活愿景作为目标的。"

所以，有必要挖掘出中华文化"自由、平等、公正、和谐"的思想资源，将中华文化基本精神和社会主义核心价值观有机结合在一起，然后在领导干部及社会各界进行宣导教育，这样才能使社会主义核心价值观入脑入心。如果把这一核心价值观变成信仰，那么领导干部在治国理政、制定各项政策中就不会走偏、不会腐败，普通百姓在为人处世上也会行正品端。

同时从某种意义上说，以中医哲学为特征的医家是与儒、释、道三家并立的中华传统文化四大支柱之一。中华传统文化是重"生"的文化，重视生生之道、生命之学。《周易》说，"生生之谓易"，"天地之大德曰生"。《黄帝内经》说："人生于地，悬命于天，天地合气，命之曰人，人能应四时者，天地为之父母；人以天地之气生，四时之法成。"

"生之本，本于阴阳。"医易同源。《周易》是"生生之道"，中医是"生生之具"。儒、释、道注重生生之道、生生之德。而在中医看来，人身小天地，天地大人身。天地和人身就是一个同构、同序的生命体。中医不仅注重生生之道、生生之德，而且注重生生之具、生生之法。

"阴阳中和"体现了儒、释、道、医共同的价值观，是中华优秀传统文化的核心价值。比较医家与儒、释、道三家的基本精神，可以看出儒家偏重阳刚的精神，自强不息、刚健有为、勇往直前、百折不挠、昂扬向上；道家偏重阴柔的精神，厚德载物、柔弱虚静、自然无为、居下不争、以柔克刚；佛家讲究"空性""四大皆空""五蕴皆空"；中医则讲究阴阳调中。当然四家都有相同的地方，都讲"中和"，儒家讲中庸，道家讲中道，佛家讲中观。而"中和"思想在中医中体现得最为彻底。中医认为一个健康的人必须做到人与自然、人与社会、人自身形与神三个层面的和谐。人之所以会生病，就是因为失"和"，治疗疾病就需调和致中。儒、释、道、医四家圆融和谐，共同构成了中华传统文化"阴阳中和"的基本精神。"阴阳中和"是中华优秀传统文化的核心价值追求，也是生生之道的基本保证。

中医哲学充分体现了中华优秀传统文化的核心价值观念、原创思维方式，融合了历代自然科学和人文科学的精华，吸收了儒家、道家乃至佛家文化的智慧。它是古代唯一流传至今并且仍在发挥重要作用的科技文化形态。大力弘扬中医哲学文化，不仅是振兴中医、提升国家软实力的战略选择，而且是实现中华民族伟大复兴的重要途径。①

---

① 张其成：《中医哲学基础》，中国中医药出版社，2016年11月，6页。

第五章　中华文化的使命担当

——中华文化是中华民族复兴的先行者

第一节　国学的使命和功用

一、国学的使命——树立信仰

（一）国学"新五经"

从字面上看，国是中国，学是学问。国学就是中国传统的学问，约等于中国传统文化。

而不同时代，中国传统文化又有不同的归类方法。在古代，中国传统文化是按书籍来分类。共有四类，分别是：经，以五经为主，后扩大到十三经；史，以正史为主，还有编年体、纪事本末体等史书；子，即诸子百家；集，文集，相当于现在的文学艺术。

到了现代，中国传统文化用现代学科分类方法可分为六类：文字文献、哲学宗教、历史典制、文学艺术、古代科学技术、中医养生。在这六类中，古代科学技术似乎比较寡众，但这部分在国学中是非常重要的，像天文、地理、历法、农学、营造学都归纳其中。

要学国学，首先要学好小学。这里的小学指的是文字音韵训诂之学，是学习经典的基础，这样才有能力学习经典；经典是国学的主体，尤其是古代的五部经典：书（《尚书》）、诗（《诗经》）、易（《周易》）、礼（《礼记》）、春秋（《春秋》）。

这里的范围就非常大了。我觉得如果大家要学习国学，不妨从哲学宗教开始学起，因为它是国学的中心，有五部经典是最重要的：《易经》《道德经》《论语》《黄帝内经》《六祖坛经》，刚好代表了五家：儒（《论语》）、道（《道德经》）、佛（《六祖坛经》）、医（《黄帝内经》）和易（《易经》）。

（二）国学是教大家如何做人的

到底什么样的人才可称之为国学大师？国学大师必须在两个方面有所成就：一则学术；二为人品。这两者都要做到最好，所以成就一个大师的确是非常难的。

从学术上讲，由于现代科学分科越来越细，导致很多国学学者只是专门研究一部分。但大师应该是"通家"，对以上罗列的知识体系，都要有很深的造诣。你会发现当代很难出"国学大师"，很难在这么多学科都有显著的成就，也跟现代这么精细的分科有关，国学之间是互通的，但由于"分科""偏科"导致无法获得更多灵感、知识，而在相关专业上很难有大的突破。

其次就是做人的方面。俗话说"道德文章"，道德才是第一位的，像季羡林和任继愈他们的人品就非常好，得到了很多人的赞扬和敬仰。

其实，国学从某种意义上讲就是人生哲学，国学是教大家如何做人的。像儒家倡导的五德：仁、义、礼、智、信，就是做人最基本的规范，国学大师就应该是这五德的实践者和楷模。但现在的社会纷杂，利益诱惑很多，所以现在的国学大师比以前更难成就。

任何一门学问都可以有大师级的人物，但只有国学大师是与人生最为贴近的，第一他要有历史使命感，第二要有"板凳宁坐十年冷，文章不写一句空"的精神，他还要"走出去"传播、实践和弘扬，不能待在家里沽名钓誉，除此而外还必须看他对社会的贡献度。

（三）国学大师要帮社会树立中国文化信仰

我们该如何学习国学？三个字足矣，即闻、思、修。闻就是听闻，要学习，把听闻来的道理结合现实状况进行思考，并立即实践，迅速修正。这一点其实孔子在《论语》中已经讲明："学而时习之，不亦说乎?"其中的这个"习"很多人都认为是复习,其实"时习"应该解释为"及时、立即、反复地去实践"。因为只有实践才能有收获,有了收获才会喜乐。

我们现代的人口才普遍特别好,每个人都会头头是道地分析问题、说看法,但为什么自己不成功、不进步?就是因为缺乏实践。知道不等于做到,知道距离做到相差十万八千里呢。

再者,一定要明白,学国学就是为自己而学。孔子说过"古之学者为己",先修身,然后才能去安人。

国学大师在社会中到底应该起到什么作用?首先不要神话了国学学者,因为在古代国学就是每个人必须学的基本知识,彼时国学"大师"就像现代的大学老师一样是要教化人心的。

大师应该走下"神坛",现在很多人因为社会、家庭等原因而苦恼,会找心理医生,其实国学大师才是社会的"心灵医生"。

现在人面临的一大危机就是信仰缺失,道德缺失正是缺乏信仰的表现。国学大师要帮社会、百姓树立中国文化信仰,做国学传播就是"修心开智",国学大师不能待在家里受膜拜,一定要走到百姓中,和大家沟通交流,要成为中华文化的思想家、传道者,成为老百姓的良师益友,引领社会,引导人生。①

二、国学的功用——修心开智

(一)寻找心灵的信仰,这就是修心

每一个人的生命在最公平之中又最不公平——每一个人此生只有一次,这是公平的;但每一个人寿命长短、生命质量、生存际遇却又如此千差万别,这又是不公平的。人生短暂,瞬息即逝;人生脆弱,灾难无情;人生八苦,愚痴颠倒。在宇宙无限与人生有限的矛盾中,生命的皈依与心灵的自由就成为永恒的主题。

---

① 张其成:《国学的使命》,《中国经营报》,2009 年 7 月。

于是，怎样延长生命长度、提高生命质量，在短短的此生今世能够离苦得乐、能够健康幸福，也就成为人类共同的追求，成为跨越国度、超越古今的永恒话题。人都是攥着拳头而来，都是撒手而归，人生的最高境界就是哭着来，笑着走。人生苦乐，境由心造。我始终觉得：没有信仰、没有敬畏心是当代社会最大的危机，也是当代人脆弱、痴苦的主要原因之一。

那么，如何离苦得乐？如何健康、快乐？我们敬畏什么？信仰什么？孔子说："仁者寿"，"君子有三畏：畏天命，畏大人，畏圣人之言"。当代一位智者说："中华优秀的传统文化是中华民族永远不能离别的精神家园。"这或许正是国学最大的"功利"。

每次反思，我们都会发现，要想离苦得乐，要想既健康又快乐、智慧，我们可以仰赖的只有中华文明所独有的传承不衰的文化。这种以易道为主干的阴阳中和，易、儒、道、佛、医互补的中华文化是中华民族生生不息的不竭动力，是中国人民团结奋进的精神纽带，是我们中华儿女自古及今、自幼及老的精神食粮，是我们中华民族屹立千万年而不倒的精神支柱。

所谓"修心"说到底就是重塑中华民族的信仰、找到个人安身立命的精神支柱的过程，大而言之，"修心"是中华文化伟大复兴的归宿。中华文化的核心价值就是要"和"，修心是中华文化"阴阳中和"核心价值最终归宿。易家提出"洗心"，儒家说"正心"，道家说"清心"，佛家说"明心"，中医说"调心"。总之，做人生赢家最重要的是修心。正如王阳明所言"心外无物"。

1. 修三种心

第一个层面是修心态，这与中医学的七情五志有关。中医学宝典《黄帝内经》中强调："志意者，所以御精神，收魂魄，适温寒，和喜怒者也……五脏不受邪矣。"七情五志在保持身体健康方面起着重要作用，而平和的心态是健康的基础。

第二个层面是修心智，核心是要改变追名逐利的思维方式。其实儒家、道家、佛家都曾论述心智，就是打破固有的功利性的思维方式，回到生命的本源，要内求，不要执着于外求。《黄帝内经》所说"恬淡虚无"的"虚无"是心灵纯净、没有杂染，这与孔子的仁爱、老子的虚无、释迦牟尼的虚空境界是一样的。也就是王阳明所说的"无善无恶心之体"。

第三个层面是修心灵，是一种信仰精神的归属，是修心的最高境界。具体来说，就是现代中国人要有高度的文化自信，建构起中华优秀传统文化的信仰。当一个人有了信仰，心就安稳了，不乱不躁了。心态、心智、心灵三个层次逐层递进，缺一不可，这才是生命的本质。只有心态平和、心智开启、心灵纯净且有信仰，这样才能获得幸福快乐。

学习中华文化的终极目的，简单地说就是"修心"。易家、儒家、道家、佛家、医家各家学说家家不离"修心"。我经常说：生命的意义在哪里？养生的根本在哪里？学中华文化有什么用？答案其实很简单，在人生遇到了科学所解决不了的困惑时，我们可以从中华文化里面寻找智慧、寻找答案、寻找力量，所以学中华文化目的是为了幸福，就是为了养成身心健康和谐的生活方式。

2. 修心四层面

如何达到修心之归宿？就是修四个层面的心。

（1）天地之心

所谓"天地之心"就是天道和天理。中华民族是有信仰的，那就是信"天"，"敬天法祖"，崇敬上天，效法祖先。"天"，有自然之天、伦理之天、哲学之天、宗教之天等多层含义。"天"这个字在甲骨文和金文里，是一个人上面一个脑袋，可见"天"的本义就是"头"。

后来引申为自然界的最高处。由于"天"是至高无上的，就成为人们敬畏、崇拜的对象。在上古先民那里，"天"已成为皇天、昊天、天皇、天帝，被神格化、人格化为最高之神。"天"有意识地化生了万物和人，为宇宙万物的主宰者，具有无上的权威。由天子亲自主持的"祭天"成为华夏民族最隆重、最庄严的祭祀仪式。

《易经》第一卦就是乾卦，乾为天。《易传》说："大哉乾元，万物资始，乃统天。""天"除了最高之神的意义外，还有天道、天理的意思。天道就是天地之道、乾坤之道，就是中华民族两大精神，就是"阴阳中和"：平等、自由、中正、和谐。

（2）民族之心

"民族之心"就是中华民族之魂，就是中华文化。文化是一个民族的血脉和灵魂。民族之心，就是民族之魂。

（3）组织之心

"组织之心"就是社会实体、机构单位的核心价值和基本精神。比如企业核心价值、大学精神、城市精神等。企业之心，就是企业文化、企业的核心价值观，企业家不应一天到晚只为挣钱，而要使企业里所有人的价值都得到充分体现，幸福度都得到极大提高。

（4）个人之心

"个人之心"就是个人的价值观，实际上就是个人的精神信仰。个人之心，就是找到每个人的心灵、每个人的灵魂，只有安住自己的心，才能安身，才能立命，才不至于在空中游荡，没有着落。

这四个"心"是什么关系？表面看是从大到小、由外而内，实际上是一个心——天人合一。天人合一不能片面理解为保护自然环境，这种理解太过于狭隘了。天人合一就是天人同心、天人同道、天人同理。中国古人是有信仰的，那就是敬天法祖。

3. 修心"静"和"敬"

修心其实只需要做到两个字，第一个字是"静"：安静的静。面对浮躁的社会，面对各种诱惑，静下心来好好读读书，这就是一个修心的途径。诸葛亮在《诫子书》中说："静以修身，俭以养德。非淡泊无以明志，非宁静无以致远。"现实世界的繁华喧闹，再加上网络虚拟世界的丰富多彩，或许你会无所适从，你的心会躁动不安。这个时候建议你静下心来，静下心来读几本有思想的书，读几本经过千百年沉淀下来的经典。除了中医学经典之外，建议大家读一读《易经》《道德经》等中华人文经典。"夫学须静也，才须学也。"要想成才必须学习，而要学习必须静心。除了静心学习还要静心思考，现在社会信息爆炸，互联网使世界变得越来越小，也使世界变得越来越大、越来越复杂，这就需要我们更静心。只要心静下来，就不会轻易听信那些似是而非的传言，就不会匆忙做出不成熟的结论，也不会把自己的生命变成一场功利的角逐。

第二个字是"敬"：敬畏的敬。孔子说："君子有三畏：畏天命，畏大人，畏圣人之言。"最可怕的是没有敬畏心。没有敬畏心，只能说明他的无知，德国古典哲学家康德终生敬畏"头顶上的星空和心中的道德律"。一个没有敬畏心的人，他的行为不会受到约束，他的内心不会得到安宁。我们要敬畏天道、敬畏自然、敬畏法律、敬畏生命，但是我要特别提醒大家，我们更要敬畏中华文明。中华文明是世界上唯一流传至今而没有中断的文明，中华优秀传统文化具有跨越时空、超越国度的永恒魅力，中华优秀传统文化代表了中国形象的符号。

所谓"修心"说到底就是重塑中华民族的信仰、找到个人安身立命的精神支柱的过程，大而言之，"修心"是中华文化伟大复兴的前提。

（二）修心之后，人的生命才可以觉醒，这就是开智

在我看来，中国传统哲学本质上是一种生命之学，是探索人生终极问题的学问，其根本目的是为了生命的觉醒，从而离苦得乐，实现健康、快乐、幸福的人生。中国人的生命之学乃至整个中华文化如果用一句话来概括就是："易道主干，三教合易。"细分开来就是："易魂佛心，儒风道骨，医艺并用，五经归元。"我发现古圣先贤为我们设计的生命觉醒之路其实并非难以企及，看起来有儒、释、道三条路，还有医、艺、武等多条路径，其实殊途而同归、一致而百虑，都汇总到"易道"上。"易道"不仅是中华文化的母体，是本源，而且是主干、是灵魂，从这个源头和主干上分出来了儒、道、禅以及医、武、艺等多个分支，每个分支都有各自的特征，但又都有"合一"和互相融摄的趋势。

三教合一的"一"原来就是"易"。"红莲白藕青荷叶，三教原来是一家"，"儒门释户道相通，三教从来一祖风"。比如宋明理学是以儒为主融摄了道、佛，全真道则以道为主融摄了儒、佛，唐代以后在中国大地蓬勃发展的禅宗又以佛为主融摄儒、道。而在日常的摄生养生中当然也借鉴应用了医、艺、武……而无论哪一家，其思想来源均离不开易，其理论主旨均归宗于易。

因此，生命觉醒首先需要修习"易"学，因为，从本体上说，易是"虚无"，即不易，"易无思也，无为也"，"寂然不动，感而遂通"，是无极，是至简至易；从功用上说，易是"生生"，即"生生之谓易"，是无极生太极，太极生两仪，两仪生四象，四象生五行，五行生八卦；从结构上说，易是"阴阳"，即"一阴一阳之谓道"，而阴阳的细分是五行，五行的细分是八卦；从动因上说，易是"翕辟"，即"翕辟成变，刹那生灭，即用显体"；从修行上说，易是"洗心"，是"退藏于密"，万法皆由心造，"病由心生，病由心灭"；从思维上说，易是"取象"，用阴阳五行八卦之象推演宇宙生命规律；从价值上说，易是"中和"，调中致和，涵盖儒家中庸、仁和，道家中道、柔和，佛家中观、圆和；从境界上说，易是"太和"，是消除一切对立对抗、回归无极虚空的大圆镜智、大圆满境界。

归宗大易，可以无邪、无过，可以祛病，可以长生，可以崇德广业，这就是生命觉醒的力量！

第二节　五家修心法

一、易家"洗心"法

易家讲"洗心"。洗心就是洗涤心胸，摒除恶念或杂念。《易经·系辞上》："圣人以此洗心，退藏于密，吉凶与民同患。"说明了易学的指归是要清洗心灵。易道的核心精神是自强不息与厚德载物。需要自强不息的时候，我们就用乾卦来洗心；私心杂念太多，需要厚德载物的时候，就用坤卦来洗心。

怎么洗心？当然首先要静。观象洗心，怎么观象？《易经》有句话说得很清楚："易，无思也，无为也，寂然不动，感而遂通天下之故。"这实际上是告诉我们易家修心的四个步骤。

第一步，无思也。没有思维，不要有意念，要排除一切杂念。就是说先把眼睛闭上，什么都不想，你能不能做到？可能很难。好多人说老师你别让我什么都不想，你让我什么都不想，我反倒什么都想了。你可以先用有为法，再达到无为法。也就是先想一个地方，先想一念，以一念代万念。

第二步，无为也。无为是指行为上的，好多人觉得无为就是不要去做，就在家里睡大觉，不是这样的。无为就是不要人为，不要按照自己的意念去做，要按照自然之道去做，按照本然本来的样子顺其自然地去做，所以叫无为而无不为。也就是说，在行为上不要按照自己的主观意志做事。

第三步，寂然不动。这都是递进关系，先没有思虑，然后行为上宁静，这样就达到寂然不动了。寂然不动是哪里不动？表面上看是身体不动，实际上不是，是心不动，心不动了就不动。"寂然"就是无声无息，实际上就是一种永恒的状态。佛家三法印中就有"涅槃寂静"，也就是"易"之三义中的"不易"义。

在太极图上，心不动在哪里？寂然不动就在太极图的最下面。这个时候怎么样？立即白的就来了，就进入震卦了，也就是"一阳来复"了。也就是到了第四步"感而遂通"。

第四步，感而遂通。寂然不动就到了坤卦，就像一天当中阴气最旺盛的是子时，所以子时就活了。这是怎么动？是感动，是感应。一下跟外物感应上了，就明白天下之故，天下万事万物的本质和规律了。

无思也、无为也相当于佛家说的"戒"，寂然不动相当于佛家说的"定"，"感而遂通天下之故"当然就是"慧"了。观象洗心，第一种就是观太极图之象可以洗心。还有一种方法就是观卦象来洗心。《易经》

六十四卦都学会很难，但是学一个卦就够了，就是乾卦。因为这个卦就是你心灵状态的反映，就是你经历人生过程的一种直观反映。人生分六部曲，你到了哪里，怎么观出来，只有无思也，无为也，寂然不动，才能"感而遂通天下之故"。

我在《张其成全解周易》一书中详细地介绍了这种观卦象洗心的方法。把自己变成一个小人儿，走进乾卦卦象中，看你在六根爻的哪一处停下来。我从 2004 年开始就在讲这种方法，一直讲到现在，做了一千多场测试，只要静下心来走进去、停下来，那么你停留的位置就是你现在的处境，就是你的使命的时空点，也反映了你的心理状态。

举一个易家"洗心"的案例。

《易经》在《序卦传》中认为大道的生成序列是天地—万物—男女—夫妇—父子—君臣……而人伦之道开始于夫妇。在《易经》六十四卦描绘的天地万物生成序列里，咸卦是讲少男少女谈恋爱的事，即泽山咸，下卦为艮，艮为山，为少男；上卦是兑，兑为泽，为少女。

我们知道一个卦的发展是从下往上的，所以，这里代表着下面的少男主动追求上面的少女，我们观察恋爱中的男女，会发现下面那个主动追求的男生位置比较低，他要顺从女生，心思和想法会受到上面的女生支配。

然后，恋爱中的男女是一组阴阳，而且是生机勃勃的阴阳，于是阴阳相感，就发生了一些物理与化学的变化，比如多巴胺爱情兴奋剂的产生。

变化后就进入组建家庭的阶段——恒卦，意思是由家庭而讲恒久之道，即雷风恒，下卦是巽，为风，为长女——大女儿；上卦是震，为雷，为长男——大儿子，代表着在下的长女主动配合、顺从在上的长男。人伦之初的这二卦很有意思，开始是男人的位置低一些，变化之后是男人的位置高了一些。所以，《易经》的恒卦是讲更成熟男女如何更恒久地维持良性感应，其中蕴含着夫妇间的相处修心之道。

这也许会让人联想到现在流行的现象：女人会批评男人婚前婚后不

一样，会认为"婚前我像公主，婚后我是女佣"；而男人也似乎觉得结婚后自己得"爷们儿"点，责任感和理性思考居上。结果，在女人看来，男人简直就是"翻身农奴把歌唱"，咸鱼翻身，完成了从奴仆到主人的华丽转身。

其实，男女的角色转换还真不在谁翻身做主人，而是在易理。首先，下卦顺从、配合上卦是一个分析原则，但是当下卦的力量很大，而上卦的力量不足时，情况会发生变化。比如说《易经》的山风蛊卦，下卦是长女，年长的女子，上卦是少男，这时虽然也是位置低的年纪大的女子主动追求、配合、顺从上卦位置高年纪小一些的男子，但由于少男毕竟力量不足，所以结果是被迷惑蛊惑，出现不好的结局。

所以，不是男尊位置高、女卑位置低就一定好，不是所谓的"夫唱妇随"就天经地义，关键还是要看关系中双方的力量博弈。其次，我们这里讲人伦之初的恒卦，最最重要的要记住它的核心——恒久，怎样才能恒久？那就是要把人伦社会关系理顺了，也就是男人像个男人，女人像个女人，这样家庭就阴阳和谐，社会也阴阳和谐，就能恒久吉祥。

深入分析恒卦，我们会发现它虽然主张"稳定平衡"，但其逻辑依据却是"通则久"，落脚点还是落在交流、沟通与感应上来。即男女阴阳间交通往来，互动协调，交济而相辅相成，这才是恒卦之所以能恒久的根基。从男女"洗心"以达和合恒久，天下事大抵如此。

二、儒家"正心"法

儒家讲"正心"。《大学》里讲："大学之道，在明明德，在亲民，在止于至善。"这叫"三纲领"，归根到底是要"止于至善"——要守住人性中最本真、最大的那个善念。然后逐步展开来，"知止而后有定，定而后能静，静而后能安，安而后能虑，虑而后能得"。经过了止于至善、定、静、安、虑，然后人就能心安理得。那怎么做呢？按照儒家的规程，那就是"八条目"，亦即《大学》里讲的格物、致知、诚意、正心、修身、齐家、治国、平天下。其中正心是关键，儒家"正"的这个"心"实际上就是仁爱之心。有了"仁心"才能推广开来，实现治国平天下的目的。

儒家是教人追求快乐幸福的，在深层次里有一种快乐、幸福与安详的气质。儒者看待世界的目光是春天般的明媚，眼中的世界是一个温暖的，并且生生不息的世界。《论语》里的孔子、颜回，物质生活极为简单——"一箪食，一瓢饮"，但是他们的生活感受非常愉悦，而且相当幸福快乐。显然，儒家所提倡的这种快乐与幸福不由外在物质条件支撑，而是基于一种对自身内心修养的端正和确信，是由内求"正心"而来的安详愉悦。

三、道家"清心"法

道家讲"静心"。《道德经》认为最高明的是"致虚极，守静笃"，就是要回归到虚静的状态，所以，道家"静"的"心"是一种虚静之心、自然之心。这个"自然"不是大自然的意思，这个"自然"就是本然，指的是人本来的那个样子，不虚伪、不做作，与自然界、社会、他人安然相处，自己的身心也和谐一体，不跟自己较劲。人本来的样子就是虚静的，所以道家讲要"静心"，修虚静之心。

道家的"清心"就是要"恬淡虚无"的内守，老子说过"恬淡为上，胜而不美"。什么是"恬淡虚无"？"恬淡"就是淡泊，少欲望，不追求名利。恬淡是上等做法，争强好胜并不美好。其实恬淡是可以做到的，但"虚无"却难以做到，"虚无"是最高境界了，是道家所说的"道"的境界。什么是"虚"，老子说"致虚极，守静笃"，要达到极度的虚无，守住极度的宁静；什么是"无"，老子说"无名天地之始"，无是天地万物的开始和本原。《庄子·刻意》说："夫恬淡寂寞，虚无无为，此天地之平而道德之质也。"

"虚无"是天地的本来面目，也是道德的本质，但也不是就完全达不到，只要明白了天地万物的本体和本质，然后按照内守的功夫不断地修炼就可以达到。"朴"也是老子倡导的："见素抱朴，少私寡欲"，

"复归于朴"。"朴"的本义是指没有加工的木材，表示自然而然的、无智无欲的本真状态，其实就是得道状态。所以，修心的最高境界其实就是回到最原始、最淳朴、最本真的状态。

如果说儒家温暖如春，教我们从"仁爱"当中体会快乐，那么道家就是清凉如秋，教我们在智慧里体会逍遥。道家的快乐哲学更加彻底，更加不需要外部条件支撑。比如庄子告诉我们，与其"相濡以沫"，不如"相忘于江湖"，甚至"庄周妻死，鼓盆而歌"。当然庄子这么做有他的理由，问题却不在有没有理由，而在于他对于这理由的坚持，并付诸行动。

很多人或许有和庄子同样的想法，但是他们会把这想法隐藏起来，妥协于人伦世俗，循规蹈矩地行事。而庄子要做一个真实的人，虽处人间，即使不得不"吾行却曲"（被扭曲），但是对真的追求永远不会消失，并一定会在生活中表现出来。道家的快乐与逍遥，完全是个人对真的一种坚持，这需要有一颗由"清心"培养出来的强大内心。

四、佛家"明心"法

佛家讲"明心"。"明"的这个"心"就是慈悲心、平常心、虚空心、清静心，也就是人的本心，所以叫"明心见性"。佛家怎么"明心"？有副对联："世外人法无定法然后知非法法也，天下事了犹未了何妨以不了了之。""世外人"是指世外高人，是一些有很高智慧的人，一些超常的人，这些"世外人"是"法无定法"的。他们有没有法门？他们也有"法"，要有所依据。但又没有"法"，是"法无定法"，即没有固定的法门。

下面一句是："天下事了犹未了何妨以不了了之。""天下事了犹未了"的"了"就是完结、了结，但是又是没有"了"，有的事情是没完没了，这就叫"了犹未了"。那怎么办呢？那我就"不了了之"呗，这就是佛家的大智慧——"明心"，即明白世界的本性，明了自己的本心，那就不会纠结了，就能很聪明地应对各种生活，幸福感就提高了。

中国化的佛家能够做到"明心"靠的是"戒—定—慧"。定是什么？定就是虚极和静笃到了偏于心灵的安定。"戒"偏于行为层面，"定"就是心理层面、心灵层面。定就是禅定，禅宗里面分为四禅定，定了之后就能开智慧。

戒定慧的对境就是贪嗔痴，贪嗔痴为三毒，又称三垢、三火。贪：贪爱，欲念，对于想要的东西非得到不可，得不到就会生嗔；嗔：不合自己心意就会怨恨，心生恼怒；痴：不理智，执着以致迷惑了心性。这三毒可以概括为人心理的根本烦恼之来源。比如贪，贪吃易肥胖，贪睡误勤奋，贪声色容易被声色所乱，等等，戒贪念就要多布施，对众生如对自己一样爱护，就能逐渐减少占有欲，即贪欲。人一遇到逆境或者不对眼的人就容易起嗔，开始怨天尤人，心生不平，戒嗔念就要修忍辱，能忍常人所不能忍。要戒掉痴念，需要修行佛法，去除无明和愚昧，明心见性。贪嗔痴是可以通过修行转化为戒定慧的，贪嗔痴若是毒药，就只有戒定慧能解。修行戒定慧要遵循闻、思、修的步骤，闻道容易，悟道和修道难。

比如，若是与不对眼的人每日朝夕相处，也是一件痛苦不堪的事，这就是怨憎会苦。但世间本就因为形形色色的人才显得丰富，我们不能强求别人与我们相同，在我们厌恶着别人的时候，也许我们的行为也带给别人不快，这是相互的，那就敬而远之相安无事。对于无法改变的事，用一种宽容的态度接受是最理智的行为。由厌恶而诋毁、怨怼，只能带给我们身边的人更多的烦恼，也让我们沦为狭隘之人。

除了爱欲，人还有贪欲，贪财、贪虚名、贪美色，等等，于是就有了求不得之苦。求不得就有失落感，要么就悔恨曾经没有足够努力，心理失衡，要么就是看到别人得到了产生强烈的嫉妒，这种情绪毒素累积到一定程度就会爆发出来，不是伤害了自己的身心健康，就是伤害了别人。就算想要的东西一时得到了，但是人的贪欲是无穷无尽的，越是获得的多，新的欲望产生得也就越快，循环往复，所受的苦也没有止息。

而在佛家看来，色不异空，空不异色，财富美色虚名都是空无一物的，何苦劳心牵挂呢？有一个很有趣的故事，一个富翁看到一个渔民懒散地躺在沙滩上晒太阳，富翁是个勤勉的人，就对这个年轻的渔民说："这么好的天气，你怎么不去打鱼呢？"渔民反问道："打了很多鱼又能怎样呢？"富翁说："你可以变得富有，以后到了我这个年纪，你就也能成为一个富翁了。"渔夫又问："那又怎样呢？"富翁有点哭笑不得，说："有很多钱后你就可以做你想做的任何事了。可以悠闲地享受沙滩和阳光。"渔夫笑着说："可是我现在已经在享受沙滩和阳光了。"

一个人得到多少，是否快乐，很大程度上取决于怎么想。你一定不是世界上最痛苦、最贫穷、最生不逢时的那个，也不是最快乐、最富有、最幸运的那个，但如果放大痛苦，人生也就痛苦；若放大快乐，人生也就充满快乐。

五、医家"调心"法

医家讲"调心"，妙在"阴平阳秘"。阴平阳秘，人就心情舒畅，并且健康长寿。什么叫"阴平阳秘"？是不是一半阴、一半阳就"阴平阳秘"？其实不是。假如一个人的身体左半边全部阴，右半边全部阳，这绝对会死人的！因为这时阴阳在量上是力量均等了，但是阴阳却离绝了，相互之间没有联系、互动与交流，肯定要出问题。医家"调心"就是要阴阳交感，总体的阴阳在交感互动中维持平衡与稳定。

举一个医家"阴平阳秘"调心的案例：2019年3月，我带领的科研团队赴山西省运城市一家医院进行调研，发现该医院通过开展学习中医国学文化改善了医患关系，明显降低了医疗纠纷的发生率。据了解，2012年该医院全年发生四十四起严重医患纠纷，2013年更发生了医护人员自杀和医护人员犯罪的极端事件。医院从2013年下半年起开展学习和运用中华国学文化，培养教育医护人员先修身正己，重归医者仁心，发起"四心"——恻隐之心、感恩之心、谦卑之心、敬畏之心的教育，加强医患互动，创造环境使患者保持良好心态，提升患者认同度，化解医患纠纷，五年以来，再没有发生过严重的医患争端。

中医学"调心"表现在摄养情志。中医学认为精神情志活动与人的生命活力密切相关，精神情志畅达，脏腑安和；情志失和，则脏腑气机失调，身体则会出现疾病。《黄帝内经》认为怒伤肝、喜伤心、忧伤肺、思伤脾、恐伤肾，过度的情志变化会扰乱气机运行，内伤脏气。因此，保持情志和悦，有意识地摄养情志，则会气血平和，百病不生，所以中医学调和情志的首要方法是治神调心。

所有摄养情志的方法归结到一点就是——精神内守。精神内守怎么修炼？首先，就是在体内守住精气和神气，不让它外泄。然后是"真气从之"，就是真气顺从它运行，顺从什么运行？"从之"的"之"指什么？后人有很多理解，我认为首先顺从的应该是人体的两条大脉——任脉和督脉，然后顺从的是十二经脉，最后，要吸收天地万物的真气于体内，达到天人合一。如果能做到这一点，那肯定就不会得病了，"病安从来"，意思就是病还从哪里来？病还怎么能来呢？在体内守住精气和神气，不让它外泄，疾病还能从哪里来呢？

"恬淡"的具体方法岐伯在《黄帝内经》里说："是以志闲而少欲，心安而不惧，形劳而不倦，气从以顺，各从其欲，皆得所愿。故美其食，任其服，乐其俗，高下不相慕，其民故曰朴。"这里其实说的是做到恬淡虚无的具体方法。意思是说：情志能控制并且很少欲望，心安宁而不恐惧，身体劳动但不疲倦，正气调顺畅了，那么每个人的欲望都会得到满足，每个人的愿望也都能实现。所以，不管吃什么样的食物都觉得甘美，不管穿什么样的衣服都觉得合适，不管过什么样的习俗都觉得快乐，不管是地位高还是低都不羡慕，心安方可无所畏惧。心安最重要。

我的父亲，首届国医大师李济仁，他把中医学"调心"方法用得很好，简单地说就是：豁达+快乐。具体表现在我父亲特别会笑，他生活中总是笑呵呵的，总是跟人竖大拇指，对谁都说："你很好啊，你搞得好（工作）！"老人家现在九十岁了，还思维敏捷，红光满面，耳聪目明，这就是"笑"能养生的典型例子。"笑"就要豁达、乐观、积极，是发掘自身的正能量。我亲眼看到他的"调心"化解了人世间的艰辛惠及他人，也给自己带来了快乐健康长寿，同时，我父亲也言传身教，教给了我们子女最珍贵的生存之道。我本人也是照着父亲的样子，越活越有质量。

中医学认为，情志过度是疾病产生的主要原因之一，怒伤肝、喜伤心、悲伤肺、思伤脾、恐伤肾，要想健康无病，必须情志调和，保持心情愉快。《黄帝内经》指出：保养生命需要"以恬愉为务，以自得为功"，做到"恬淡虚无"，就可以"真气从之"；"精神内守"，就可以"病安从来"。即保持心灵的恬静淡泊与快乐，内在的精神不被耗散，形体就可以气机调畅，疾病就无法加临于身体；人之所以不能长寿，是因为"以酒为浆，以妄为常，不知持满，不时御神"，追求欲望满足的快感，追随过度的欲望而不知道满足，生活上没有克制和节律。

所以必须减损内心的欲望，"志闲而少欲"，内心安和而不忧惧，形体劳动而不倦怠，才能"气从以顺"，志意快乐而得到健康；合理的养生不仅要"恬淡虚无"，而且要"各从其欲，皆得所愿"。即满足一定的欲求和愿望，调和平衡心态，"适嗜欲于世俗之间"，这样才能"无恚嗔之心"，不至于心理失衡而引致病邪于身。但是，如果"嗜欲无穷，而忧患不止"，则会精气耗散竭尽，"精神不进，志意不治"，进而"精气弛坏，荣泣卫除"，神机不转而疾病不愈（《汤液醪醴论》）。

1973 年马王堆出土帛书《道法篇》就说："生有害，曰欲，曰不知足。"意思是生命之所以有所损害，是因为欲望的存在，而且内心不知道满足和停止对欲望的追求。《左传·秦医缓和》指出，"淫生六疾"，"过则为灾"。"烦手淫声，慆堙心耳，乃忘平和。"频繁过度的声色会使身心阴阳失调而导致疾病，所以定五音和礼乐以节制各种情志欲望。《内经太素·藏府》指出，怵惕思虑则神伤；悲哀动中则魂亡；喜乐无极则魄散；忧愁不解则意乱；盛怒无止则志失；恐惧惊神则精伤。"万品欲情，浇乱真性"，精神和形体的疾患，没有不是来自七情六欲的。

《淮南子·精神训》亦指出，节制嗜欲，则耳目清而视听达，精神盛而气不散，忧患不入而邪气难袭。反之则五藏精血摇动而气机不定，精神驰骋于外而"志气日耗"，妨害人的本性和生命保养，只有"节嗜欲，调情志，养精神"，才能寿命完全。所以，懂得养生的人，应当"法于阴阳，和于数术"，饮食有节，起居有常，懂得控制和管理自己的欲望，使之不要过度和不及，做到"嗜欲不能劳其目，淫邪不能惑其心"（《上古天真论》），才能身心调适而内心安和，精神保养而心灵旷达，获得真正的快乐而尽享天年。

《管子·内业》就指出，长寿之道在于内心的平和与快乐，过度的情志和欲望是健康的大敌，"凡人之生也，必以平正。所以失之，必以喜怒忧患"。"凡人之生也，必以其欢。忧则失纪，怒则失端。忧悲喜怒，道乃无处。爱欲静之，遇乱正之，勿引勿推，福将自归。……节欲之道，万物不害。"即节制欲望和喜怒，才能内心平和长生，如果忧悲喜怒无度则不能养生。而节欲制情之道，在于万物不能损害内心的平和与快乐，达到"见利不诱，见害不惧，宽舒而仁，独乐其身"的境界。

《淮南子·精神训》也指出，人之所以不能终其寿命，是因为欲望的过度，所以要加以管理控制，"目虽欲之，禁之以度；心虽乐之，节之以礼"。但是，一味禁止欲望和控制欲望带来的快感，而不考察欲望的本源，推究欲望满足所以快乐的原因，不能合理调控欲望和满足欲望的度，则不能获得真正的快乐和达到养生目的，只有二者合理匹配，才可以调理情性，治心养和，达到"和乐"的境界，达到养生的效果而寿享天年。

总之，"阴阳中和"的修心方法既是中华民族的精神创造，又是中华民族精神的集中表现，其目的是让人们获得终极关怀和心灵提升，使每个人都达到安居乐业，"高下不相慕"的内心安和、精神愉悦和"阴平阳秘，精神乃治"的健康状态。探究中华文化核心价值的过程就是修心的过程。当然这要从幼儿开始，要贯穿人的一生。中华文化的修心方法就是建构人的精神信仰，在中华优秀传统文化中找到了信仰，你就幸福了。什么是幸福？一个没有信仰的人肯定没有幸福，最多只是一种快乐，一种短暂的快乐。持续不断的快乐才能产生幸福。

以往我们只注意到易、儒、道、释的修心影响力，而忽略了中医学对人的身心调和养生的修心影响力。这样看，中华文化的功用又缺了一块。准确来说，中医学是医道与医术的有机结合，也是形而上与形而下的最佳结合。更进一步说，中医学是目前唯一延续至今，而且还在老百姓中广泛使用的古代"科技"，因为中医学也是"打开中华文明宝库的钥匙"。

若论及对中华文化的影响，毫无疑问，易学阴阳五行，还有阴阳中和的思想对中医学起到至关重要的作用，也是最直接的作用。如果从儒、释、道三家来说，应该说最早期是道家影响最大，因为中医第一经典是《黄帝内经》，《黄帝内经》里面就引用了老子的原话。汉代初年所推崇的"黄老之学"，其中黄老即黄帝和老子。《黄帝内经》这本书后来就被收入了《道藏》，成为道教的一部经典。

当然对于中华文化，儒家也是有很大影响的。儒家最主要的影响体现在医德上，所谓"医乃仁术"是也。仁术所体现的就是"德"。我的研究表明《黄帝内经》的最终成书是在汉武帝以后，当然不排除很多篇章是春秋战国时代就有的，《黄帝内经》"阴阳五行"的这种思维方式的最终形成，无疑受到了董仲舒"阴阳五行"思想的影响，董仲舒"大一统""天人感应""人副天数"尤其是将阴阳五行神圣化、纲常化，对《黄帝内经》影响极大，可以说没有阴阳五行的思维方式就没有中医学。而阴阳五行思想的形成再往前推，那就是《易经》《尚书》，然后就是阴阳家。

第三节　中华文化是中华民族复兴的先行者

一、中华文化——中华民族之魂

文化是一个民族的灵魂和血脉，是一个民族的标记和生存方式，也是一个民族赖以延续和发展的根本。

关于"文化",学术界并没有一个统一的定义。在中国,"文化"一词最早源于《周易》的贲卦《象传》:"观乎天文,以察时变;观乎人文,以化成天下。"文化是"人文化成""文治教化"的意思。西汉刘向《说苑·指武》:"文化不改,然后加诛。"最早把"文化"连成了一个词。在西方,"文化"一词最早源于拉丁文 cultura,含义为耕种、培养、练习、教育等。后来它的词义逐渐有了变化。英国文化学家泰勒(E. B. Tylor,1832—1917)第一个在科学意义上为"文化"下了定义:"文化或文明,就其广泛的民族学意义来说,是包括全部的知识、信仰、艺术、道德、法律、风格以及作为社会成员的人所掌握和接受的任何其他的才能和习惯的复合体。"20 世纪 50 年代,美国文化人类学家克罗伯(A. L. Kroeber,1876—1960)认为,"文化"包括语言、社会组织、宗教信仰、婚姻制度、风俗习惯以及生产的各种物质成就。苏联学者将"文化"定义为人们社会发展过程中所创造的物质财富与精神财富的总和。

20 世纪,中国文化大师梁启超、胡适、梁漱溟等都对文化有过定义。梁启超说:"文化者,人类心能所开释出来之有价值的共业也。"胡适说:"文明是一个民族应付他的环境的总成绩;文化是一种文明所形成的生活的方式。"梁漱溟说:"文化乃人类生活的样法。"生活的"样法"包括精神生活、物质生活和社会生活。

近年来,国内学者对"文化"概念做了探讨,大多数人都认为,"文化"包括一个国家的历史、地理、风土人情、传统习俗、生活方式、文学艺术、行为规范、思维方式、价值观念等。就其内涵而言,文化就是人化,是与"自然"相对的范畴,即凡人为的、非自然的东西就是"文化",文化是人的感情、观念、智慧及其所外化的一切。文化是一种社会现象,是人们长期创造形成的产物,同时又是一种历史现象,是社会历史的积淀物。关于"文化"的内涵和外延,有两种观点值得注意:一种是将文化分为硬文化与软文化,硬文化就是物质文化、物态文化,软文化就是方式文化、精神文化;另一种是将文化分为三个层面，即外层的物质文化、内层的心理文化、中层的制度文化。

中华文化是生活在中国领土上的中华各族人民在社会历史发展过程中所创造的物质文化和精神文化的总和。简单地说，就是中国人的价值系统和生存方式的总和。包括物质形态文化、制度行为文化和心理精神文化三个层面。其中心理精神文化是文化的内核。中华物质文化是指中国人创造的种种物质文明，包括交通工具、服饰、日常用品等，是一种可见的显性文化；中华制度文化或行为文化，指中国人的生活制度、家庭制度、社会制度以及中国人的生活方式、行为方式等等，属于物心结合的中间层面；中华心理文化指中国人的价值观念、思维方式、宗教信仰、审美情趣、道德情操、民族性格等意识形态、文化心理状态，它们属于不可见的隐性文化。

中华文化包括中国传统文化、近现代文化和当代文化。中国传统文化是中华文化的主体。所谓"传统"，从文化社会学角度诠释，是指世代传承的具有自身特点的社会历史因素，如逐代延续的思想道德、风俗习惯、文学艺术、制度规范等。对中国传统文化的界定，学术界在时间的限定上有不同的看法，本书对中国传统文化的时间下限定为清道光二十年（1840）的鸦片战争。中国传统文化即是从远古时期到鸦片战争这一历史时期，中华民族所创造的与中华民族生存方式相适应、由历史积淀的一切文化成果。智慧玄妙的中国哲学，独具特色的语言文字，色彩缤纷的文学画卷，丰富多彩的民间艺术，疗效卓著的传统医学，享誉世界的诸多发明，等等，构成了中国传统文化的基本内容。

考古资料证明，早在新石器时代，中原地区文化就与周边地区文化有互相影响和渗透的关系。先秦时期，中原诸夏的征服扩张过程，也是民族文化交流融合的过程。春秋战国时期，在世界文化"轴心期"时代，中国迎来了第一次文化高峰。秦始皇一统天下以后，以行政手段推行书同文、车同轨、度同制、行同伦、地同域政策，客观上加强了华夏民族的稳定性。经过两汉大一统文化的陶冶，融进了许多周边民族的华夏族逐渐成为统一的汉民族。魏晋南北朝时期，"五胡乱华"的历史事实却促成了中国历史上空前的民族大融合。大唐盛世，中华文化充分显示了"海纳百川，有容乃大"的包容性，对外来文明求同存异，和谐共处。宋辽金夏元时期，民族冲突无疑又成为各民族交流融合的一个契机。明清时期，民族融合更加向前迈进。总之，在长期的历史发展过程中，中华多个民族共同创造了博大精深、一体多元的中华文化，推动了社会进步和人类文明的发展。

中华文化具有相对稳定性、持久性、多元化和融合性的特点。在春秋战国时期，出现了诸子百家争鸣、文化多元共存的局面。学术争鸣的总趋势是逐渐殊途同归、百虑一致。秦统一中国后，历代统治者都力图从政治和社会制度的实际构架上形成中国一元社会。到西汉中期，汉武帝采纳董仲舒"罢黜百家，独尊儒术"的建议，试图以儒家文化来一统天下。

中国传统文化的形成与中国独特的自然条件和社会历史条件是密不可分的。中国具有比较稳定的疆域、相对封闭的地理环境、自给自足的农业经济，农业社会的相对稳定性，农业民族安土重迁的思想观念，为中国文化的保守性、持久性创造了客观条件，为中国传统文化的延续提供了稳定的物质基础。

中国历史上有多次大规模的人口迁移，西北部地区生活着大量的游牧民族，农业民族与北方游牧民族通过战争、迁徙、和亲等形式，实现了农耕文化与游牧民族文化的长期碰撞与交流，这就为中国传统文化的多样性创造了条件，为各民族文化的融合做出了贡献。

中国古代的社会政治结构具有"家国同构"的特点，以血缘关系为纽带的宗法制度与严密的专制主义相结合。宗法制度的本质就是家族制度的政治化。中华文化重视内在道德性，关注"人道"，重视人际关系，主张"天人合一"，强调群体观念，与"家国同构"社会政治结构的影响有密切关系。①

---

① 张其成：《中国传统文化概论》，人民卫生出版社，2009年2月，1页。

二、中国传统文化的现实意义与未来发展

随着中国政治经济的日益强大，中华民族在 21 世纪初已经迎来伟大复兴的曙光。一个民族的复兴不仅是政治的昌明、经济的振兴，还有文化的复兴。从长远意义上讲，文化的复兴更为重要，因为文化是一个民族具有凝聚力和生命力的思想基础，文化的复兴能为政治稳固、经济发展提供源源不断的潜在动力。

21 世纪，中华民族必将实现伟大的民族复兴，建设中华民族共有的精神家园是历史赋予中华儿女的使命。

要实现伟大的民族复兴，建设中华民族共有的精神家园，首先，必须正确认识中国传统文化在近代所走过的艰难历程，以及在当代的重大价值。在经济全球化的今天，面对"西方文化中心论""文明冲突论"和"历史终结论"的挑战，有必要对传统文化在近代所走过的弯路进行一番深刻的反思，重新认识中国的传统文化，保持文化自觉。伴随着西方资本主义列强坚船利炮的入侵，近代中国社会发生了前所未有的变化。在这个过程中，中国传统文化也遭到了猛烈批判和抨击。但是，在新的时期，随着东亚儒家文化圈中的韩国、新加坡、日本等国家和地区经济的崛起以及中国国力的增强，中国人的自信心也逐渐有所恢复，使得人们逐渐能够以理性、平和的心态对中国传统文化进行重新认识。20世纪 90 年代以来，兴起了传统文化热、"国学"热。随着中国正在和平崛起，复兴传统文化的呼声一天天高涨，"国学"问题成为全民关注的话题。

随着世界经济和科技的高速发展，人类在创造丰富物质财富的同时，也带来严重的世界性的社会问题和环境问题。在这种情况下，越来越多的西方学者开始检讨作为当今世界文化主流的西方文化。1988 年，几十位诺贝尔奖得主在法国巴黎聚会，诺贝尔物理学奖获得者汉内斯·阿尔文博士在闭幕会上说："人类要生存下去，就必须回到二十五个世纪以前，去吸取孔子的智慧。"这表明，西方学者已经在对自身文化进行反思，并开始将目光转向东方，重视中国传统文化，特别是中国传统的哲学思想，希冀从中找到解决问题的良药。

其次，必须全面认识中华传统文化的内涵，抓住中华传统文化的主干，弘扬中华文化的精神。中国是世界文明的发源地之一，有着五千多年的文明史，与古埃及、古巴比伦、古印度并称"四大文明古国"，与古埃及文化、古印度文化、古巴比伦文化、古希腊文化并称世界五大古文化形态。"四大文明古国"中，中华文明是唯一连续至今的文明。中华文化历史悠久、博大精深，有精华也有糟粕。必须在全面了解中华文化的基础上，厘清精华和糟粕，抓住中华文化的主干，弘扬中华文化的精神。中华文化作为中华民族智慧的结晶，凝聚了中华儿女特有的思维模式、价值观念、行为准则、风俗习惯等，凸显了"自强不息""厚德载物""中正和谐"的民族精神。

目前，中国学术界有一场关于"中华文化主干"的争论，一派主张中华文化的主干是儒家，一派认为中华文化的主干是道家，还有一派主张"儒道互补"，儒家、道家共同构成中华文化主干。无论是"儒家主干"说，还是"道家主干"说，都有片面性，"儒道互补"说才是中华文化的主干，儒道互补的交点就是"易道"。"易道"统贯儒家、道家。《周易》被历史上儒、道两家所共尊，"易道"正是通贯儒家、道家的中华大道，体现了中华民族的心理结构、思维方式和价值观念，是中华文化的本质内核，是中华文化的主干。

最后，必须重视对世界各国优秀文化的引进、借鉴与吸收，着眼于世界文化发展的前沿，积极开展对外文化交流，大胆借鉴和吸收世界各国的优秀文化，同时向世界展示、传播中华文化。未来的世界应该是一个多样性的世界，而不是一个单一的平面世界，文化应该是多元的。传统文化的发展应该与时俱进，与当代文化并行不悖，实现中华文化的大发展、大繁荣，必须重视中国传统文化的继承、弘扬与创新。今天的中国已非昔日"老大中国"可比，国力增强，人民生活水平不断提高，已经可以挺直腰杆做自己的主人，有足够的自信来面对自己的历史文化。中国传统文化具有很强的实践性，认识祖国传统文化，要采取"取其精华，去其糟粕"批判性继承的方针，使之与当代社会相适应、与现代文明相协调，保持民族性，体现时代性。

当今社会，文化越来越成为凝聚力、创造力的重要源泉，成为与经济、军事等"硬实力"相对应的"软实力"。一个国家、一个民族要自立于世界民族之林，必须有强盛的经济、昌明的政治和繁荣的文化。中华文化正是中华民族强大凝聚力的源泉，是炎黄子孙锐意进取、生生不息、团结奋进的不竭动力。中华民族要实现伟大复兴，也必将是经济、政治、文化的全面复兴。①

---

① 张其成：《中国传统文化概论》，人民卫生出版社，2009年2月，7页。

下　部

中医文化是中华文化复兴的先行者

第一章 中医文化的哲学思维——"象数思维"

第一节 中医哲学的"五种思维"

"中医哲学"是以中医学为研究对象的哲学学科，是中医学的思想基础和理论指导。从其学科属性上说，中医哲学是哲学与医学的交叉学科，既是中国哲学的分支，是中国哲学的重要组成部分，又是科学哲学的分支，是科学技术哲学（医学哲学）的重要组成部分。

中医哲学是研究中医生命观和方法论的学问，是对中医学本质问题、终极问题、最普遍问题、最基本问题的反思，是中医学核心价值和思维方式的集中体现。如果说中国哲学是中国文化的核心和灵魂，那么中医哲学也是中医文化的核心和灵魂，中医哲学不仅是中医学的思想指导，而且是中医学的本质特征、特色优势的根本所在。

中医哲学运用哲学的观点和方法，研究中医学领域中具有世界观和方法论意义的一般理论问题，即所谓的形而上之"道"。中医哲学不同于中医学内部各门具体学科的具体内容，它所重点研究的是思维规律和哲学范畴在中医学中的特殊体现。它必须从中医学的实际情况出发，而不是从外部将哲学观点强加给中医学。中医哲学要求在综合考量中医学发展的历史和现状，深入探讨生命活动和疾病过程普遍规律的基础上，对中医学的医学观、天人观、生命观、疾病观、治疗观、方法论等一般理论问题进行探讨。

中医哲学所研究的问题，可以分两个方面，第一个方面中医学的生命观以及本体论的问题；第二个方面是中医学的方法论及认识论的问题。

中医哲学所要研究的第一个问题就是中医的本体论和生命观。中医学以研究人体生命为对象，有一套不同于西方医学的生命学说、生命观。中医学将人体生命看成一个有机联系的整体，这个有机整体与天地自然、社会环境又构成一个更大的有机整体，在"天人合一、整体调和"哲学观念指导下考察人体生理病理过程，并提出相应的治疗养生方法。中医学偏重人体生命整体的功能结构关系，运用取象比类方法，建立人体生理的"藏象"学说、疾病诊断的"证象"学说。中医将"气"看成人体生命的本体，这种介于有形和无形之间、物质和功能之间的"气"，还有很多现代科学所解释不了的地方。中医的这种生命观和本体论应该是中医哲学研究的重点。

中医哲学所要研究的另一个重点问题就是中医学的认识论和方法论的问题，研究这一问题，可以解读中医学的理论体系和临床实践为什么是这种样子，而不是西医那种样子？中医为什么要用整体综合的方法，而不是分析还原的方法？为什么中医要用象数、用阴阳五行来构建藏象学说、经络学说、体质学说、病因病机学说、症候学说以及药物的四气五味学说、方剂的君臣佐使学说？中医学的这套认识生命的方法究竟有没有意义？按照这种认识方法究竟能不能揭开生命的秘密？这是中医哲学所要研究的重点问题。

生命问题是一个极其复杂的问题。现代医学模式也已经从单一的生命科学向生物—心理—社会—伦理的多元模式转变。中医学具有科学和人文相交融的学科特点，非常符合人体生命的复杂状况，符合人体生命综合、整体的医学模式。

生命科学与中国哲学的完美结合是中医学的一大特色。中国哲学对中医学理论的构建和发展起到了奠基和引领的重要作用，它已经渗透到中医理论体系之中，成为中医理论体系不可或缺的重要组成部分。建立在中国哲学和生命科学基础上的中医药学在我国各族人民几千年生产生活实践和与疾病做斗争中逐步形成并不断丰富发展，为中华民族繁衍昌盛做出了重要贡献，对世界文明进步产生了积极影响。

中、西医学的本质区别是哲学观念的区别、思维方式的区别。从哲学观念上看，中、西医学在生命观、疾病观和医学观上各有优势。在生命观上，中医的优势主要体现在生命的精神层面、功能层面、整体层面、动态层面，体现在对生命复杂现象的直觉观测、灵性感悟、整体把握上。与之相比，西医则在生命的物质层面、结构层面、个体层面、静态层面，以及对生命现象的知性观测、数理分析、微观把握上占有优势。在疾病观上，中医认为疾病主要原因就是人体气血脏腑功能的失衡，中医的优势体现在未病养生的预防观念、辨"证"求"本"的诊断方法、发掘正气潜能、自稳自主自调节的治疗原则上。西医的优势在于对病因、病理、病位的物质性指标的精确把握，对疾病病灶的定位、定量的准确消除上。在医学观上，西医主要采用生物医学模式，并向生物—心理—社会医学模式转变，而中医从一开始就是一种综合性的，大生态、大生命的医学模式。虽然中、西医学都将人的健康当作自己的目的，但如何才能获得健康，却有不同的思维，中医是和合性思维，认为人体功能的动态平衡态、稳态、和合态就是健康，因而治病的根本原则就在于"法于阴阳，和于术数"，亦即采用调节、调和为主的治疗方法，将失衡的状态调节到动态平衡态、阴阳和谐态；西医则主要是对抗性思维，即通过对抗性治疗，杀灭致病因素，从而达到健康状态。同时，应该看到，中、西医学又各自有所不足。

从思维方式上看，中医思维方式具有重合轻分、重用轻体、重象轻形、重时轻空、重悟轻测、重道轻技的特征，中医思维模型具有符号性、功能性、超形体性、时序性、过程性、模糊性的特性。事实证明，中医思维方式无论是在揭示人体生理、病理现象及其变化发展的规律，还是指导中医预防、诊断和治疗的临床实践，都是有效的、有用的，它使中医学具有整体、动态、灵活、简便等优点。当然，中医学思维方式也不可避免地具有历史局限性，还存在一些缺点和不足。

中医哲学力图从哲学层面阐明中医学的思维特征、文化来源、学术内涵、特色优势，阐明中医学理论与临床的根本思路和基本原则；厘清中国哲学与中医学的体用关系，辨明中医学与西医学的思维异同。对于揭示人体生命的本质、生命变化的秘密意义重大。中医哲学的课程学习可以帮助中医学子乃至中医学者培养和树立并最终形成中医思维，自觉利用中医思维解决临床问题，继承发扬并创新中医学的优势，提高临床疗效，为中华民族乃至全人类的健康服务。

中医哲学是建立在中国传统哲学的基础之上的，在中医学数千年的历史发展过程中，不断吸取中国哲学各家各派的精华，同时根据自己的生命探索和与疾病斗争的实践需要，开创了一种与儒、释、道三家哲学不完全相同的哲学形态，中医生命观、方法论既是对儒、释、道哲学的一种补充，也是对儒、释、道哲学的继承提高。中国古代哲学中的气、阴阳、五行学说经过传统医学的发挥，成为中医学的指导思想，贯穿中医理论的各个方面。不仅如此，中国传统医学在发挥古代哲学中气、阴阳、五行等单个概念范畴时，还自觉吸收阴阳五行学说中所包含的整体思维和辩证思维，将其演变成中医学最基本的思维模式——"气—阴阳—五行"，构建起了自己的生理—病理—诊断—治疗的理论体系。气、阴阳、五行范畴经过了从哲学到医学的演变过程。"气"是中国古代哲学的重要范畴，被中国古代一些哲学家用来说明宇宙的本原、本体。中医学采用"气"的范畴借以说明人体生命的本质、动力。"阴阳"和"五行"由一个实体概念转变为一个哲学范畴后，分别指事物对待统一的属性和五种基本功能属性，"阴阳五行"从《黄帝内经》开始就成为中医学的最基本概念，在中医学理论和临床上得到广泛的运用。不仅如此，随着中医学的发展，"气—阴阳—五行"还成为中医学的最基本的思维模式。这一思维模式具有功能性、超形态性、互换性、普适性的特点，并被中医学用来说明人体生命的生成与活动、人体生命的功能与结构、病机的产生与变化、医药的诊断与治疗。

在中国传统哲学思想的深刻影响下，在长期的医疗实践中，中医学形成了特有的思维方式。中医思维不仅是中国传统哲学思维方式的集中体现，也是对中国传统思维方式的继承与提高。中医思维方式主要表现为整体思维、象数思维、变易思维、中和思维、直觉思维。中医学的整体思维既表现在将人体本身看成一个有机联系的整体，也表现为从人与自然、社会环境的整体联系和相统一中考察人体生理病理过程，并提出相应的治疗养生方法。中医学所要把握的不是机体的器官实体，而是人体作为活的、整体的功能结构关系。中医学的象数思维主要体现在取象运数的思维方法之中，运用取象比类，分析人的生理病理功能结构，建立"藏象"学说；对疾病的认识上，将各种病症表现归结为"证象"，建立"辨证论治"理论体系。所谓"藏象""脉象""证象"等，其本质就是"意象"。中医学的变易思维将生命、健康和疾病看作普遍联系和永恒运动变化着的过程，不仅重视疾病的传变转化，而且重视治疗的应变而动。中医学的中和思维强调在观察分析和研究处理生命问题时，注重各种矛盾关系的和谐、协调或平衡，如在疾病的认识上，中医学侧重于"阴阳失调"的关系性因素，提出了以关系失调为核心的病因病机理论；在治疗上，中医学注重的是宏观地调和人的阴阳状态，而不是微观地消除病原体，提出了调和致中的治病、养生学说。中医学的直觉思维又称为"心悟""心法"，在直觉思维过程中，人们的思维能动性被充分发挥，思维潜力得到充分发掘，从而具有逻辑思维无法代替的功能。这五种思维方法，只是从不同角度、不同层面对中医思维所做的分类。它们之间并不是孤立的、割裂的，而是有密切关系的。虽各有侧重但彼此渗透融纳，共同体现于中医学理论与临床体系之中。①

第二节 医易会通的交点——"象数思维"

中医理论体系基于《周易》提供的我国独特的认识方法，其藏象

---

① 张其成：《中医哲学基础》，中国中医药出版社，2016年11月，3—6页。

学说、经络学说、运气学说、辨证学说体现了《周易》以卦爻、太极、五行、河图、洛书等象数为形式，以阴阳学说、变易学说、整体学说、正反学说、中和学说等义理为本质的思维方法和思维模式。

《黄帝内经》《伤寒论》《金匮要略》等经典著作构建了中医理论体系，这些经典著作中，至今仍有一些问题无法解释，比如为什么将人体进行阴阳两仪分类？为什么人体又分为五个系统？"二"和"五"之间有没有深层次联系？"左肝右肺"应该怎样解释？十二经络的定型和三阴三阳的命名是在什么背景下完成的？"经络"到底能不能通过实证、实验的办法去求证？五运六气中天干化五运、地支配六气有什么依据？寸口脉、尺肤诊、面诊有无结构规律可循？六经传变、病愈日决病有什么理论基础？诸如此类的问题是历代医家探讨的重点。笔者认为：要深层次地、客观地解释这些问题，必须从形成这种学说理论的思维方式的视角进行考察。

唯有援易入医、以易训医，才能揭示中医理论的实质。

一、藏象学说与易象类分

《黄帝内经》以阴阳五行类分人体脏腑，直接受到《周易》象数思维的影响。主要表现为：对"象"的分析注重功能，轻视实体，即以功能为"象"；采用易象分类原则，以阴阳五行整体划分世界，即以阴阳、五行为"象"。

为什么以阴阳分类？这是《周易》阴阳太极象数思维的体现。《周易》经文虽未直接提到"阴、阳"二字，但其符号系统中"—"（阳爻）和"--"（阴爻）是基本组成要素，八卦、六十四卦则由两两相对的四组对卦、三十二组对卦构成，充分体现阴阳对立统一之理。《易经》卦爻辞则蕴含以阴阳不同功能判断吉凶的思维特征。《易传》明确提出："一阴一阳之谓道。"正如《庄子》所言："《易》以道阴阳。"《周易》的阴阳两仪分类具有强烈的功能动态属性。换言之，"阴、阳"正是对世界万物的功能、行为的分类概括。《周易》中阴阳的代表符号——卦爻，既是来源于事物动态之"象"，又是类推、整合事物动态之"象"，正如《系辞》所说："圣人有以见天下之动……是故谓之爻。""爻也者，效天下动者也。"卦象"变动不居，周流六虚"，"极天下之赜者存乎卦，鼓天下之动者存乎辞"。可见《周易》将阴阳作为功能、动态之大"象"。

中医学吸收并发展了《周易》哲学的"阴阳"概念。在《素问·阴阳应象大论》中，以"阴阳"应象为依据，构筑藏象学说："积阳为天，积阴为地。阴静阳躁，阳生阴长，阳杀阴藏。阳化气，阴成形。""清阳出上窍，浊阴出下窍；清阳发腠理，浊阴走五脏；清阳实四肢，浊阴归六腑。水为阴，火为阳。阳为气，阴为味。""阳胜则身热，腠理闭，喘粗为之俯仰……阴胜则身寒，汗出身常清，数栗而寒。""味厚者为阴，薄为阴之阳；气厚者为阳，薄为阳之阴。"中医学认为天地自然及人体生理、病理，万千形象皆与阴、阳应象。以动态、功能之象构筑藏象，成了中医学对人体进行观察的根本方法，具体地说就是以表示事物行为功能的动态形象为本位，以形体器官和物质构成为辅从的方法。

为什么《黄帝内经》又以五行分类？阴阳（太极八卦）与五行有没有关系？是否为两个不同的体系？

先让我们来看一看《黄帝内经》的有关论述。《素问·金匮真言论》载："东方青色，入通于肝，开窍于目……其味酸，其类草木，其畜鸡，其谷麦，其应四时，上为岁星……其音角，其数八……其臭臊。"这段文字，以五行论述五脏所属，其中"鸡、羊、牛、马、彘"乃源于《周易·说卦传》，"八、七、五、九、六"乃是河图五行之成数，是直接受《周易》象数思维影响的产物。

《灵枢·九宫八风》载："风从南方来，名曰大弱风，其伤人也，内舍于心，外在于脉，其气主为热……"首次提出八卦八方八风与人体脏腑、病变部位相对应，与五行归类原理相同。

有人认为：阴阳八卦分类始于《周易》，五行分类始于《尚书》，两者形成时间大体相近，属于两种不同体系。阴阳八卦基数为"二"，五行基数为"三"，两者之间存在明显差异。我们认为这种看法是片面的，因为阴阳八卦和五行形成的思路是基本相同的，在《易传》中已有融合趋势，《黄帝内经》则沿着这一思维模式进一步发展。五行可看成两对阴阳（金与木、水与火）加上中土，中土起到调节、平衡阴阳的作用。

《素问·六节藏象论》曰："心者，生之本，神之变也，其华在面，其充在血脉，为阳中之太阳，通于夏气……"这一段文字通过生、神、华、充、通等概念揭示和界定五脏，依据五行的动态功能及属性类分组织器官及相关自然事物。其中五脏（五行）又分别与阳中之太阳、阳中之太阴、阴中之少阴、阳中之少阳相配属，太阳、太阴、少阳、少阴为"四象"，是"阴阳"的高一层次划分。《灵枢·阴阳系日月》阐述了同样的道理，其曰："心为阳中之太阳，肺为阳中之少阴，肝为阴中之少阳，脾为阴中之至阴，肾为阴中之太阴。"以上均体现了四象与五行的相通性。阳中之太阳为火，阴中之太阴为水（依"两仪生四象"原则，"阳中之太阴"非是），阳中之少阴为金（"阴中之少阴"非是），阴中之少阳为木（"阳中之少阳"非是），至阴为土。两对阴阳加上中土（至阴）构成五行的稳态结构。

至阴中土的作用是十分重要的。《素问·太阴阳明论》曰："脾者土也，治中央，常以四时长四藏，各十八日寄治，不得独主于时也。脾脏者，常著胃土之精也，土者生万物而法天地。"中土具有统领、调节水火、木金这两对阴阳的功能，反映了河洛八卦象数动态模式。以脾居中土，亦符合这个模式。河图中央"五""十"，其中"五"是四方生数（一、二、三、四）变为四方成数（六、七、八、九）的中介，生数加"五"即为成数，"十"为"五"加"五"，如"五"为生数之极，则"十"为成数之极。洛书配属八卦，独中五无卦可配，称为"中五立极"，中五不占四方而统领四方。脾脏不独主于四时而统治四时，与之相符。"土"即河洛数之"五"。从以上例子可见，《素问》中已大量引用河洛之数，阴阳两仪与五行、河洛之间可互换、互通，均属于易学象数统一模式。

"左肝右肺"问题是中医藏象学说中一个不易被人理解的问题。《素问·刺禁论》曰："肝生于左，肺藏于右。"《素问·金匮真言论》曰："东方……入通于肝""西方……入通于肺。"《黄帝内经》的这种认识与人类早期观点不同。古文《尚书》《吕氏春秋》等均认为肝属金、肺属火、脾属木、心属土、肾属水，依五行配方位原则，肝在西边（右边），肺在南边（上边），脾在东边（左边），心在中央，肾在北边（下边），这是从五脏解剖位置立论的，与五脏实际位置大体吻合。但是《黄帝内经》作者受《周易》重功能、轻实体的象数思维影响，发现这种配应与五脏的生理功能不符，于是改变了五脏的五行配属。"左肝右肺"反映了人体脏腑功能的、动态的特性，而不是形体上的右肝左肺的解剖位置。

五脏配应五行反映生理功能，这一点历代已有认识，然而却很少甚至没有人真正认识到这种配应方位其实是后天八卦的方位。后天八卦方位中，离卦居南（上）配心，坎卦居北（下）配肾，震卦居东（左）配肝，兑卦居西（右）配肺，巽卦居东南（左上）配胆，艮卦居东北（左下）配脾，坤卦居西南（右上）配胃，乾卦居西北（右下）配肠。其中艮坤（左下与右上）的连线居中亦配脾胃。对后天八卦方位最早的记载是《周易·说卦》（"后天八卦"一词北宋才出现）。可见中医生理部位学说受到《易》的启迪。

综上所述，五行学说与阴阳学说、河洛学说、太极学说不仅不矛盾，而且互为补充，共同构成易学象数思维模式，表现出重功能、重整体的思维特征，中医藏象学说正是这种思维模式作用下的产物。

二、经络学说与六爻模式

《黄帝内经》十二经络的定型和三阴三阳的命名同样是在易学象数模式的深层次作用下确立的。

《灵枢·经脉》十二经脉与早期医家对经络的认识有所不同。1973年出土的湖南长沙马王堆帛书《阴阳十一脉灸经》作十一脉，甲本名称依次为：（足）钜阳脉、（足）少阳脉、（足）阳明脉、肩脉、耳脉、齿脉、（足）太阴脉、（足）厥阴脉、（足）少阴脉、（手）钜阴脉、（手）少阴脉。乙本名称相同，次序上（足）少阴脉在前、（足）厥阴脉在后，其余相同。马王堆帛书《阴阳十一脉灸经》早于《灵枢·经脉》，两相比较，前者无"手""足"冠词，足三阳三阴完备而手三阳三阴不完备（缺"手厥阴"经），手三阳名称不以"钜阳、少阳、阳明"命名；后者多了一条手厥阴脉，并将肩脉、耳脉、齿脉分别改名为手太阳、手少阳、手阳明，从而确立了手足三阴三阳的十二经脉学说。

由十一脉发展为十二脉，由不完全的阴阳命名发展为三阴三阳对称的命名，《周易》六爻模式起了一定作用。

《周易》六十四卦由六爻自下而上排列而成，即阴爻、阳爻排列组合六次成六十四卦，六爻依次排列是一个由低到高、由下至上、阴阳迭用的逐级递进过程，下位为始点，上位为终点，至上位则折返而下，再从初位（下位）开始一个新的演变过程，如此周而复始，反复无终。手、足六经与六爻不仅数量相合，而且阴阳结构相似，功能相同。六经各分为三（阳经与阴经各为三），可能受六爻分三阴位、三阳位的影响。六经三阳经与三阴经的次序表示人体由表及里、由浅入深的不同层次。六爻的排列与六经的流注均是交错迭宕进行，其演进过程又均表现为由外及里、由少到多的规律，呈现循环往复的周期性。

《黄帝内经》还提出了三阴三阳的位置及"开、阖、枢"问题。《素问·阴阳离合论》曰："圣人南面而立，前曰广明，后曰太冲，太冲之地，名曰少阴，少阴之上，名曰太阳……广明之下，名曰太阴，太阴之前，名曰阳明……厥阴之表，名曰少阳……其冲在下，名曰太阴……太阴之后，名曰少阴……少阴之前，名曰厥阴。""太阳为开，阳明为阖，少阳为枢。""太阴为开，厥阴为阖，少阴为枢。"说明三阴三阳的方位是阴阳交错的，如同六爻阴位阳位交错排列，所谓"开、阖、枢"，医易学家张介宾认为："太阳为开，谓阳气发于外，为三阳之表也；阳明为阖，谓阳气蓄于内，为三阳之里也；少阳为枢，谓阳气在表里之间，可出可入，如枢机也。"同样太阴为三阴之表，厥阴为三阴之里，少阴为表里之间，亦是遵循六爻三阳爻与三阴爻下、上、中位模式，六爻又分下三爻（内卦）与上三爻（外卦），下三爻之一爻与上三爻之一爻（第四爻）为下位，下三爻之三爻与上三爻之三爻（第六爻）为上位，下三爻之二爻与上三爻之二爻（第五爻）为中位，下位为表，上位为里，中位为表里之间。《周易》非常强调中位，凡得中位往往为吉，可视为事物吉凶、成败之枢机。

有人认为，六经方位是河图四生数交会组合的结果。河图四生数为一、二、三、四（五行四生数），其中一、三为阳数，两阳交会为太阳（一加三为四，合中五为九，九为太阳之数），一在北，三在东，故太阳位于东北艮位；二、四为阴数，两阴交合为太阴（二加四为六，六为太阴之数），二在南，四在西，故太阴位于西南坤位。一四、二三均相邻交会于外，外为阳，一、四合化于西北乾位，乾主阳明；二、三合化于东南巽位，巽应少阳。一二、三四均相向对合于内，内为阴，一、二相合为少阴，三、四相合为厥阴。阴从于阳，故少阴在北坎位，厥阴在东震位。六经方位与河图四生数交会变化生三阴三阳的方位契合。

马王堆帛书十一脉中除足六脉是以三阴三阳命名外，手六脉只有钜阴、少阴是以"阴"命名的，为什么只此二脉以"阴"命名？也是为了配应九宫八卦之需，足六脉配八方，缺的是正南、正西，正南离心、正西兑肺，所补正巧是手少阴心脉、手太阴肺脉。虽然这种推算方法还有待进一步商榷，但六经受河洛易卦象数模式的启迪这种基本观点是毋庸置疑的。

至于六经传变，六经与脏腑的配应，也是一个发展过程。《素问·热论》仅提到足六经及"少阳主胆""太阴脉布胃中""少阴脉贯肾络于肺""厥阴脉循阴器而络于肝"四条，在《灵枢·经脉》等篇中则有了十二经脉及配应脏腑的完整记载。六经与六脏、六脏之间的配属、流注、阴阳结构也是在六爻模型中建立起来的。六经中手厥阴心包经的概念，对于生理、病理与临床诊治都没有什么特殊的意义和独立的价值，它与心实为一体关系。《黄帝内经》增加这条经脉，只是为了填充阴阳理论框架的空缺，从而集中体现了阴阳对立统一的象数之道。

十二经脉在发展过程中，更进一步与时间因素相结合。《灵枢·阴阳系日月》曰："寅者，正月之生阳也，主左足之少阳；未者，六月，主右足之少阳；卯者，二月，主左足之太阳；午者，五月，主右足之太阳；辰者，三月，主左足之阳明；巳者，四月，主右足之阳明……申者，七月之生阴也，主右足之少阴；丑者，十二月，主左足之少阴；酉者，八月，主右足之太阴；子者，十一月，主左足之太阴；戌者，九月，主右足之厥阴；亥者，十月，主左足之厥阴。"《素问·阴阳别论》曰："人有四经、十二顺（从）……四经应四时，十二顺（从）应十二月，十二月应十二脉。"杨上善解释道："四经，谓四时经脉也。十二顺，谓六阴爻、六阳爻相顺者也"，"肝、心、肺、肾四脉应四时之气，十二爻应十二月"。（《黄帝内经太素·阴阳杂说》）将十二经脉与东汉郑玄"爻辰说"相对应。郑氏爻辰说认为，乾卦初九至上九分别配应子（十一月）、寅（正月）、辰（三月）、午（五月）、申（七月）、戌（九月）；坤卦初六至上六分别配应未（六月）、巳（四月）、卯（二月）、丑（十二月）、亥（十月）、酉（八月）。虽然十二月配十二爻、十二经脉配十二爻是后人的发挥（《周易》有卦爻配应时令的思想，但没有具体论述，《黄帝内经》也没有论及），但十二经配十二月在《黄帝内经》中则已提及。

笔者认为，十二经络是在中国传统文化——以《周易》为代表的整体思维、象数思维背景下产生的，是个文化学概念，体现重功能（循经感传）、轻实体（实有结构）的特点，从十一脉至十二脉这种满足理论框架的做法即是有力证明。因而，有必要对目前这种片面强调并采用的实证方法进行反思，如不结合传统的整体思维方法去寻求经络的来源，虽花费大量人力、物力，最后却不能得到满意收获。

三、运气学说

《黄帝内经》七篇大论（《天元纪大论》《五运行大论》《六微旨大论》《气交变大论》《五常政大论》《六元正纪大论》《至真要大论》）比较集中、全面地介绍了中医学理论基础——气化学说，即运气学说。从篇幅字数看，约占《素问》全书的三分之一。从内容上看，十分丰富，主要是详细归纳和说明气候变化与物候、病候及诊断、治疗之间的关系的。

运气学说是我国古代研究天时气候变化，以及气候变化对生物（包括人）影响的一种学说。实质上它是易学象数的具体运用。在易学整体思想指导下，运气学说将自然气候现象和生物的生命现象统一起来，将自然气候变化和人体发病规律统一起来，从宇宙的节律上来探讨天人关系、气候变化与人体发病的关系。

运气学说以《易》的"天人合一"观为指导思想，以五行、六气、三阴、三阳为理论基础，以天干、地支为演绎工具。具体地说就是以五运配天干推算年岁运，以六气配地支推算年岁气，以两者结合说明天时、地理、历法、音律等与人体、生物生长化育、疾病流行的关系。其步骤分为：推算大运、主运、客运、主气、客气、客主加临等。

《周易说卦传》以八卦模式将一年的运气流变分为八个季节，每卦配季，主四十五日。汉易卦气说以四正卦配四时，其爻主二十四节气，其余六十卦，主六日七分，其爻主 $365\frac{1}{4}$ 日。《易纬》进一步以八卦分属五色五气，以黄道二十四节气定量标定岁气流变，提出八卦气验说。

《黄帝内经》遵循易学思维方式，继承并发展象数学说。在汉易卦气说、爻辰说基础上，根据我国黄河中下游常年平均实际气候状况和"天六地五"的格局，提出"六气"季节划分从黄道大寒点开始，每隔 $\frac{365.25}{6}$ 天为一季，定量标定岁气的流变。

运气学说采用以干支格局推演的六十甲子年气运周期。《素问·天元纪大论》曰："天以六为节，地以五为制。周天气者，六期为一备，终地纪者，五岁为一周。……五六相合，而七百二十气为一纪，凡三十岁；千四百四十气，凡六十岁，而为一周。"指出天气变化以六个十年为调制周期，地气变化以五个十二年为调制周期，两者会合周期为三十年，完整周期为六十年。今有人研究认为：六十年气运周期来源于朔、近月 413.32 天相似周期与回归年会合周期，即 $365\frac{1}{4}$ 天×60 = $12\frac{7}{19}$ 朔望日×60，它表明以冬至点为参考系的日、地、月三体运动的最小相似周期为六十年（天文周期）。周天气六岁一周来源于对点月与回归年的会合周期，即 41.33 天×53 ≈ $365\frac{1}{4}$ 天×6，它表明每隔六年周期对点月 A—B 或 B—A 周与冬至会合。终地纪五岁一周来源于邻点月与回归年的会合周期，即 34.44×53 ≈ $365\frac{1}{4}$ 天×5，它表明每隔五年，邻点月 A—B 周、C—B 周、B—D 周、D—A 周与冬至会合。

运气学说中干支被重新赋予阴阳五行属性。《素问·五运行大论》："丹天之气，经于牛女戊分；黅天之气，经于心尾己分；苍天之气，经于危室柳鬼；素天之气，经于亢氐昂毕；玄天之气，经于张翼娄胃。所谓戊己分者，奎壁角轸，则天地之门户也。"这种天干化五运的规定与一般所指天干五行属性（甲乙属木，丙丁属火，戊己属土，庚辛属金，壬癸属水）不同，其原因是根据天象变化而来。天干方位与二十八宿方位配合所得的天干化运为：甲己土运，乙庚金运，丙辛水运，丁壬木运，戊癸火运。对于丹、黅、苍、素、玄五色天气，今人有不同理解，有人认为五色天气的出没没有恒定不变的规律，只是古人不足为据的传说，十干化五运亦是臆想；也有人认为五色天气可从日体上、中、下三位与日运的升降来观察。笔者认为，十干化五运、五色天气同样是八卦模式推衍的产物。明代医易大家张介宾《类经图翼》载有"五天五运图"，以十天干、十二地支、四卦表示方位，其中乾、坤、巽、艮表示

142

四隅方法，十天干两两相合表示四正方位（戊已居中不用），即震（东）、兑（西）、坎（北）、离（南）四正位，又依次代表春分、秋分、冬至、夏至。所谓天门、地户指春分、秋分为气候变化转折点，由阴转阳的节气为天门，由阳转阴的节气为地户。天门居乾位，由正面兑卦（阴卦）转到西南乾卦（纯阳卦），由阴转阳；地户居巽位，由正东震卦（阳卦）转到东南巽卦（阴卦），由阳转阴。至于为何以五天配五色，笔者认为：未必实有其事，但也不是主观臆断，而是古人根据易理象数所做的合理推想。

其实《素问》七篇大论中已经直接引用了象数概念，干支五行自不待言，河图生成数、洛书九宫数等亦有引用。如《六元正纪大论》曰："（甲子、甲午岁）热化二，雨化五，燥化四。""（乙丑、乙未岁）灾七宫，湿化五，清化四，寒化六。"文中列出六十年司天、中运、在泉之数，其中"化×"之数为五行生成数，即河图生成数，"灾×宫"之数为洛书九宫数。这段文字不仅涉及天干地支的推衍，而且关系到河洛数理的应用。由此，可根据每年的干支推测出天时气候对人体的影响。

四、诊断辨证学说

中医诊断辨证学说同样受到《周易》思维模式的影响。《黄帝内经》对面部诊、尺肤诊、寸口脉诊等均有论述，体现了"有诸内必形诸外"的整体观念，即人体内外环境信息对立统一的思想。面部、尺肤、寸口正是相对独立的全息元，它反映着内脏及整个人体健康或疾病的信息。笔者研究证明，中医诊断（全息元诊断）充分体现了后天八卦全息结构规律。

《灵枢·五色》提出面部与人体脏腑肢节的全息诊断法，"庭者，首面也；阙上者，咽喉也；阙中者，肺也；下极者，心也；直下者，肝也；肝左者，胆也；下者，脾也；方上者，胃也；中央者，大肠也……此五脏六腑肢节之部也，各有部分"。这种面部不同部位与脏腑肢节的对应，是遵循后天八卦模式而形成的。到了《素问·刺热》"肝热病

143

者，左颊先赤；心热病者，颜先赤；脾热病者，鼻先赤；肺热病者，右颊先赤；肾热病者，颐先赤"，进一步完善了八卦全息诊法。其配属关系基本符合后天八卦方位：左颊为震卦，主肝；颜（额）为离卦，主心；鼻为坤卦，主脾胃；右颊为兑卦，主肺；颐为坎卦，主肾。后世医家对面诊做了一些调整，完全依据后天八卦方位将面分为八部位，分别与脏腑相配应。

尺肤诊是切按尺肤的诊病方法。《素问·脉要精微论》对其论述道："尺内两旁，则季胁也，尺外以候肾，尺内以候腹。中附上，左外以候肝，内以候膈；右外以候胃，内以候脾。上附下，右外以候肺，内以候胸中；左外以候心，内以候膻中。前以候前，后以候后。上竟上者，胸腹中事也；下竟下者，少腹腰股膝胫足中事也。"将尺肤分成内外、左右、中附上、上附下、上竟上、下竟下等不同部位，依八卦原理分别与人体脏腑肢节相对应。

《黄帝内经》还记载了寸口脉诊法，《难经》进一步发展，迨王叔和《脉经》则蔚为大观，寸口脉实为尺肤诊的缩影，以左手寸、关、尺分候心、肝、肾，右手寸、关、尺分候肺、脾、肾（命门）。李时珍将脉象、脉位、五脏、六腑统一起来，联系卦象，建立脉象整体系统。可见中医脉诊是在《周易》宇宙统一全息观及象数功能结构模式的指导下逐步发展起来的。

中医诊断方法日益丰富，舌诊、鼻诊、耳诊、肢诊、手诊、足诊、腹诊、第二掌骨侧诊等相继出现，这些诊断方法的理论基础都是《周易》整体观、全息观，其具体部位与脏腑、肢体的对应关系均符合文王八卦结构规律。

笔者研究结果显示，手、足、腹、舌等二维（面性）全息元依据二维后天八卦的结构规律反映了人体信息，脉、第二、第五掌骨侧等一维（线性）全息元则依据一维后天八卦结构规律反映人体信息。（见拙作《人体全息结构律》）据此，笔者认为：后天八卦模型正是人体全息结构模型。换言之，人体全息结构规律正符合后天八卦方位规律。

在中医辨证学说中,《内经》提出八纲辨证、《伤寒论》提出六经辨证。八纲辨证以表里辨别疾病之部位、寒热辨别疾病之性质、虚实辨别疾病之量数,而所有疾病则只有阴阳两大类,表里定位、寒热定性、虚实定量,均是阴阳总纲的反映,均包括在"阴阳"之中。可见,八纲是易学阴阳八卦学说的具体应用。

六经辨证中太阳、阳明、少阳、太阴、少阴、厥阴六经排列次序源于《内经》,两者比较,《内经》以六经阐明自然界和人体之间气化活动规律,《伤寒》则以六经阐明伤寒传变的气化活动规律。

如同《内经》一样,《伤寒论》六经以确立及所赋予的内涵同样受《周易》六位的影响。张仲景在总结病例时发现,疾病的发生发展和其他事物一样,经历着始生、渐长、盛极、渐消、始衰、渐复的循环过程,呈现卦爻六位模式规律。在六位启发下,对《素问·热论》的六经分证加以发挥,将疾病发展各阶段以六经归纳,发现麻黄汤证与桂枝汤证总是出现在疾病初期,白虎汤证和承气汤证大多出现在疾病极盛期,小柴胡汤证往往出现在邪正进退对峙期,从而将各方证归结为六经证,并总结出各经病的特点及传变规律。

总之,中医理论体系是在以《周易》为代表的中华文化独特思维方式指导下,以象数为模型构筑起来的,因而只有从思维模式出发才能把握中医理论的本质和深层内涵。[①]

第三节　中西医思维的不同

一、《黄帝内经》气—阴阳—五行论

"气""阴阳""五行"是中国古代哲学的重要范畴,被中国古代多数哲学家用来说明宇宙的本原、事物的构成及变化规律。《内经》(《黄帝内经》的简称)采用"气""阴阳""五行"的范畴和"气—阴阳—

---

① 张其成:《援易入医　以易训医》,《医古文知识》,1994年5月。

五行"模型说明人体生命的本质动力、生理功能、病理变化及诊断治疗。可以说"气—阴阳—五行"是中医学的理论基础和哲学指导。

（一）"气—阴阳—五行"的来源

1. 气的来源

"气"字甲骨文中已经出现，原指气体状态的存在物，如云气、蒸气、烟气及风等。"气"的抽象概念在古籍文献中最早见于《国语·周语》。西周末期，周幽王二年（前780），三川皆地震，伯阳父解释说："夫天地之气，不失其序，若过其序，民乱之也。阳伏而不能出，阴迫而不能蒸，于是有地震。"这里的"气"指天地之气、阴阳之气，已演变为一个抽象的具有哲学意味的概念。

春秋时期，老子、孔子都讲过"气"。《老子》说："万物负阴而抱阳，冲气以为和。"（《老子·第四十二章》）这里的"气"是一个哲学概念，"冲气"就是阴气与阳气的调和、和合。战国时期，《孟子》《管子》《庄子》《荀子》都讲"气"，而且大都是从哲学上讲的。集先秦诸子之大成的《易传》，提出了"气"化生万物："精气为物，游魂为变。""天地氤氲，万物化醇；男女构精，万物化生。"（《易传·系辞传》）"二气感应以相与……观其所感而天下万物之情可见矣。"（《易传·咸·象传》）认为天下万物皆由阴阳二气相感交合而生成。在汉代，"气"已是一个重要的哲学范畴。

2. 阴阳的来源

"阴阳"观念起源很早，大约在上古农耕时代。上古时代人们观察日月之象，昼夜、阴晴、寒暑变化，发现大量相反相对现象，又在农业生产中发现向阳者丰收、背阴者减产等现象，殷、周时期，人们就总结出"相其阴阳"的生产经验。最早记载阴阳观念的是《易经》。《易经》大约成书于西周前期，由六十四卦卦爻象符号系统与六十四卦卦爻辞文字系统组成。其最基本的符号是"两爻"："—"和"--"，反映了上古先哲的阴阳观念。在卦爻辞文字中，也有大量的表示阴阳对立的词语，如乾坤、泰否、剥复、损益、既济未济等卦名，还有吉凶、上下、大小、往来等卦爻辞词语。可见至迟在殷、周之际，阴阳观念已相当成熟。从《尚书》《诗经》等古籍看，也反映了阴阳的观念。

突破原始意义而开始具有哲学意义的"阴阳"概念出现在《国语》《左传》中。据《国语·周语》记载，"阴阳"概念的出现至迟是在西周末年。周宣王即位（前827），卿士虢文公劝诉宣王不可废除籍田仪式，其中以"阴阳"二气解释土地解冻、春雷震动的原因："阴阳分布，震雷出滞。"（《国语·周语上》）周幽王二年（前780），太史伯阳父以"阴阳"二气解释地震："阳伏而不能出，阴迫而不能蒸，于是有地震。"（《国语·周语上》）可见，西周末年的"阴阳"已抽象为具有普适意义的"二气"。到了春秋战国时期，儒家、道家、墨家、法家、兵家、杂家都普遍使用"阴阳"概念。道家的创始人老子是第一个真正将"阴阳"提升为哲学范畴的哲学家。战国时期更出现了专论"阴阳"的阴阳家，以邹衍为代表的阴阳家不仅融合了阴阳学说与五行学说，而且以阴阳五行解释季节变化和农作物生长，解释王朝的更替、政治的兴衰。

将"阴阳"思想更加系统化、理论化，并达到空前水平的是战国时期成书的《易传》。《易传》将"阴阳"提升到哲学本体论层面，并明确提出"一阴一阳之谓道"的命题。可以说《易传》是我国第一部系统论述阴阳哲学的专著。

3. 五行的来源

"五行"说起源于殷商时期，当时出现了"四方"观念，甲骨文中有"四方"和"四方风"的记载，从中央看四方乃是殷人的方位观。殷商大墓和明堂中有大量的表示五方图案的构造。"五行"概念的真正出现是在周代。春秋时期出现五行相胜学说。战国时期出现五行相生学说、五行与阴阳配合学说，此时五行已成为一种宇宙模型被广泛运用；到了汉代，阴阳五行已共同成为神圣不可更改的世界观、方法论，并一直延续到清末。

从现存文献看，最早记载"五行"概念的是《尚书》，《尚书》有两篇文献中提到"五行"一词，一篇是《夏书·甘誓》，一篇是《周书·洪范》；另一篇文献《虞书·大禹谟》提到了"五行"的具体名目。先秦古籍《逸周书》也提到了"五行"，并有五行相胜的记载。《左传》《国语》中记载了大量的有关"五行"的言论或事件。先秦诸子如《孙子》《墨子》《管子》等均有关于"五行"的记载。子思和孟子"案往旧造说，谓之五行"（《荀子·非十二子》）。邹衍第一次把阴阳说和五行说结合起来，用阴阳消长的道理来说明五行的运动变化，构成阴阳五行说，并提出"五德终始"（又称"五德转移"）说，用五行相胜的过程解释社会历史的发展。汉代是阴阳五行学说被泛化和神学化的时代，汉武帝时，董仲舒将阴阳五行由对自然现象的认识模型一跃而变成对社会政治的说理工具。可以说两汉时期重要的学术著作几乎都涉及五行。

（二）"气—阴阳—五行"的内涵及其关系

1. 气的内涵

从字义上看，"气"主要指风、云、雾等自然界的气体存在物。《说文解字》说："气，云气也，象形。"也指精良的粟米，引申为物之精华，即"精气"。

作为一个哲学概念，"气"主要有以下意义。

（1）气是天地万物的本原，是生命的基本条件。《素问·阴阳应象大论》说："清阳为天，浊阴为地。""天有精，地有形，天有八纪，地有五里，故能为万物之父母。"清阳和浊阴是气的两种形式，阴阳二气不仅产生天地，而且产生万物，包括人，《素问·宝命全形论》说："人以天地之气生。"

（2）气是无形的客观存在。《素问·六微旨大论》认为气的升降出入，表现为"无形无患"。气无形但气聚为有形。《素问·六节藏象论》说："气合而有形。"

（3）气是天地万物感应的中介。物体与物体之间充满了气，每一个物体内部也充满了气，充斥于天地万物之间的气是联系天地万物的中介，也是联系每一物体内部各部分的中介。万物以气为中介，相互感应，相互融合。正因为有了气，所以天地万物才成为一个合一的整体，每一个事物才成为一个内部互有关联的整体。

2. 阴阳的内涵

从字义上看，"阴阳"指阳光照射不到的地方与阳光照射到的地方。《说文解字》说："阴，暗也。水之南、山之北也。""阳，高明也。"段注："山南曰阳。"从《尚书》《诗经》中"阴""阳"的意义看，大部分取此义。

作为一个哲学概念，"阴阳"主要指事物相对、相反但又合和、统一的属性。老子将万物看成"负阴而抱阳"，万物具有阴阳合抱的属性。《管子》《庄子》进一步将阴阳与动静相联系，发挥"阴阳"的属性含义。而真正完成并普遍使用"阴阳"属性含义的是《易传》。《易传》"阴阳"虽也指日月、天地、乾坤等有形实体，但更多的是指刚柔、进退、往来、动静、阖辟、寒暑、伸屈、尊卑、吉凶、贵贱、险易、大小、得失、远近、健顺等相对属性。"阴阳"往往与"气"连用，表明阴阳是两种无形的"气"。

阴与阳的关系主要有：阴阳互根、阴阳互动、阴阳互制、阴阳消息、阴阳交感、阴阳转化、阴阳争扰、阴阳胜复等。

3. 五行的内涵与关系

"五行"的最初意义指"五材"，即木、火、土、金、水五种具体的、基本物质材料。《尚书·洪范》首次将五行称为水、火、木、金、土，《左传》《国语》常将"地之五行"与"天之三辰""天之六气"相并称。作为哲学概念，"五行"主要指"五性"，即润下、炎上、曲直、从革、稼穑五种基本功能属性，这是《尚书·洪范》首次规定的。后世对五行的解释基本上没有偏离《尚书·洪范》的这种属性规定。归纳五行的基本意义为：水，表示有润下、寒冷属性和功能的事物或现象；火，表示具有炎热、向上属性和功能的事物或现象；木，表示具有生发、条达、曲直属性和功能的事物或现象；金，表示具有清静、肃杀、从革属性和功能的事物或现象；土，表示具有生养、化育属性和功能的事物或现象。后又被用于表示"五伦"即仁、义、礼、智、信（圣）五种道德伦常，"五类"即木、火、土、金、水五种分类原则。

五行之间的关系主要有生克、乘侮、胜复、制化等。

（三）"气—阴阳—五行"的特性

"气—阴阳—五行"不仅是《内经》重要的概念范畴，而且是《内经》最基本的思维模式。

1. "气—阴阳—五行"模型的特性

（1）功能性

"气—阴阳—五行"是中国古代认识宇宙生命现象的思维模型，表示的是关系实在、功能实在，而不是物质实体、形态实体。虽然"气""阴阳""五行"最早都表示特定的物质实体，但当它一旦成为一种思维模型，一旦成为一个哲学范畴，并被中医广泛运用时，它就不再是指有形态结构的物质、实体。如"气"已经从云、风、雾等有形可感的实物转变为无形的抽象概念。"气"原本有两种状态：一种是凝聚的、有形的状态，分散细小的气凝聚为看得见摸得着的实体；另一种是弥散的、无形的状态，细小分散的气由于不停地运动弥散而看不见摸不着。有形的气习惯上称为"形"，无形的气习惯上称为"气"。"气"具有超形态性，气非形却是形之本。"阴阳"从单纯指背阴、向阳的实体转变为抽象的功能属性。"阴阳"上升为哲学概念以后，已不再单纯指背阴、向阳的实体，而是指两种相反的、相对的功能属性：凡具有推动、温煦、兴奋、发散、上升的功能，则属于"阳"；凡具有静止、寒冷、抑制、凝聚、下降的功能，则属于"阴"。"五行"从五种实体的元素材料转变为五种基本功能属性。"气—阴阳—五行"作为一种模型，从物质实体转变为关系实在、功能实在。

（2）互换性

"气—阴阳—五行"是一个三级合一的思维模型，三者之间具有互换性。从气的角度看，阴阳是二气，五行是五气；从阴阳角度看，气是阴阳的未分状态，五行是阴阳的分化状态。气—阴阳—五行是一个逐渐生成和分化的过程，是三个不同的层次。气生阴阳，阴阳生五行。《周易·系辞传》说："易有太极，始生两仪，两仪生四象，四象生八卦。"太极（气）生两仪（阴阳）为第一级划分，阴阳生四象（太阳、太阴、少阳、少阴）为第二级划分，四象生八卦为第三级划分。《内经》根据人体的实际情况对阴阳做了有限的划分，其中"三阴三阳"是中医的发明。从某种意义上说，五行也是阴阳所化生。

（3）普遍性

"气—阴阳—五行"是一个具有普遍性的思维模型，万事万物都适用于这一模型。它们无处不在，无时不有。分而言之，"气"至大而无外、至小而无内，充满宇宙万物之中，《庄子·知北游》说："通天下一气耳。"气不仅生成万物，而且充斥万物生长化收藏的整个过程当中，连贯而不间断。阴阳和五行作为两种与五种有关联的气同样也是普遍存在的，天地万物皆涵阴阳五行之气；同时阴阳五行作为特殊的分类方法，可以运用于世界万事万物。

2. "气""阴阳""五行"概念的特性

（1）"气"的运动性与渗透性

哲学意义上的"气"已与"形"分立，"形"是有形的、静态的，"气"则是无形的、动态的。"气"具有运动不息、变化不止、连续不断的特性。气的运动有升降出入等形式。气的运动称为气机，气机必然产生各种变化，从而化生天地万物，称为气化。气化学说经历了精气与元气两个发展阶段。气机与气化的关系：气机是气化的前提，气化是气机的结果。没有气的运动就没有气的化生，没有气的化生就没有世界万物的运动变化。气无形质而可以渗透、贯穿到一切有形质的事物之中，无处不入，无时不入；同时气又可以吸收其他事物的成分而组成各种各样的气，如阳气、阴气、天气、地气、风气、云气等。

（2）"阴阳"的相对性

事物的阴阳属性是相对的，不是绝对的。具体表现为：一是阴阳要随着比较标准的改变而改变。阴阳是通过比较而确定的，单一方面无法定阴阳，没有比较标准也不能定阴阳，比较的标准不同，做出的阴阳判断也不同。如以 0℃ 水为标准，则 -1℃ 水是阴，1℃ 水是阳；如以 10℃ 水为标准，则 1℃ 水为阴，11℃ 水为阳。二是阴阳要随着关系的改变而改变。阴阳并不是实体，也不是事物所固有的本质，阴阳表示的是事物之间的关系。如在男与女这组关系中，男是阳，女是阴；而在父母与子女这组关系中，母（女）则为阳，子（男）则为阴。三是阴中有阳、阳中有阴。因为阴阳是层层可分的，阴阳中复有阴阳。如昼为阳、夜为阴；昼中上午为阳（阳中之阳）、下午为阴（阳中之阴），夜中前半夜为阴（阴中之阴）、后半夜为阳（阴中之阳）。

（3）"五行"的时序性

五行常用来表示五类事物之间的排列次序和变化过程。《尚书·洪范》说："一曰水，二曰火，三曰木，四曰金，五曰土。"这种次序被后世用来说明事物发展的节律和周期。然而五行次序并不是固定的，在不同著作中往往有不同的次序，甚至同一部著作在不同篇章中也会出现不同的五行次序，如《管子》《黄帝内经》等。不同的五行次序往往反映不同的宇宙发生观、事物运动周期观。五行的排列次序大多数书上并没有标明"一二三四五"的次序。从各种五行次序看，有的用的是相生次序，有的用的是相克次序，有的则混杂不一。五行的次序往往与社会历史、一年四季等配合，用来说明各自的循环周期、兴衰变化节律。

（四）"气—阴阳—五行"在建构中医学体系中的作用

"气—阴阳—五行"在《内经》中有的是哲学概念，有的是医学概念，更多的则是医学哲学相混合的概念，这些概念范畴在建构中医学体系中起到重要作用；"气—阴阳—五行"还是《内经》最重要、最基本的思维模型，这一模型被广泛运用于说明人体生命的生成与活动、人体生命的功能结构、病理变化、疾病的诊断与治疗。

1. 人体生命的生成与活动

《内经》用"气"说明人体生命的本原和生成。如《素问·宝命全形论》说："人生于地，悬命于天。天地合气，命之曰人。"从本体论层面说明"气"是人的总体来源。从个体生成层面上说，生命的直接来源是父母阴阳两精的结合，父母精血被称为先天之精气，如《灵枢·天年》说："人之始生……以母为基，以父为盾。"人既生之后，其发育、成长、生存所需的物质能量，则要依靠水谷精微及大气，称之为后天之精气。《素问·六节藏象论》说："天食人以五气，地食人以五味。"《内经》认为正气、精气是生命活动的动力。人的五脏、六腑、形体、官窍、血、津液等生理功能活动，都必须在气的推动下进行，如肺司呼吸、脾主运化水谷精微、肝主疏泄气机等。

用阴阳思维模式说明人的生命活动，如《素问·六微旨大论》认为气化有升降出入四种形态，升降出入即是两对阴阳，"出入废则神机化灭，升降息气立孤危。故非出入，则无以生长壮老已；非升降，则无以生长化收藏。是以升降出入，无器不有"。在正常情况下，气的"出"与"入"、"升"与"降"是相对的，相反而相成，是一种动态的有序的过程，从而保持了生命的正常、旺盛的活动。

用"气"说明人体生命的功能结构。《内经》将人体生命的功能结构看成各种"气"的作用。人有各种各样的"气"，仅就人体部位功能而言就有：脏腑之气（包括五脏之气、六腑之气）、经络之气（如十二经气或真气）、腧穴之气（腧穴又称气穴、气门）、形体之气（形体上中下之气、头身四肢之气、筋脉肌皮骨各部之气）、特定聚散分布之气（元气、宗气、营气、卫气），等等。

用"阴阳"说明人体组织结构与生理功能。《内经》以"阴阳"分析概括人的组织结构、人体整体和局部的生理功能及其物质、属性。就功能与物质而言，则功能为阳，物质为阴。就精与气而言，则精为阴，气为阳。就营与卫气而言，则营气为阴，卫气为阳。《内经》反复强调"生之本，本于阴阳"（《素问·生气通天论》），并把机体的正常状态称为"阴平阳秘""阴阳匀平"，不是指阴阳的绝对平衡，而是强调人体生命运动过程是一个阴阳制约、阴阳消长的过程，阴阳双方要达到动态的平衡、动态的和谐。

用五行说明人体五脏的生理功能。五行与五脏的配属经过了一个从经学到医学、从物质实体到功能实在的过程。《黄帝内经》采用五行—五脏的模式，将五行与五脏的功能属性做了规范和确定，以五行功能说明五脏的生理功能，从而打破了解剖学五脏的功能界限，上升为五大功能系统。五脏是一个中心，不仅将人体各种组织器官一一对应地联系在一起，而且将自然界的时间、空间、气味、色彩、味道等因素有机地联系起来，构成了一个天人相应、内外相通的功能网络。五脏的生理功能是依据五行的生克制化原理联系在一起的。五行—五脏之间的相生相克是双向的，正因为有这种双向联系，才使人体生理功能得以协调和正常。

2. 人体病理变化

用气机失调说明人体病理变化。如精气不足，称为气虚；气的升降出入运动不能保持协调平衡，称为"气机失调"。升多降少，谓之气逆；升少降多，谓之气陷。气的运动受阻，运动不利，称作"气机不畅"；气的运动受阻严重并在某些局部郁滞不通，称为"气滞"；气的外出运动太过，称作"气脱"；气的出入运动不及而结聚于内，称作"气结""气郁"，严重者称为"气闭"。气机失调，表现在脏腑上可见：脾失宣降，胃气上逆，脾气下陷，肾不纳气，肝气郁结，等等。

用阴阳盛衰说明人体病理变化。疾病的发生发展与正气、邪气有关。正气分阴阳——阴气与阳气；邪气分阴阳——阴邪与阳邪。在六淫邪气中，寒、燥、湿为阴邪，风、暑、火（热）为阳邪。以阴阳偏盛（胜）、阴阳偏衰概括病理病机。

用五行生克乘侮说明五脏病理变化。疾病传变分为两类：一是相生关系的"母病及子""子病及母"。如"水不涵木"证、"心肝血虚"证。二是相克关系的"相乘""相侮"，如"木旺乘土"证、"土虚水侮"证。此外，五行理论还用来说明五脏的发病与季节的关系、五脏发病的规律与预后的规律等。

3. 疾病的诊断与治疗

用气—阴阳说明疾病的诊断治疗。如以"阴阳"概括病变部位、

154

性质及症状的属性，作为辨证的纲领。治疗疾病，就是调整失衡失调的阴阳，使之恢复到相对平衡的健康状态，故《素问·至真要大论》说："谨察阴阳所在而调之，以平为期。"阴阳学说还可用于分析归纳药物的性能、指导养生健体、预防疾病等各个方面。

用五行说明疾病的诊断治疗。如根据五色之间及色脉之间的生克关系，推断病情的轻重及疾病的预后。用于治疗，主要判断一脏器受病涉及另一脏器，依五行生克乘侮规律做出相应的调整，以控制其传变；根据五行相生原理确定虚则补其母、实则泻其子的治则和滋水涵木、益火补土等治法，根据五行相克原理确定抑强、扶弱的治则和抑木扶土、培土制水、佐金平木、泻南补北等治法。①

二、中西医本质的不同

（一）模型思维与原型思维

中西医的本质区别是思维方式的区别，具体表现为中医采用"模型"的思维方式，西医采用"原型"的思维方式。

"模型"一词，起源于拉丁文 Modulus，原意是样本、尺度、标准。科学意义上的"模型"是人们按照某种特定的目的而对认识对象所做的一种简化的描述，用物质或思维的形式对原型进行模拟所形成的特定样态。思维模型不是认识的物质手段而是客体在人们思想中理想化、纯化的映象、摹写，是人们在头脑中创造出来并且运用它在思维中进行逻辑推理、数学演算和"思想实验"，人们以理想的、想象的形态或借助于专门的符号、线条及其组合形态去近似地反映客体、描述客体的一种思想形式。

中医采用"模型"的思维方式，即依据一种抽象出来的理想模型——阴阳五行模型，从功能虚体出发，建构人体生命体系。中医五脏——心、肝、脾、肺、肾，并不等于西医的心脏、肝脏、脾脏、肺

---

① 张其成：《中医生命哲学》，中国中医药出版社，2016 年 9 月，87—97 页。

脏、肾脏，不是脏器实体，而是指心功能系统、肝功能系统、脾功能系统、肺功能系统、肾功能系统。"心""肝""脾""肺""肾"只不过是这五个功能系统的符号、代码。五脏符号可以统领人体的其他相关功能的器官、组织。《黄帝内经》说"肺与大肠相表里"，"心开窍于舌，其华在面"，这在西医看起来莫名其妙，依照西医的观点，肺属呼吸系统，大肠属消化系统，两者风马牛不相及。中医则认为，肺与大肠，心与舌、面等有相同的功能、属性，所以分别归入肺系统、心系统。可见中医注重功能，而不是实体。中医藏象是模型，西医脏器是原型。藏象模型是对脏器原型的模拟，因而藏象不可能完全依据脏器实体。有人认为，古代医家是不自觉地、无意识地、自发地、身不由己地通向一个思维模型。这种观点值得商榷。从"原型"转化为思维"模型"，是中国人的思维偏向与早熟的"思维模型"共同作用的必然结果。中国人早期就有了一种注重动态功能、轻视实体结构的思维偏向。在医疗实践中，发现有的脏器虽然形状不同、结构上没有联系，但却有相同的功能或性质，于是就将它们归为一类。如心脏跳动，脉搏也跳动，而从舌头和面色上又可反映心的情况，故将它们归为一类，由此构成藏象模型。

西医则采用"原型"的思维方式，西医解剖学、生理学、病理学、治疗学等均从人体原型出发，以阐明人体原型的形态结构、生理功能、病理变化、疾病治疗为目的，解剖学、生理学是西医的理论基础。解剖学阐明人体各系统器官的形态、结构、位置和毗邻关系，进而用显微镜观察其微细构造，又按功能将人体器官分为运动系统、感觉系统、神经系统、脉管系统、内分泌系统……人体内脏被分为消化系统、呼吸系统、泌尿系统、生殖系统等。生理学认为任何一种生理过程都有它的物质基础，离开了生命物质，就不可能存在任何生命现象。现在已经知道：主使遗传有脱氧核糖核酸（DNA）分子；促进生化反应，有各种酶系统；代谢过程的调节，有"调节讯号"和"诱导因子"等物质参与；控制分化，有特殊的激素，能量是以"能量货币"——ATP（三磷酸腺苷）的形式保存和使用；神经传导也是通过神经细胞的化学过程而成为可能。西医学和现代生命科学从物质结构层面将人体生命还原成分子生物结构，并可望在近几年内提前完成人类基因组计划。可以说西医学和现代生命科学在人体生命"原型"的研究方面所取得的成就是无可替代的。

一般认为"模型"的方法是现代科学（当然包括西医学）的重要方法，既然如此，为什么要称西医学是"原型"方法呢？其实这是立论的角度不同，"模型"只是现代科学、现代医学的研究手段，并不是研究的目的和思维方式，而"原型"才是其研究目的和思维方式。对科学"模型"的分类、比较已另文论述。现代科学"模型"与中医"模型"内涵是不尽相同的，其区别主要表现在以下三个方面：一是现代科学的"模型"是定量化的，包括了数学模型，能从一定的基本概念和数量关系出发进行推理和演算，对有关问题和现象做出定量的回答和解释；而中医学的"模型"是定性化的，五行并不是表量而是表性，不是作为数量的依据，而是提供定性的参考性推论。二是现代科学的模型是一种纯科学模型，不包含社会政治、哲学文化等非科学因素；中医学模型则带有浓厚的人文色彩，中医模型方法包含哲学的、主观的、体悟式的方法。三是目的不同，现代科学的模型方法是以自然或人的"原型"为目的，最终是要揭示自然或人体的实体本质、物质结构及其功能、规律，关注的是"原型"；而中医学关注的是"模型"，"原型"往往服从于"模型"，"藏象"即是一种典型的模型，对藏象模型的构建成为中医人体生命科学的目的。

总结中西医的本质差别为：中医和传统生命科学是"模型论"，即从功能模型、关系虚体出发，建构人体生命系统；西医和现代生命科学是"原型论"，即从解剖原型、物质实体出发建构人体生命系统。中医遵从中国的"元气论"和"天人合一"的哲学传统，在象数模型支配下，采用横向、有机整合的方法认知生命。西医遵从"原子论"和"二元对立"的哲学传统，采用分析、实验还原的方法认识人体生命。

（二）中、西医学思维方式的优劣比较

中医和西医在思维方式上各有优劣，体现在以下几方面。

在生命观上，中医的优势主要体现在生命的精神层面、功能层面、整体层面、动态层面，体现在对生命复杂现象的直觉观测、灵性感悟、整体把握上。与之相比，西医则在生命的物质层面、结构层面、个体层面、静态层面，以及对生命现象的知性观测、数理分析、微观把握上占有优势。中医阴阳五行的思维模型是一个动态的功能模型，是对人体生命的功能属性的分类组合，而不是对内脏物质形态的结构分析。中医注重"精、气、神"，其本质也是注重功能轻视物质，"精、气、神"虽然有物质基础，但其含义广、分歧大，找不到与之相对应的现代意义上的物质结构，尤其是"气""神"，具有超形态超结构的特点。在"精、气、神"三者中，"神"（"心"）占有重要地位，"心"被《内经》称为"君主之官"，主神明，而"神"则是一个人生命的动力和主宰。在认知生命的方法上，中医靠一种直观的、灵性的、整体的方法，在这一点上是优势和劣势并存。

在疾病观上，中医的优势体现在未病养生的预防观念，辨"证"求"本"的诊断方法，发掘正气潜能、自稳自组自调节的治疗原则上。西医的优势在于对病因、病理、病位的物质性指标的精确把握，对疾病病灶的定位、定量的准确消除上。有学者指出，中医的要求是治病要求于本和养生必知本。这种诊断认识是基于实践目的的决定论，基于对医学对象整体性、主体性、个体性特征的尊重，如实地反映人作为主体性开放的复杂系统，找出其自组织、自稳态适应、自调节和自演化的主体性特征，通过对整体边界出入信息的形证的诊察，上升到对人体正气的"神"的自组适应自稳调节这个目标的把握。而养生或治病，都是通过整体边界全息效应为作用对象，以气血津液流为中介环节，以实现对五脏阴阳网络的间接动员和调节。因此中医学是一门积极的追求人体健康的医学，一门追求自我稳定的生态医学，一门对于人体正气潜在能力的努力发掘和加以提高的医学。

158

在医学模式上,西医主要采用生物医学模式,而中医则是一种综合性的,大生态、大生命的医学模式,以五行—五脏模型而言,它既包含有文化社会的因素,又包含有自然科学的因素;既反映了人体五脏之间不可分割的复杂关系,又反映了人体内"藏"与自然万物外"象"的对应关系。有人提出阴阳五行是一种"天人象",作为天之象的阴阳五行,以及作为阴阳五行之象的诸象,都是人的体验外向投射所产生的外化形象。阴阳五行所表象的,正是充满生命之力的、天人万物交感互应的体验世界。体验,蕴含着涌动的生命之力。在这个世界里,事物无论巨硕细微都充溢着相同生命,蕴含着世界全体的"信息"。这个世界是"全息"世界,阴阳五行是"全息"之象。中医体现了综合、全息的"象"思维特征,"藏象"是人体生命生理功能的描述,"脉象"是生理病理信息的表现,"证象"是病因、病灶、病位、病势等各种信息状态的总和。医学发展经历了三个时代、五种医学模式,三个时代是经验医学时代、实验医学时代、整体(系统)医学时代;五种医学模式是神灵主义医学模式(spiritualism medical model)、自然哲学医学模式(nature philosophical medical model)、机械论医学模式(mechanism medical model)、生物医学模式和社会生态医学模式(biomedical model and socio-ecological model)、生物—心理—社会医学模式(bio-psycho-social medical model)。有学者认为中医学产生于经验医学时代,它的医学模式是自然哲学医学模式。虽为此,但中医医学模型却有一种大生态、大生命的观念。自从1977年恩格尔(G. L. Engel)提出超越生物医学模式的生物—心理—社会医学模式,中西医都面临着如何实现医学模式转变的任务,而在这一点上中医学因其比较重视整体和综合,因此在这个转变中有着一定的优势和机遇。

(三)走出中医现代化悖论的怪圈

"中医现代化"是近年提出的比较响亮的关于中医发展战略的口号,然而对于"什么是现代化""如何现代化"等问题,却是见仁见智,争议不绝。一般意义上说现代化就是现代科学化,中医现代化采用现代科学、现代医学的实验实证、分析还原的方法，以客观、规范、定量、精确为基本要求，将中医的概念、理论做客观化、定量化转移，在器官、组织、分子水平上开展中医学的实质研究、"物质基础"研究，使中医的气、阴阳、五行、脏腑、经络、证等抽象概念可以用现代科学、现代医学的语言进行阐释和翻译，从而使中医成为一门物质结构明确、实验指标客观、数据精确、标准具体的科学。有学者认为中医现代化不存在异于现代医学发展道路的另一道路，中医现代化发展的可能结果不是现代化的中医，而是融入现代医学。即使成功引入现代科学技术方法，从总体上看也不可能超出现代医学发展水平。对这种观点一些学者提出不同意见，并正引发一场论争。

我认为中医现代化问题构成一个悖论，那就是中医学要现代化就要科学化，就是丢弃自己的特色；而不现代化，在现代科学技术面前又难以保持自己的特色。20世纪末的中医就处于这种两难的尴尬境地。如何走出这个"悖论"的怪圈，的确需要我们花大力气好好研究，而首先需要解决的就是中医理论模型问题。中医理论模型的改进与提升、中西医思维模型的合理配置与有机融合是中医现代化的关键。

未来的医学应该是一种中西互补的医学，目前提倡的"中西医结合"，应该是中西医思维方式的结合与互补，而不是操作层面的简单结合。就操作层面而言，西医的量化诊断与中医的直悟诊断合参，中西药物与中西医疗手段合用，中西医的预防与预后方法并行，这些都是不难做到的，事实上这些操作在临床上已经采用并取得良好效果。然而就思维方式层面而言，却远远不够，还有大量课题可做。应该看到中医"模型"论与西医"原型"论、中医元气论与西医原子论、中医生成论与西医构成论、中医系统整合论与西医分析还原论等，思维方式与价值理想的不同，才是中西医学的本质区别所在。未来的医学应该逐步消除两者的界限，应该在思维方式上达到一种和谐的配置。这一点，不少中西医结合专家、中医学家、哲学家、医学软科学专家做了艰苦的探索，取得了一些成绩，但探索的路仍然很漫长。

笔者认为未来的医学应该是"地不分南北，医不分中西"，言不必称什么"中医""西医"，而是一种吸取中医、西医理论思维和实践手段之长的新"医学"。换句话说，在中医发展思路上，发扬"优势"重于保持"特色"。如仅就目前中医发展而言，笔者认为应该"有所为有所不为"，不必全面开花，更不要处处与西医相抗衡。应当看到中医在思维方式上的长处和短处，采用"扬长弃短"的态度，只发扬自己的优势，自己的劣势则直接用西医的优势来弥补。思维方式问题最终要落实在疾病治疗上，中医在代谢性、免疫性、功能性疾病以及多组织、多系统、多靶点性疾病的治疗方面，在调整亚健康状态、养生摄生、防老抗衰等方面有着优势，应当"有所为"，而对一些明显处于劣势的疾病则可以"有所不为"。[①]

---

① 张其成：《中医象数思维》，中国中医药出版社，2016 年 9 月，157—163 页。

第二章　中医文化的生命调养——"治未病"

第一节　生命观和养生观

一、生命观

中医学在天人合一思想的指导下，注重整体思维，强调人体的完整性和统一性，认为人与自然、人与社会、人体自身都是一个整体。相较于西方医学中发达的解剖知识，中医学在简单的解剖基础上更加注重身体各部之间的关联，从而形成了独特的身体认知理论。

（一）天人相合

中医学利用取象运数的思维工具，在天人合一的理念引领下，构建象数模型模拟天地节律变化，并将其联系于人体生命节律，形成一种人体生命与天地合气、合德、合时的身体观。《黄帝内经·灵枢·邪客》："黄帝问于伯高曰：愿闻人之肢节，以应天地奈何？伯高答曰：天圆地方，人头圆足方以应之。天有日月，人有两目。地有九州，人有九窍。天有风雨，人有喜怒。天有雷电，人有音声。天有四时，人有四肢。天有五音，人有五脏。天有六律，人有六腑。天有冬夏，人有寒热。天有十日，人有手十指。辰有十二，人有足十指、茎、垂以应之；女子不足二节，以抱人形。天有阴阳，人有夫妻。岁有三百六十五日，人有三百六十五节。地有高山，人有肩膝。地有深谷，人有腋腘。地有十二经水，人有十二经脉。地有泉脉，人有卫气。地有草蓂，人有毫毛。天有昼夜，人有卧起。天有列星，人有牙齿。地有小山，人有小节。地有山

162

石，人有高骨。地有林木，人有募筋。地有聚邑，人有䐃肉。岁有十二月，人有十二节。地有四时不生草，人有无子。此人与天地相应者也。"

中医理论中的气血阴阳、五行藏象、六经气化无一不是对日月运行、寒暑往来的天地之道的模拟。需要强调的是，象模型模拟的是自然规律，而不是自然现象。规律是现象的产生机制。比如，春天有欣欣向荣之象、夏天有万物盛长之象、长夏有湿气氤氲之象、秋天有肃杀凋零之象、冬天有寒冰封藏之象，这些现象所体现的自然规律是天地之气的流转——春生、夏长、长夏化、秋收、冬藏。五行藏象模型是对天地之气流转规律的模拟，肝木应春主生发、心火应夏主炎上、脾土应长夏主运化、肺金应秋主收降、肾水应冬主封藏，这里的肝木、心火、脾土、肺金、肾水就是具体的象模型。

（二）身国同构

中医学认为身体主要包括五脏六腑体系和经络体系，在整体思维指导下，通过五脏六腑体系和经络体系将身体的各个部分联系起来。在五脏六腑体系中，中医将身体以五脏为核心分成五个功能系统，运用类比、类推的方法将身体的组成进行"分合"。在经络体系中，中医将身体气血的运行主要按十二经脉进行循行，从而将身体各部统一起来。

中医把我们身体比喻成一个国家，这个国家里有君主，有宰相，有将军，还有其他大臣。他们各负其责，各司其职，共同治理这个国家。如果各个部门、各个官员都能把自己的工作做好，把自己应该完成的任务完成好，彼此之间协调得和谐、有序，那么这个国家就能够抵御外邪的侵略，人体就能健康长寿；否则敌人就会攻入体内，导致我们生病。《黄帝内经》曰："心者，君主之官，神明出焉。肺者，相傅之官，治节出焉。肝者，将军之官，谋虑出焉。胆者，中正之官，决断出焉。膻中者，臣使之官，喜乐出焉。脾胃者，仓廪之官，五味出焉。大肠者，传道之官，变化出焉。小肠者，受盛之官，化物出焉。肾者，作强之官，伎巧出焉。三焦者，决渎之官，水道出焉。膀胱者，州都之官，津液藏焉，气化则能出矣。"

这样看来，中医的五脏六腑已经超越了具体的组织器官，上升为若干种官职，五脏就好比是一个国家里面的五种官职，通过经络把身体这个国家统领起来。各位官员把身体这个国家治理得井井有条，这个国家就是一个功能齐全的网络系统，人体自然也健康；反过来，任何一位官员罢工，身体都会出现问题，正所谓"牵一发而动全身"。

（三）形神合一

"形"与"神"不仅是中国哲学的一对重要范畴，也是中医身体观中的基本范畴。"形"，即形体，是有形的，看得见摸得着的，包括五脏六腑、气血经络、四肢九窍等。"神"，是无形的，看不见摸不着的，它有两个方面的意思，一个是广义的，生命活力的一切外在表现都叫作神；还有一个是狭义的，那就是专指心神。

神是精神、意志、知觉、运动等一切生命活动的最高统帅。这种广义的"神"包括魂、魄、意、志、思、虑、智等活动，通过这些活动能够体现人体的健康情况。如"目光炯炯有神"就是神的体现，也是生命力旺盛的体现。《黄帝内经》很重视人的"神"，曰："得神者昌，失神者亡。"不仅仅是说治病的，也是说养生的。诊病时，可以用观察病人的"神"，来判断病人的预后，有神气的，预后良好；没有神气的，预后不良。治病时，可以用针灸、推拿、药物等来激发、调动人体自身的"神"——人体的生命活力和自愈能力。养生时，要重在养神，因为神旺则身强，神衰则身弱；神存则活，神去则死。

《黄帝内经》认为，神虽然分布在五脏中，但主要是藏在心脏，"心藏神"。这是狭义的"神"，具体来说就是指人的意识、思维、精神活动。中医认为这些活动是由心发出的，由心主管的。《黄帝内经》中所讲的"心"，不仅仅是指解剖学上的心脏，还包括了大脑。《黄帝内经》曰："心者，君主之官，神明出焉。"《孟子》云："心之官则思，思则得之，不思则不得也。""心"这个器官主要的功能在思维，在思考。"思"字，上为"田"，下为"心"，而"田"的篆文写作"囟"，是人的囟门，所以说"思"这个字就是由大脑和心共同组成的，也就是说中国古人早就认为，人的思维活动、意识活动、精神活动是由大脑和心共同完成的。

人的形体与精神思维不能分开，是一个整体。形象一点说，就是形体和精神一荣俱荣，一损俱损。通俗点说，就是身体好能促进精神健康，精神好能促进身体健康；身体不好会影响精神状态，而过于激烈情绪等精神活动能影响身体健康。

（四）内外对应

身体从视觉角度来看包括两个部分，即显露于外的四肢、躯干、九窍等，以及藏于体内的五脏六腑、气血经络等。中医在"天人合一"思想的指导下，强调人体自身是一个有机的整体，认为身体的各个组成部分是互相联系的，存在对应关系，即所谓的"司外揣内""有诸内必形于诸外"。这种对应关系也是生命"形与神俱"的重要表现，通过身体的外部表现和变化来判断身体内部的变化，也就成为中医诊断治疗的基础。

1. 五脏、六腑、五体、官窍的对应。心与小肠相为表里，在体合脉，开窍于舌。肝与胆相为表里，在体合筋，开窍于目。脾与胃相为表里，在体合肉，开窍于口。肺与大肠相为表里，在体合皮，开窍于鼻。肾与膀胱相为表里，在体合骨，开窍于耳及二阴。

2. 脏腑与舌面的对应。身体内部脏腑病变会反映于舌面，并且具有一定的规律，即舌尖反映心肺病变；舌中反映脾胃病变；舌根反映肾的病变；舌两侧反映肝胆的病变。

3. 五脏与眼睛的对应。《黄帝内经·灵枢·大惑论》将五脏与眼睛进行对应，称为"五轮"学说，即眼睑属脾，称为"肉轮"；两眦血络属心，称为"血轮"；白睛属肺，称为"气轮"；黑睛属肝，称为"风轮"；瞳仁属肾，称为"水轮"。

4. 脏腑与面部的对应。《黄帝内经·灵枢·五色》把人体面部分为明堂（鼻）、阙（眉间）、庭或颜（额）、藩（颊侧）、蔽（耳门），并与脏腑进行对应。庭（前额）——首面，阙上（眉心上方）——咽喉，阙中（眉心）——肺，阙下（鼻根，又称山根，下极）——心，下极之下（鼻柱，又称年寿）——肝，肝部左右（鼻柱两旁）——胆，肝下（鼻端，又称准头、面王）——脾，方上（鼻翼）——胃，中央（颧下）——大肠，挟大肠（面颊下方）——肾，面王以上（鼻端两旁上方）——小肠，面王以下（人中部位）——膀胱、胞宫。《黄帝内经·素问·刺热》指出：额部对应心，鼻部对应脾，左颊对应肝，右颊对应肺，颏部对应肾。

5. 脏腑与寸口脉的对应。寸口脉指的是位于腕后桡动脉所在部位的脉，分为寸、关、尺三部。《黄帝内经·素问·脉要精微论》指出，左寸：外以候心，内以候膻中。右寸：外以候肺，内以候胸中。左关：外以候肝，内以候膈。右关：外以候胃，内以候脾。左尺：外以候肾，内以候腹中。右尺：外以候胃，内以候脾。后世对脏腑与寸口脉的对应，大致均以《内经》为依据而略有改变。现代中医学目前脏腑与寸口脉的对应，多认为左寸对应心与膻中，右寸对应肺与胸中，左关对应肝胆与膈，右关对应脾与胃，左尺对应肾与小腹，右尺对应肾与小腹。[1]

二、养生观

中医对世界的贡献不仅仅是医学上的，更独特的贡献是养生观念，因为中医关注的不是疾病本身，而是生命完整的生活环境与状态，无论是精神情志、饮食居处、行住坐卧均可以在中医理论中找到指导原则，可以说中医就是一种生活方式，因而对人们的现实生活有全面的指导意义。

《黄帝内经》作为中医学的奠基之作，开篇就给我们提出了养生的总原则，《黄帝内经·素问·上古天真论》中说："上古之人其知道者，法于阴阳，和于术数，食饮有节，起居有常，不妄作劳，故能形与神

---

① 张其成：《中医文化学》，人民卫生出版社，2017年8月，14—16页。

俱，而尽终其天年，度百岁乃去。"可见中医入门的第一课是懂得养生之道。

（一）法于阴阳

"法于阴阳"，就是让人体内在的阴阳消长与外在的宇宙自然阴阳变化之道相统一，达到天人合一的境界。而效法天地要有一定的方法和路径，目的是达到"和"。

1. 养生目标

（1）人与自然环境要相"和"。《黄帝内经》认为，人是因天地自然之精气来养育的，因而当自然环境发生改变时，人体也会发生相应的变化。所以人如果能够效法天地阴阳消长之规律而生活，那么人的生命就能尽其天年而终，如果违背自然规律就会变生疾病。因此，中医养生强调人应当主动调整自我，适应自然环境，以达到养护生命的目的。

（2）人与社会环境要相"和"。人生活于社会当中，生活习惯和心理都会受社会环境的影响。例如社会的稳定或战乱，经济状况的高低不同，社会科技的进步，都会影响到人的价值观念和生活态度。因而中医特别重视人性修养的养生作用。如《黄帝内经》提出要以"恬淡虚无，真气从之，精神内守"的精神面貌，坚持"美其食，任其服，乐其俗，高下不相慕"的生活态度，采取"适嗜欲于世俗之间，无恚嗔之心，行不欲离于世，被服章，举不欲在于俗，外不劳形于事，内无思想之患"的处世方式，从而达到健康长寿的目的。

（3）人与人的关系要相"和"。人是群居动物，立于世必与人相交往。每个人都有不同的脾气性格与生活习惯，与人相处融洽与否，必然会影响人的心情、健康乃至寿命。如何融洽地与不同身份的人相处，儒家提出对君要忠、对父母要孝、对兄弟姐妹要悌、对朋友要信，尤其是"己欲立而立人，己欲达而达人""己所不欲，勿施于人"的"忠恕之道"，不仅是人与人之间和谐相处之道，也是保护生命、保全形体的最佳养生方法。

（4）人自身的形与神要相"和"。形与神的关系自古即为中医养生家所重视，嵇康在其《养生论》中认为："精神之于形骸，犹国之有君也。神躁于中，而形丧于外，犹君昏于上，国乱于下也"，"是以君子知形恃神以立，神须形以存"，"故修性保神，安心以全身"，以"使形神相亲，表里俱济"。这着重反映了人生命活动的基本特征与保身长全的关键在于"形与神俱"，其具体表现是：形为神之舍，神为形之主，形生则神生，形存则神存，形亡则神亡。同时，神气主宰形体，统率脏腑功能活动，只有养神才能安形。可以说，"形神合一"是中医养生文化的核心思想，它提倡人要有恬淡虚无的精神境界与平和安详的情绪状态，从而达到"形与神俱，而尽终其天年"的养生目的。

（5）人生活节奏的动与静要相"和"。动静结合是中医养生的一个重要观念。对于动静的理解，早在《老子》中即有"静为躁君"的表述，认为静是动的归宿与主宰。宋代周敦颐在其《太极图说》中进一步提出"动静合一""动静互根"的观点。朱熹则在其《朱子语类》中明确"静者，养动之根；动者，所以行其静"。王夫之在《周易外传·震》中也认为"动静互涵，以为万变之宗"，并在《思问录》中进一步提出"动静皆动"的观点。认为，动静相互为用是生命长生不息的根本，而动静平衡是保持身体活力的关键。中医养生强调动以养形，静以养神，动静兼修，动静适宜，劳逸结合，才是符合生命运动规律的养生之道。

2. 养生特点

中医养生以中医基础理论为指导，因此，表现出注重整体调和、顺应自然、摄养情志、未老先养的特点。

（1）整体调和。中医养生观念注重整体调和，将人与自然、人与社会、人体自身看作一个整体，因此，中医养生要求生命体要顺应自然与社会，甚至支配、改造自然与社会，同时，也要合乎生命体自身的变化规律，使自身保持完整统一。在应对生命体时，强调以调和为主，而非对抗。如《黄帝内经》所言，"正气存内，邪不可干"，中医养生的调和即是通过整体调和，提升内在"正气"，即调整和提高生命体自身的免疫力、抗病能力和自愈能力，这一点尤其重要，这也是中医养生文化的最根本性的特点。

（2）顺应自然。中医养生文化认为顺应自然规律就会得到自然的养育，违背自然规律就会受到相应的惩罚。因此，法天则地是保持健康长寿的基本原则，也是中医养生文化的一个特点。顺应自然规律不仅仅是要顺四时而养、顺昼夜而养、顺地域而养，还要顺应生命体自身的变化规律，因时、因地、因人而养。

（3）摄养情志。中医养生文化认为精神情志活动与人的生命活力密切相关，精神情志畅达，脏腑安和，情志失和，则脏腑气机失调，身体则会出现疾病。《黄帝内经》认为怒伤肝、喜伤心、忧伤肺、思伤脾、恐伤肾，过度的情志变化会扰乱气机运行，内伤脏气。因此，保持情志和悦，有意识地摄养情志，则会气血平和，百病不生，所以养生必先治神，调养精神是中医养生文化的首要方法，也是其重要的一个特点。

（二）和于术数

"和于术数"，就是调和各种养生方法。王冰认为："阴阳者，天地之常道，术数者，保生之大伦，故修养者必谨先之。"张介宾也认为："术数者，修身养性之法也。"具体来说，修身养性的方法还是离不开"食饮有节，起居有常，不妄作劳"，食饮者，充虚之滋也；起居者，动止之纲常，故修养者必谨而行之。杨上善解释说："以理取声色芳味，不妄视听也，循理而动，不为分外之事。"这样才能确保形与神俱，尽终其天年。

1. 心神安定

（1）身心宁静。养静为摄生首务。心神的宁静来自淡泊虚无的情怀，居处的安静必然会减少嘈杂的打扰，《素问·痹论》说："阴气者，静则神藏，躁则消亡。"五脏属阴，阴气就是脏气，人的精神魂魄志意就藏于五脏之内，人能安静，精神完固而内藏，则邪不能干。如果躁动烦乱，就会精气耗散，神志消亡，外邪就会乘虚而入。所以养生首先养

169

静，让内外皆静，就会精神饱满了。

（2）安定乐观。如《素问·上古天真论》说，要"心安而不惧"，《灵枢·本神》中说"和喜怒而安居处"，这就告诉我们，要情绪安定而没有焦虑，要安静、愉快、悠然自得，没有大喜大怒的情绪波动变化，安心于日常平淡的居家生活，寡欲而无过分的喜悦，心态平和、乐观向上，心神就会健康。

（3）不为物累。也就是《素问·上古天真论》所说的"不惧于物"，意思是不要为物欲所累，要心志安闲，少有欲望，没有物欲，不求奇异，不贪、知足，就不会为了追求物欲而苦心钻营地耗费精神了。

（4）不妄想妄为。不要患得患失，妄想妄为。做到《素问·上古天真论》中所言"淫邪不能惑其心"，任何淫邪的诱惑都不能打动恬淡虚无的心境，自然就可以精神内守了。

（5）意志和顺，循理而行。什么是志意呢?《灵枢·本脏》说："志意者，所以御精神，收魂魄，适寒温，和喜怒者也。"就是说，人的志意，是统御精神活动，收摄魂魄，调节人体适应寒冷与温暖变化，以及掌控喜怒哀乐等情志变化的能力。志意和顺，就会精神集中，思维敏捷，魂魄的活动有条不紊，不会发生懊悔愤怒等过度的情志刺激。所以，人的志意要符合天道，要循理而行，注意力要集中，而不是魂不守舍，思想分散，那么做事情就会得当，就不会做出让你后悔的事，或者碰到令你愤怒生气的情况。

（6）用心有度。我们要按照精神活动的规律来安排自己的起居劳逸，劳作要以不感到疲倦为度，用心以不伤神为度，有规律的生活才能精神饱满，心神安宁。王冰解释《素问·上古天真论》中"不知持满，不时御神"时说："爱精保神如持盈满之器，不慎而动，则倾竭天真。"不善于把握和调养精神，自然年不过半百就开始衰老了。

（7）团结友善。内心的安康，精神的富足，和对现实生活的热爱与人际关系的和谐密不可分。就是要具有《灵枢·阴阳二十五人》中说的"好利人""善附人"的品格。首先我们要以固有的民族风俗为乐，愿意帮助人，要善于联络人，地位尊贵却很谦和，这样就能建立良好的养生环境。

（8）适应环境。做到"婉然从物，或与不争，与时变化"，这是《灵枢·通天》中对阴阳平和之人的描述，就是善于顺从和适应一切事物的发展变化，遇事不与人争，善于与时俱进，顺势而变。这样任何情况出现都会游刃有余，心中自然没有滞碍了。

（9）涵养性格。《灵枢·本神》提出了"节阴阳而调刚柔"的养神准则，从一个人的性格上讲，每个人先天禀赋不同，性格中的阴阳气血偏多偏少也不同，而我们要认识自身性格上的缺陷，克服自己的偏胜，补充自己的不足，陶冶气质，达到阴以致刚、阳以起柔、阴阳平和、刚柔相济的自如境界。

2. 食饮有节

（1）食饮常少。人们一般是跟着感觉来决定吃饭和饮水，而且常常以吃得痛快、饮得淋漓为满足，事实上，人体的损害往往在口腹之欲被满足的瞬间就发生了，只是当时感觉不到而已。《素问·痹论》中说："饮食自倍，肠胃乃伤。"饭吃多了难受、水喝多了胀肚的体会恐怕很多人感受过。《彭祖摄生养性论》告诫我们："食过则症块成疾，饮过则痰癖结聚。"我们不要过饥，饥则败气；食勿过饱，过饱则饮食不化，食积日久而郁结成块。也不要感觉到渴了再喝水，渴了的时候容易一口气喝的水量过大，这样会使（饮戒过深，饮水过量）水气停聚两胁之间，遇寒气相搏，则结聚而成痰。明朝太医院吏目龚廷贤辑著的《寿世保元·饮食》篇中也说："食过多则结积，饮过多则痰癖。故曰大渴不大饮，大饥不大食。恐血气失常，卒然不救也。"灾荒之年饥饿的人饱食而死的事时有发生就是验证。所以善养生者养内，不善养生者养外。养内是说使脏腑安宁和顺，调顺百脉，使一身之气运行通畅，百病不作。养外是说以满足口腹之欲为快乐，极尽滋味之美，追求饮食之乐，虽然肌体充腴，面色悦泽，但食物产生的酷热之气内蚀脏腑，耗损精神，怎么能保全身体的健康而达到长寿的目的呢？庄子说："人之可畏者，衽席饮食之间；而不知为之戒，过也。"说的就是人生最怕的，就是在食色之欲上不知有所警戒而太过。

（2）谨和五味。人体阴精的产生，来源于饮食五味，而储藏阴精的五脏，也会因过食五味而受伤。这就是《素问·生气通天论》中所说的"阴之所生，本在五味；阴之五宫，伤在五味。是故味过于酸，肝气以津，脾气乃绝。味过于咸，大骨气劳，短肌，心气抑。味过于甘，心气喘满，色黑，肾气不衡。味过于苦，脾气不濡，胃气乃厚。味过于辛，筋脉沮弛，精神乃央"。过食五味使五味所入的脏气增强，损伤其所克制的脏腑而发生种种病变。《黄帝内经》很多篇章都在强调五味偏嗜带来的身体伤害症状，如《素问·五藏生成论》中说："多食咸，则脉凝泣而变色；多食苦，则皮槁而毛拔；多食辛，则筋急而爪枯；多食酸，则肉胝出皱而唇揭；多食甘，则骨痛而发落，此五味之所伤也。"所以《素问·生气通天论》提出的养生准则是"谨和五味，骨正筋柔，气血以流，腠理以密，如是则骨气以精，谨道如法，长有天命"。谨慎地调和五味，就会使骨骼强健，筋脉柔和，气血舒畅，皮肤致密，这样骨气就精强有力，这样依照正确的养生之道去生活，就会长期保有天赋的生命力。

3. 起居有常

（1）日出而作，日入而息。《庄子·让王》中说："日出而作，日入而息，逍遥于天地之间而心意自得。"人的起居为什么要日出而作，日落而息呢？在《素问·生气通天论》中讲出了其中的道理："阳气者，一日而主外。平旦人气生，日中而阳气隆，日西而阳气已虚，气门乃闭。故暮而收拒，无扰筋骨，无见雾露，反此三时，形乃困薄。"阳气主动，人身的阳气就像太阳一样，没有太阳就没有生命的活动，人没有阳气也就没有了生命的活力，就会死亡。阳气在身体里的运行随太阳的升起落下而涨落，白天时阳气在体表，起到保护身体、抵御外邪入侵的作用。清晨阳气开始活跃，并趋向于体表，人便从睡眠中醒来，开始起床活动，到中午时阳气达到最旺盛的阶段，太阳西下的时候阳气由盛

172

转弱，体表的阳气开始减少，汗孔开始闭合。到了晚上，阳气收敛，据守于内，人体也该休息了，这个时候就不要活动而扰动筋骨，也不要接近雾露潮湿之气，如果违反早晨、中午、晚上这三个时辰里阳气的运动规律，身体就会正气虚弱，容易遭受邪气侵扰而困乏衰薄。

（2）春夏养阳，秋冬养阴。一年四季春、夏、秋、冬更替，周而复始，其中春夏属阳，秋冬属阴。《素问·四气调神大论》说："夫四时阴阳者，万物之根本也。所以圣人春夏养阳，秋冬养阴，以从其根，故与万物沉浮于生长之门。逆其根，则伐其本，坏其真矣。故阴阳四时者，万物之终始也，死生之本也。逆之则灾害生，从之则苛疾不起，是谓得道。"阴阳之气随着四时季节的变化而消长，这也是万物生、长、化、收、藏的根本原因所在，所以圣人是春夏养护阳气，以适应生长的需要；秋冬养护阴气，以适应收藏功能的需要，用这样的养生方法来顺从自然变化的规律，就能和万物一样自然而然地随着生、长、收、藏的生命运动节律来生活。违背了这个规律，就会戕伐生命的根本，损害人体真元之气。所以说阴阳四时，是万物始发与终结的规律，是生存与死亡的本源。违背了四时阴阳规律，就会产生灾害；顺从这个规律，就不会罹患严重的疾病，也就是有得于养生之道了，有智慧的人能够按规律去做，愚昧的人则常常背道而驰。因而《四气调神大论》给出了各个季节的起居原则。朱丹溪认为，这也是中医治未病的具体方法："夜卧早起于发陈之春，早起夜卧于蕃秀之夏，以之缓形无怒而遂其志，以之食凉食寒而养其阳。圣人春夏治未病者如此。与鸡俱兴于平容之秋，必待日光于闭藏之冬，以之敛神匿志而私其意，以之食温食热而养其阴。圣人秋冬治未病者如此。"

4. 不妄作劳

（1）行住坐卧，各得其宜。金元四大家之一的李东垣在《脾胃论》中说："劳则阳气衰，宜乘车马游玩，遇风寒则止。行住坐卧，各得其宜，不可至疲倦。"意思是说行住坐卧各有其适宜原则，并以不感到疲倦为标准，如果劳累疲倦就会伤及身体的阳气。具体怎么做才能"各得

173

其宜"呢？比如洗澡，李东垣说："日晴暖可以温汤澡浴，勿以热汤令汗大出。忌浴当风。"饥困交加的时候怎么办呢？他说："勿困中饮食，虽饥渴当先卧，至不困乃饮食，食后少动作。"睡觉要注意"遇夜汗出，宜避贼风。夜半收心静坐少时，此生发周身血气之大要也。夜寝语言，不损元气，须默默少时，候周身阳气行，方可言语"。抵挡风寒的方法是"汗当风，须以手摩汗孔合，方许见风，必无中风中寒之疾。遇卒风暴寒衣服不能御者，则宜挣努周身之气以当之，气弱不能御而受之者病"。外出旅行遇到传染病时，"饮酒者不病，腹中有食者病，空腹者死"。

（2）勿劳汝形，勿耗其精。《素问·上古天真论》中说"以酒为浆，以妄为常，醉以入房"，这就是"以欲竭其精，以耗散其真"。所谓乐色曰欲，轻用为耗，乐色不节则精竭，轻用不止则真散，大凡疾病所生，都是妄加劳作，"务快其心，逆于生乐"。《养性延命录·服气疗病》记载了《明医论》中的观点："疾之所起，生自五劳。五劳既用，二脏先损。心肾受邪，腑脏俱病。"意思是说，疾病的产生，最初是五劳，如果五劳中的任何一劳发生，都会首先伤及心、肾两脏，而心肾受伤，其他脏腑就都受病了。劳，就是过度辛苦，"五劳者，一曰志劳，二曰思劳，三曰心劳，四曰忧劳，五曰疲劳。五劳则生六极，一曰气极，二曰血极，三曰筋极，四曰骨极，五曰精极，六曰髓极。六极即为七伤，故为七痛"。意志、思虑、心念、忧伤、疲倦，这五方面的过度劳累就会衍生六极，就是气、血、筋、骨、精、髓的极度耗费，六极就是七伤，隋代巢元方《诸病源候论》中提出的"以大饱伤脾，大怒气逆伤肝，强力举重、久坐湿地伤肾，形寒饮冷伤肺，忧愁思虑伤心，风雨寒暑伤形，大怒恐惧不节伤志为七伤"。有七伤就会产生七痛，伤生害生怎能长生呢？

（3）养寿之法，但莫伤之。养生的关键就是不要伤生。什么叫不伤呢？彭祖说："养寿之法，但莫伤之而已。夫冬温夏凉，不失四时之和，所以适身也。"比如冬天注意保暖，夏天保持凉爽，随四时的天气变化调整，让身体舒适。反过来"重衣厚褥，体不劳苦，以致风寒之疾；厚味脯腊，醉饱厌饫，以致聚结之病；美色妖丽，嫔妾盈房，以致虚损之祸；淫声哀音，怡心悦耳，以致荒耽之惑；驰骋游观，弋猎原野，以致发狂之失；谋得战胜，兼弱取乱，以致骄逸之败"。由此可见，如果不分季节地穿着厚重的衣服，盖着沉重的被褥，身体又禁不起体劳辛苦，就会导致风寒疾病；追求肥甘厚味，满足于醉酒饱食的宴饮，就会得中焦痞满的聚结之病；沉迷于美色妖丽，房事不节，就会招致筋骨虚损之祸；放荡的音乐，怡心悦耳，却会因逸乐过度而引起精神上的昏乱；驰骋游观，在原野上射猎，会令人精神和理智上失控而犯下大错；谋得战胜，欺负弱小惹出祸乱，会因骄奢放纵而最终失败。即使是有德行的人有时也可能失去理智，所以养生不能有半点闪失，否则就会伤身害命啊。①

第二节　治未病

一、何为"治未病"

治未病是中医养生学中的重要概念，与养生概念既有交叉也有区别。养生强调的是"养护"，着眼于生命的诸要素。"治未病"强调的是"治"，着眼于危害健康的疾病，强调要"治于未病之先"，亦即预防疾病。因此它的范围比养生更向前延伸，包含了疾病前后及过程中的某些阶段。

"治未病"思想似可溯源至早期中华文化。如《周易·象传·既济》："君子以思患而豫（豫，通"预"）防之。"《道德经·第六十四章》："其安易持，其未兆易谋，其脆易泮（泮，又作"破"），其微易散。为之于未有，治之于未乱。"《道德经·第七十一章》："夫唯病病，是以不病。"《管子》："惟有道者能避患于无形，故祸不萌。"《淮南

<hr/>

① 张其成：《中医文化学》，人民卫生出版社，2017年8月，24—28页。

子》："良医者，常治未病之病，故无病。圣人者，常治未乱之患，故无患。"

《黄帝内经》将这种思想应用于医疗，提出："不治已病治未病，不治已乱治未乱。"其具体的含义又包括三个方面，如《灵枢·逆顺》说："上工，刺其未生者也；其次，刺其未盛者也；其次，刺其已衰者也……故曰上工治未病。"这三个方面可以概括为：未病先防、既病防变和病后防复。

疾病分为未病、将病、已病、病愈，中国传统文化注重防患于未然，这种思想也是中医养生文化的最突出的特点。古代养生学家认为，要想长寿，就必须要做到未老先养。具体表现为未病先防、已病防变、病愈防复这三个方面，创造性地将预防疾病与延缓衰老统一起来，成为维持生命体健康与长寿的第一大法则。

（一）未病先防。《黄帝内经·素问·四气调神大论》中说："圣人不治已病治未病，不治已乱治未乱。"如果病已经形成了再去吃药，已经天下大乱再想治理的办法，就像当你渴了的时候才去打井，兵临城下才去打造兵器，这样不就晚了吗。所以，圣人都是在疾病还没有发生的时候就开始养生和预防，基本的原则就是遵循阴阳平衡之道，顺应阴阳之道的生活就是养生，违背阴阳之道的生活就是走向死亡。《黄帝内经》是黄帝与天师难疑答问之书，其讲述治病没有不是以摄养为先导的，开篇《上古天真论》，紧接着《四气调神大论》，这样谆谆教导，是因为养生是最紧迫的事，就是要治未然之病，不要等病了无法可施。后来秦国的名医秦缓见晋侯病在膏肓，说治不了了，扁鹊视齐侯病在骨髓，诊断是救不了了，这就他们深知不治已病治未病的道理。

（二）既病防变。"既病防变"就是疾病已经发生，就要及早治疗，以防止疾病的发展与传变。《素问·阴阳应象大论》中说："故邪风之至，疾如风雨，故善治者，治皮毛，其次始肌肤，其次治筋脉，其次治六腑，其次治五脏。治五脏者，半死半生也。"就是说外邪侵袭人体，如果不能及时诊治，病邪就有可能由表传里，步步深入，以致侵犯内脏，病情越来越复杂深重。所以防治疾病要掌握疾病的发生发展规律及其传变规律，才能有效地治疗，防止传变深入。《丹溪心法》中说："见肝之病，先实其脾脏之虚，则木邪不能传。见右颊之赤，先泻其肺经之热，则金邪不能盛，此乃治未病之法。"就是说发现肝病了，就要先充实脾脏的虚损，使肝木不能克伐脾土，肝病不能传变给脾。或者是肝病见右脸颊红，说明有肺热，肺属金，金克木，肝属木，所以要先泻肺金之邪热预防肝木受克。清代医家叶天士在用甘寒养胃治疗胃阴虚的方中，加入咸寒滋肾之品，以防胃阴不足日久损及肾阴，并提出"务在先安未受邪之地"的防治原则。

（三）病愈防复。《素问·热论》说："热病少愈，食肉则复。"就是伤寒热病虽然痊愈，如果这时吃肉类等难以消化的食物，就会使热病复发。王冰注曰："是所谓戒食劳也。"因为热病虽然刚刚平稳，但是还有余邪未尽，脾胃气虚，此时如果强进饮食，就会导致旧病复发。《伤寒论》称之为"食复""劳复"。《本草纲目》谓："羊肉大热，热病及天行病、疟疾病后，食之必发热致危。"因而在疾病过后应谨慎养护，待正气恢复，邪气除尽，还要谨守养生之道，防止旧病遗留，迁延不止，久病至虚，再治就难了。

二、"治未病"的流派

古时，中央之帝名叫混沌，南海和北海的帝王分别为倏和忽。倏和忽二人经常在中央之帝混沌那里聚会，混沌很是善待他们，于是倏、忽二帝就想报答他的恩惠，就对混沌说："人都有七窍用来看、听、吃与呼吸，唯独你没有七窍，我们试着为你凿开它！"此后二人每日凿开一窍，第七天时，混沌就死了。

这是《庄子·应帝王》中记录的一则寓言，实际上隐含着中国传统养生学中的一对重要范畴：先天与后天。从宏观上说，出生之前为先天，出生之后为后天；具体到每个生命个体之中，精、气、神又都各自有先天后天之分。先天的生命活动都是符合自然规律的，后天的生命活动因为有了意识的参与而背离自然。后天之气、后天之精以及种种行为都在这种主观意识的操纵下违背着自然，并耗散着自身。中国传统养生文化就是在这一背景下展开的，采取何种方案使后天的生命符合于自然之道，这是中医学养生的核心命题，历史上中医学养生流派尽管千差万别，但可以简单地划分为两类解决方案。

（一）"顺生"方案

第一类，可称为"顺生"方案，即顺应生命的自然生长过程，根据生长壮老每个阶段的生理与心理特征精心呵护生命。所采取的方式包括：主动地适应外界环境，使生理状态保持最优化；采取药物、针砭、按摩等一切外在手段调节自身的失衡状态；通过心身结合锻炼主动提高对环境的适应能力，推迟衰老。从现代角度来考察这一类顺生养生方案，实际涉及了临床医学、预防医学、康复医学等三个层面。

从源流上讲，它又涉及各家养生学派，并主要以中医学养生为主；易家基于"阴阳中和"的思想给予中医学养生思维框架；儒家基于孝道和社会理想的心性之学属于"和为贵"这一体系；早期道教方士的"养生延命"之术虽披有仙学外衣，但就其成就而言，属于后世道教所谓养生延年的小乘之法，亦划归顺生之列；佛家的禅定方法及生活禁忌等内容被中医学养生家有不同程度的吸收，但并非佛学主流。

（二）"逆返"方案

第二类，称为"逆返"方案，其根本思想是：存在一种理想的生命状态，每个人都可以通过特定途径而达到这一状态。从主流上说，易、道、佛三家同属于这一体系，但易家与道家把这种状态视为先天的理想。

金元以后，无论各派由何处入手，都总结出了大致相同的途径：仿照受精卵孕育成人的顺生过程，在自身体内促使阴阳两种能量运化成一个虚拟自我——在这一运化过程中，生命上升为一个新螺旋上的先天境界，能与天道永生；佛家的主张相对道家更为烦琐与多义，其对生命层次的划分也更为复杂，但无一例外地把"佛"作为生命的理想境界，其达致途径除密宗侧重生理变化外，多以心识转化为主，其逆返思想则集中体现为摒弃后天智慧，证见生命本相。此间涉及精致的思辨体系和庞杂的宗教流派，作为一种生命主张，佛家更多的是为传统养生提供了一种悬念，它启迪着所有真挚的生命探索者，人生彼岸圣洁而邈远，像明月一般高悬……

在上述两类解决生命的方案中，任何一家养生流派都不可能简单地归入某一种，只是每个流派在主流上有所侧重，在特定历史阶段有所侧重，在具体策略上有所侧重。但无论何种流派，由于根植于中医文化这一共同土壤，且在长期发展中不断交融与移植，不可避免地带有明显共性，并因此与西方养生文化而迥异。简言之，这种共性即为：内求生命境界，外仿自然秩序，使生命上应天道并谋求永生。

三、"治未病"依靠内求

中医学养生要依靠内求。可是非常遗憾，纵观中国历史，很多人都走偏了，他们走的是外求的路子。在历代皇帝当中，很多人都是去找灵丹仙药以求得长生。秦始皇派徐福去海外找仙药，结果仙药没有找到，连徐福也一去不复返了。后来还有一些皇帝也去找灵丹妙药，炼外丹、吃外丹。结果呢？据统计，中国历史上有二十多位皇帝吃了外丹仙药而死。他们都忘了内求，忘了真正的上等药物正是体内的精、气、神——"上药三品，精与气神"。

中医学养生告诉我们要内求，就是要我们往里求。这是提示我们每一个人都要关注自己，生命就在自己手中，生命更在自己的内求当中，光靠外求是不能健康长寿的。现代人为什么对内求这么陌生，有点不舒服，总是马上想到吃药？平常更是想不到内求。我把现代人不内求原因归结为三个"不"。

第一是不愿意内求，不愿意内观，不愿意内炼。为什么？因为内求毕竟太困难了，你要自己往里看，我们长眼睛就是要往外看的，往里看能看到什么？往外看多容易啊，往里看太困难了。你看去照一个 X 光片，做一个 CT、核磁共振，多容易啊，还要内求什么？内炼也很苦啊，买点药来吃多么简单，又何必要那么辛苦地自我修炼呢？

可是请大家想一想古代养生大家、历代高寿长者，以及历代的名医、大德、高僧、高道，谁不是依靠内求与内炼的。比如说李时珍就发现《黄帝内经》经络的秘密，经络就是内观，向里面看才看得出来。所以他有一句名言，经络是"内景隧道，唯反观者能照察之"。

第二是不敢内求。自己内求，静下心来往里看，一闭上眼睛往里面一看，黑黑的，什么都没有。很容易出现幻觉，心中一紧张，就有点害怕，有点恐惧，所以不敢内求。

第三是不屑于内求。总是觉得内求是虚的，神神秘秘的，能有什么效果啊，还不如买点药来吃，药物是实实在在的，吃了之后就有反应。内求要自己锻炼，自己调理自己的经络、脏腑、气血，这些东西存在吗？炼了之后有效果吗？一旦看不见，一旦没有立刻的效果，马上就否定它：肯定没有这些东西。

久而久之，我们现代人就越来越偏离了中医学最珍贵的内求思想，越来越丢弃了祖先给我们留下来的稀世珍宝。这是多么可惜啊！

四、"治未病"四大方法

中医学"治未病"方法表现在四个方面，这也是我们每一个人天天都在经历的生命过程。"治未病"的目的是通过饮食起居、情志调理、运动疗法及中草药等多种措施，调养体质，调理身体阴阳气血等平衡，增强人体抗病能力，让人体少生病、不生病，纵使得病也能尽快痊愈，痊愈后少复发。说白了，"治未病"的核心就是养成一种健康的生活方式。

（一）饮食

许多人意识到自己亚健康，就会有给自己补一补的想法。但由于每个人体质不同，适合别人的补品不一定适合自己，弄不好反而"补"出其他疾病。因此，在进补之前，最好先了解自己的体质后再做决定。

体质偏热型就平时多注意少吃热性食物，自然偏寒型的就少吃寒性食物，饮食讲究"少、杂、淡、温"，通俗讲就是"少食；少荤多素，少细多粗；少盐、少油、少糖；低热量食物"。

中医学把食品分成五类，即寒、热、温、凉、平，一个人的体质也可以分成阴阳五行等不同类型。比如说，一个体质属阳、热性体质的人，就能吃绿豆、西瓜、甜瓜、梨等凉性食物，达到阴阳中和的效果。同样地，一个体质属阴、寒性体质的人，则宜多吃些羊肉以及辣椒、虾米、核桃等热性食物。养生之道最重要的还是学习积极入世的人生态度。

（二）起居

中医学养生要求起居需符合阴阳变化规律，子时是阴气最旺之时，我们该在子时之前睡觉，卯时阳气上升，我们该起床。对上班族而言这是难上加难的事，因此，夜生活不要太丰富，静静地待着就好，吸烟、喝酒、跳舞这些最好不要出现。

（三）运动

现代人缺乏运动，一是没时间；二是压根不知道怎么运动，我特别推荐了一款简单而有效的健康运动——"八段锦"，"八段锦"属于一种导引功，体势有坐势和站势两种。坐势练法恬静，运动量小，适于起床前或睡觉前穿内衣锻炼；站势运动量大，适于各种年龄、各种身体状况的人锻炼。但是一定要注意"用功"全身心地投入去接受大自然之气。

（四）情志

所谓养生养的是"精、气、神"。三者之中，养神是首要，养精是基础，养气是关键。想把这三者养好则要注重饮食、精神、运动、起居相结合，这当中又包括了《易道》强调的"阴阳中和"。

情志养生关键就在于"调神"。这就要求我们心平气和，不急躁，将自己融入天地之间，集中精神，用神导气，则强调"调和情志"。

我曾对中国多名老中医的养生理念与实践进行深入研究。发现这些长寿老中医当中，有人不吃肉，有人不吃素，还有人偏爱肥猪肉，吃方面可说是五花八门，形形色色。然而，他们都有一个共同点，就是积极乐观，豁达大度，有的人到了八十多岁还坚持上班，积极做事。他们都保持乐观、愉快的心情，绝不会成日骂人，怒气冲天、怨声载道，这才是值得我们学习的中医学养生之道。

第三节 "四有"养生是健康生活方式

一、饮食有节

所谓饮食有节，这是两千多年以前《黄帝内经》提出来的，在那个时候都要强调吃东西、喝酒要节制，何况在丰衣足食的今天？所以现代人饮食首先要做到一个"节"字。如今吃得太好、吃得太饱是普遍现象，结果导致营养过剩，甚至引发疾病。民间流传有一句话：早上吃得好，中午吃得饱，晚上吃得少。这就是遵从《黄帝内经》中"法于阴阳，和于术数"养生原则的具体做法。饮食要顺应人体的代谢规律，要顺应一天阴阳的变化规律。早上是人体代谢率最高的时段，也是各种细胞最需要能量的时候，所以早餐一定要吃好；中午人体代谢率处于平稳阶段，需及时补充能量，维持人体正常运转；晚上人体开始进入休息状态，代谢减慢，代谢率大概只有白天的一半，所以只需适量饮食，维持一定能量就可以了。

在生活中，很多人做不到饮食有节，而是恰恰相反。有的上班族早晨匆匆忙忙起床不吃早餐，或者拿上一个面包边赶路边吃，中午吃个盒饭，晚上狠狠吃一顿，碰上要熬夜，夜间还加餐。长此以往，身体不垮都不行。

好的饮食习惯必然要尊重身体本能，尤其晚餐要做到"节"，要认识到晚餐多吃的危害，晚上吃得太多、太饱百害而无一利。《黄帝内经》有言"胃不和则卧不安"，佛家讲"过午不食"，这都是有道理的。当然不是说晚餐一律不能吃，但少吃是必须的。如果晚上吃多了怎么办？经验告诉我们，若想长生，就要"肠中长清"，要限制进口，鼓励出口，最好要养成饭后排便的习惯。如果做不到，可以学习练习提肛收腹功，长期坚持有利于排便，让身体复归自然，自然精力充沛、延年益寿。

二、起居有常

"养生之诀当以睡眠居先。"中医养生学认为，睡眠养神。年轻时因为工作压力大，尤其在编写《易学大辞典》《易经应用大百科》时，熬夜加班到下半夜是家常便饭，再加上饮食不规律，身体处于亚健康状态，人显得很苍老。后来逐渐认识到睡眠的重要性，日常起居遵循"法于阴阳，和于术数"的总原则，做到"寅兴亥寝"，完全按照太阳升降的规律来作息，来保养精、气、神，如今精力充沛，容光焕发。

现代社会里"夜不安寐"的人日趋增加，长期如此，往往会严重影响身体健康，有的疾病频发，有的甚至会影响心理健康，使得工作和生活变得一团糟。如何才能夜卧安然呢？睡眠好的六字秘诀是"先睡心，后睡眼"，就是心里要有个暗示：该睡觉了，然后静心闭眼进入睡眠，睡眠加入意念这是最重要的。

就一天而言，有二十四个小时，古代分为十二时辰（两个小时为一个时辰）。按照中医学天人合一的原理，人体十二条经脉、十二脏腑正好对应着十二时辰。由于时辰在变，因而不同经脉中的气血在不同的时辰也有盛有衰。所以人一天的起床、睡觉、劳动、工作应该遵循一天十二时辰的变化规律，如果顺应了这个规律，身体就健康；如果违背了这个规律，就可能生病衰亡。

其中子、午、卯、酉时的起居作息尤为重要。按照时辰阴阳变化的规律，子时（半夜的十一点到次日一点）阴气最旺盛，胆经当令，《黄帝内经》里有一句话叫"凡十一藏皆取决于胆"，所以此时是深度睡眠的时候。到了卯时也就是早晨的五点到七点，这个时候是大肠经当令，所以起床后要正常地排大便，把垃圾毒素排出来，要养成早上排大便的习惯。到了午时也就是中午十一点到下午一点，这个时候阳气最盛，经过一上午的劳动工作，到午时就疲惫了，觉得有点犯困，这时是心经当令，宜睡午觉，即使睡不着，闭一会儿眼睛都有好处。到酉时也就是下午五点到七点，这个时候是肾经当令，这个时候需要补充肾精，使肾水不要枯竭。

针对现代不少人失眠的问题，有一个简单的按摩方法，就按摩两个穴位，一个劳宫穴，一个涌泉穴。劳宫穴在手掌心，涌泉穴在脚掌心稍稍往前一点的位置。先用左手劳宫穴按摩右脚涌泉穴，再用右手劳宫穴按摩左脚涌泉穴，按摩到微微发热为止。这样有助于促进心肾相交，有助于睡眠。但按摩时切忌功利心太强，不要老想"我怎么还睡不着？"要顺其自然，保持心神安静。

三、导引有功

《黄帝内经》主张"不妄作劳"，意思是适度运动有益身心健康。导引术传承千年，动静结合，形神共养，如太极拳、五禽戏、八段锦等都是适合现代人习练的导引运动。以易道原理和《黄帝内经》为基础，笔者将道家的内丹功和密宗的脉轮学说结合起来，加以简化，并在修习中不断改进，创编了适合现代社会的"易道功"，其最大特点是简单易学。在"新冠"肺炎疫情期间，曾通过直播等方式教授万千大众习练易道功，受到广大习练者的追捧和肯定。

"易道功"一共分五步，第一步叫筑基，意思就是打基础，至少要一百天，叫百日筑基。把基础打牢了，就会逐渐有一个健康的底子。练功最好是在早晨太阳刚刚升起时在户外练习，面对着青山绿水，面朝太阳，平静站定，眼睛全闭，凝神静气，全神贯注，缓慢做动作，一套动作连续下来要半个小时，要用心、用神去慢慢感悟、体会。易道功的基础功夫分调身、调息、调神三步。调身使体和气顺；调息则气静神宁；调神则是三步中的关键，让意念集中在海底轮会阴穴，体会神清志平、百节皆宁的状态。

"易道功"的第二步是小太极功法。小太极在人体的腹部和腰部这个区域，是生命元精元气所藏的地方，是生命的原动力，本源能量的储藏中心。小太极练好了，生命的原动力就调动起来了，人就充满活力，精气饱满、精力旺盛。精气充足就有了强盛的免疫力，抗病能力强，百病不侵。这个小太极一定要转动起来，当你能练得转动起来，就可以控制肠胃运动，最简单直接的效果就是可以控制排气和排便，及时排泄、排毒，身体放空，就能神清气爽，身轻如燕，当然就可以减肥了。第三步是中太极，是打通小周天也就是任督二脉的气道，让气血流畅。第四步是大周天，就是打通十二经脉。最后一步是无极功，静功是打坐，动功就是自发抖动，全神贯注，融于天地之间，万物与我为一，天地与我并生，忘却自我。练功之后感觉一定是舒服的，全身暖融融的，有的人会微微出汗，全身通畅，长期坚持修炼，可发动你生命能量小太极，提升天地生命大能量。

四、修心有方

修心和养神紧密相连，形与神是人体生命不可分割的两个方面，《黄帝内经》中把这种关系称为"形与神俱"，神对人体功能起着主宰和调节的作用，因此修心养神是养生的最高境界。

修心是中国文化对人生的基本要求，《周易》提出"洗心"，儒家说"正心"，道家说"清心"，佛家说"明心"，中医说"调心"。总之修心是人生最重要的，王阳明说"心外无物"。养生最重要的就是修心，是养心，心可以分成三个层面。

第一个层面是心态，与中医学的七情五志有关。《黄帝内经》中强调"志意者，所以御精神，收魂魄，适温寒，和喜怒者也……五脏不受邪矣"。七情五志在保持身体健康方面起着重要作用，而平和的心态是健康的基础。

第二个层面是心智，核心是思维方式，要改变追名逐利的思维方式。其实儒家、道家、佛家都曾论述心智，就是打破固有的、功利性的思维方式，回到生命的本源。现在许多人就是因为欲望太多了，所以心不安。《黄帝内经》所说的"恬淡虚无"的"虚无"是心灵纯净、没有杂染，这与孔子的虚无、释迦牟尼的虚空境界是一样的。也就是王阳明所说的"无善无恶心之体"。

第三个层面是心灵，是一种信仰、精神的归属，是修心的最高境界。具体来说，就是现代中国人要有高度的文化自信，有中华优秀传统文化的信仰。当一个人有了信仰，他的心就安稳了，不乱不躁了。心态、心智、心灵三个层次逐层递进，缺一不可，这才是生命的本质。只有心态平和、心智开启、心灵纯净且有信仰，这样才能获得幸福快乐。

"养生就是养成一种健康的适合自己的生活方式"，养生是中华优秀传统文化在日常生活中的应用，是一种世俗的行为方式，而不是要找到某个特定的地方、抽出特定的时间、用一种特殊的方法或者吃什么特效的食物药方，养生的真谛是要在日常生活的各个方面回归"天真"，回归生命的本源，顺应自然规律，这样生命才可以健康长寿、幸福快乐。

第三章 中医文化的疾病诊疗——"整体辨证"

第一节 疾病观和治疗观

一、疾病观

疾病因何而来？我们该如何阐述疾病的内在机制？这些问题是中医作为生命科学的属性所必然要面对的问题。中医过用为病、阴阳失调的疾病观，把视角从外在的刺激因，拉回到生命内在的平衡论上来，赋予中医文化学更具根本性与前瞻性的科学价值。

（一）过用为病

在致病原因的认识上，中医与西医有很大的不同。西医的病因会归结到外在因素如细菌、病毒、烟酒、异体蛋白等，是这些因素刺激机体发生炎症反应、免疫紊乱、基因突变等结果导致器官功能的损伤而产生疾病。只要找到病因，就可以针对病因治疗，这种探寻疾病真相的因果理论属于认识论范畴。中医则是从实践的角度来认识疾病，关注点不是疾病的局部，而是与天地相参，从生命的整体和自然界的环境变化来考虑疾病的发生，是属于生命活动如何导致疾病的实践论范畴。《黄帝内经·素问·上古天真论》告诉我们，人的正常寿命应该是"过百岁乃去"，可是现实中为什么能过百岁者很少呢？因为现在人"以酒为浆，以妄为常，醉以入房，以欲竭其精，以耗散其真，不知持满，不时御神，务快其心，逆于生乐，起居无节，故半百而衰也"。这些生活中的不良行为是破坏人体正气导致疾病的根本病因。

187

1. 生病起于过用

中医认为疾病的根源在于贪欲过用、逆于生乐、起居无常等不节的生活方式导致的。《黄帝内经·素问·经脉别论》中提出"故春秋冬夏，四时阴阳，生病起于过用"的发病观。张介宾认为："五脏受气，强弱各有常度，若勉强过用，必损其真，则病之所由起也。"因为人的脏腑、经脉、气血、阴阳，在适应春夏秋冬、四时昼夜、喜怒哀乐、饮食劳倦的自然与人事变化时，有一个能够自动调节的范围，这个可调节的范围是有限度的，只不过人体自我调节的潜能极强，冷一下、热一下、贪黑、熬夜，觉得没什么大不了的危害。而事实上疾病就是这样一点点积累起来的，如果超出人体能调节和承受的范围，脏腑功能就会因失常而产生疾病。如《寿亲养老新书·保养篇》中说："五脏受气盖有常分，不适其性而强之，为用之过耗，是以病生。善养生者，保守真元，外邪客气不得而干之，至于药饵，往往招徕真气之药少，攻伐和气之药多。故善服药者不如善保养。"这就是说，五脏受气是有一定限量的，不适应五脏之性而让身体强行工作，是用之过耗，这样就会生病。所以，善养生的人注重保守人体天真自然的元气，外面的邪气或非四时正常之气就不会侵害身体，影响健康。用药也是一样，往往能够给身体增加真气的药比较少，而攻伐身体平和之气的药非常多。所以善服药不如善保养。宋代思想家邵康节有首诗说："爽口物多终作疾，快心事过必为殃。知君病后能服药，不若病前能自防。"宋朝淮南转运副使郭康伯遇到一位神人传授给他保身卫生之术，也有四句话，"自心有病自心知，身病还将自心医。心境静时身亦静，心生还是病生时"。郭康伯相信并照话去做，身体比常人强很多，活了快一百岁。

2. 邪不能独伤人

同样的环境，同样的气候，同样的工作，同一个家庭，同样的饭食，为什么有人得病，而有的人不得病呢？

中医认为，风、寒、暑、湿、燥、火这六气（又称为"六元"）是六种正常的季节气候变化，是万物生长化收藏和人类赖以生存的必要条件；当六气异常变化，如六气发生太过或不及，即非其时而有其气，以及当令气候变化过于剧烈或急骤，超过个体的适应能力，成为外感致病因素，或者当个体的正气不足，抵抗力下降，不能适应正常气候变化，六气也能成为致病因素，就称为六淫。

中医认为"正气存内，邪不可干"，对于健康的人体来说，六气是"无不为利，无不为害"的，不是必然的致病因素。《灵枢·百病始生》说："风雨寒热，不得虚，邪不能独伤人。卒然逢疾风暴雨而不病者，盖无虚，故邪不能独伤人。"邪气随时都在，只有身体虚弱的人才会被邪气侵袭得病，而突然遭遇急风暴雨却没有生病的人，是因为身体没有虚损，所以说"邪不能独伤人"。风、寒、暑、湿、燥、火这些虚邪之风是外因，身体的虚损是内因，两个因素同时具备，病邪才会侵入人体，所以说"此必因虚邪之风与其身形，两虚相得，乃客其形"。而风雨寒暑四时的正气叫实风，身体健壮、肌肉坚实叫实形，如果是"两实相逢，众人肉坚"就不会生病。疾病的产生，决定于四时之气是否正常，身体是否虚弱，有虚有邪才会生病，这就是所谓"其中于虚邪也，因于天时，与其身形，参以虚实，大病乃成"。

3. 三因病说

中医病因学说发展历史悠久，春秋时期秦国名医医和提出"六气病源"说，即疾病由"阴、阳、风、雨、晦、明"六种因素导致；《内经》理论形成时期，将病因分为阴阳两类，"生于阳者，得之风雨寒暑，生于阴者，得之饮食居处，阴阳喜怒"，并认为喜怒不节伤脏，风雨伤上，清湿伤下。汉代张仲景提出"三分病因"法（也称作"三途径病因"说），即"一者经络受邪，入脏腑，为内所因也；二者四肢九窍，血脉相传，壅塞不通，为皮肤所中也；三者房事金刀虫兽所伤"。晋代葛洪提出内疾、外发、它犯的"三因论"。隋代巢元方在《诸病源候论》中首次提出了具有传染性的"乖戾之气"病因说。宋代陈无择的"三因学说"开始以六淫邪气为外因，情志所伤为内因，饮食劳倦、跌扑金刃、虫兽所伤为不内外因。现代病因学说将六淫、疠气归为外感性致病因素，将七情所伤、饮食失宜、劳逸失度归为内伤性致病因素，将外伤和病理产物致病归结为其他致病因素。意外伤害的病因要按照不同的情况来具体分析，下面仅就内伤、外感做一简要介绍。

（1）内伤损正：正气由内而伤，多由于七情失调、饮食不节、起居失常所引起。

七情，是指喜、怒、忧、思、悲、恐、惊七种正常的情志活动。七情过激，可使人气机紊乱，脏腑阴阳气血失调，从而导致疾病发生。因七情发于内，与五脏相关，故称为"内伤七情"。七情分属五脏，五脏藏神，五脏的精、气、血是七情活动的物质基础，《素问·阴阳应象大论》中说："人有五藏化五气，以生喜怒悲忧恐。"当脏腑阴阳气血失调，调节能力降低时，即使不太强烈的刺激也会使人失去对情志的控制而发病。

内伤七情致病可直接伤及脏腑。因为心在志为喜，肝在志为怒，脾在志为思，肺在志为忧，肾在志为恐，故有怒伤肝、喜伤心、思伤脾、悲伤肺、恐伤肾的表现。而心藏神，为"五脏六腑之大主"，故七情致病首先伤心而影响心神活动。所以说"悲哀愁忧则伤心，心动则五脏六腑皆摇"。情志不调使气机紊乱而影响脏腑，表现为怒则气上、喜则气缓、悲则气消、恐则气下、惊则气乱、思则气结。气机失调又可妨碍机体的气化过程，引起精、气、血、津液的代谢失常，数情交织，伤及潜病之脏腑，从而继发多种病症。

饮食不节偏嗜无度可聚湿、凝痰、化热，使脾胃纳化失调而致疾病。饮食本是人体营养的主要来源，脾胃受伤则无以运化水谷，全身脏腑关窍得不到营养就会变生疾病。

起居失常主要表现为生活没有规律，劳逸过度。劳指劳累，逸指安逸。过劳包括劳力过度、劳神过度、房劳过度。过逸指长期不劳动，也不运动，所谓久卧伤气，就是过度安逸。起居失常导致身体功能紊乱，或过用耗伤正气，或过逸气血不畅，成为内伤或外感疾病的根本病因。

（2）外感时邪：当人体正气受损，四时六淫邪气就会乘虚而入使人体受病。因为人体虚损部位不同，所受邪气性质不同，邪气侵袭人体的部位、发病的表现也就不同。六淫致病有以下特点。

外感性：六淫致病途径，多从肌表、口鼻而入，并有由表及里的传变过程，因而六淫所致疾病统称为"外感病"。

季节性：六淫致病常有相对季节性。如春季多风病，夏季多暑病，长夏多湿病，秋季多燥病，冬季多寒病。因而六淫所致疾病，又称之为"时令病"。

地方性：六淫致病常与生活、工作的区域环境密切相关。如久居湿地易发湿病，高温作业易发火热病症。

相兼性：六淫邪气既可单独侵袭人体致病，又可两种或两种以上同时侵犯人体而致病。如风寒感冒、湿热泄泻、风寒湿杂致的痹症等。

转化性：六淫邪气在致病过程中，其症候的性质常常会发生转化。如寒邪入里可以从阳化热、暑湿日久可以化燥伤阴等。

（二）阴阳失调

无论是内伤导致正气虚损，还是六淫邪气作用于人体，对机体引发的一系列反应就是我们所说的病机，《素问·至真要大论》说要"审查病机，无失气宜""谨守病机，各司其属"。中医认为，脏腑气机失常，气血津液紊乱，其根本的机制是身体阴阳平衡被破坏导致的一系列病理反应。

1. 生本于阴阳

《素问·生气通天论》说："生之本，本于阴阳。"阴阳是什么呢？《素问·阴阳应象大论》中说："阴阳者，天地之道也，万物之纲纪，变化之父母，生杀之本始，神明之府也，治病必求于本。"阴阳是宇宙万物存在和变化的根本，阴阳的变化规律是宇宙万物变化的根本规律，也是维系万事万物的纲纪，是万物产生、变化和消亡的原因，万事万物神妙莫测的变化是阴阳运动的结果。每一个事物都是由阴阳构成的，其性质是由阴阳来决定的。就像每一个人的性格都有阳刚的一面，也有阴柔的一面。一个可以在阴阳之间收放自如的人就是一个阴阳平和的人。

191

阳主"动"，升散而化气成为天，阴主"静"，凝聚成形而为地，阳能生万物，太过亢盛就会令万物焦枯而杀万物，阴能长万物，太过阴柔就会令万物凝固而封藏万物，阴阳变化是人生命的产生与死亡的根源。因此"阴平阳秘，精神乃治，阴阳离绝，精气乃绝"。只有阴精平顺而稳固，阳气固密而不宣泄，人的精神就平和充实，阴阳分离，断绝转化，人体的精气就会随之竭绝而死亡了。

"人生有形，不离阴阳。"（《素问·宝命全形论》）阴阳既无所不指，又所指无定在。就人体而言，阴阳既可指寒热，又可指血气；既可指脏腑，又可指虚实。如《素问·金匮真言论》说："夫言人之阴阳，则外为阳，内为阴。言人身之阴阳，则背为阳，腹为阴。言人身之脏腑中阴阳，则脏者为阴，腑者为阳。肝、心、脾、肺、肾五脏皆为阴，胆、胃、大肠、小肠、膀胱、三焦六腑皆为阳。"阴阳互根互用，"孤阴不生，独阳不长"，"阴在内，阳之守也；阳在外，阴之使也"。阴阳既对立制约，又消长转化，始终维持着动态的平衡，一旦平衡被打破，就会导致"阴胜则阳病，阳胜则阴病"（《素问·阴阳应象大论》）。

2. 病生于阴阳

《素问·调经论》曰："夫邪之生也，或生于阴，或生于阳。其生于阳者，得之风雨寒暑；其生于阴者，得之饮食居处，阴阳喜怒。"认为一切疾病发生的部位，或者从阴而生，或者从阳而生。风雨寒暑这些自然之气侵袭人体，多伤及阳，病生于表，就是我们常说的外感；饮食不节、起居失常、阴阳失调、情志失常，多伤及阴，病生于里，叫作内伤。当机体的阴阳双方失去相对的平衡与协调，就会出现阴阳偏盛、偏衰、互损、格拒、亡失等一系列病理变化。

（1）阴阳偏盛。《素问·阴阳应象大论》提出："阳胜则热，阴胜则寒。"这是从邪气的性质而言，阴阳邪气偏胜时主要导致机体的寒热症候。《素问·调经论》指出："阳盛则外热""阴盛则内寒"是从机体本身阴阳而论，一方面感受温热阳邪，或虽感受阴邪但从阳化热，或由于情志内伤、五志过极而化火，或因气滞、血瘀、食积等阳气郁而化热，或长期恣食辛辣、肥甘，或过用、误用温补壮阳之品等引起阳偏胜。临床可见壮热、烦渴、面红、尿赤、便干、苔黄、脉数等症状。另一方面由于感受寒、湿阴邪，或过食生冷，寒邪中阻，阳气的温煦等机能受到抑制，或素体阳虚，无力温化阴寒等，从而导致寒湿内聚，阴寒内盛。临床可见厥逆、腹冷痛、泄泻、水肿、痰液清冷等症状。

（2）阴阳偏衰。是指人体阴精或阳气亏虚所引起的病理变化。多由先天禀赋不足，或后天失养，生化不足，或劳倦内伤、久病等致病。阳虚则寒，多表现为阳气虚损不能制阴，阴相对亢盛的虚寒证。可见畏寒肢冷、面色㿠白、舌淡脉迟等寒象，亦可见蜷卧神疲、小便清长、下利清谷等虚象。阴虚则热，多表现为阴液不足不能制阳，阳气相对偏盛的虚热证。可见五心烦热、骨蒸潮热、并见消瘦、盗汗、口干、舌红、脉细数等阴虚内热表现。

（3）阴阳互损。阴阳互根互用，如果阴阳失调长期得不到纠正就会互相损伤。阴虚导致阳生化不足，或阳气无所依附而耗散。阳虚则阴无以化，则阴精生化不足，从而形成阴阳两虚的症状表现。

（4）阴阳格拒。当阴阳双方出现非常悬殊的盛衰变化，盛者壅遏于内，将另一方排斥格拒于外，阴阳之间不相维系，从而出现真寒假热或真热假寒的格拒现象。

（5）阴阳亡失。当机体的阴液或阳气突然大量亡失，导致阴阳即将离决、生命垂危的病理状态。或出现面色苍白、四肢逆冷、精神疲惫、神情淡漠、恶寒蜷卧、大汗淋漓（汗稀而凉）、心悸气喘、舌淡而润、甚则昏迷、脉微欲绝等严重虚寒的亡阳危象。或出现汗出不止、汗热而黏、手足尚温、喘渴烦躁，或昏迷谵语、身体干瘪、皮肤皱褶、目眶深陷、脉疾躁无力等亡阴症状。[①]

二、治疗观

解决生命问题是中医的基本功用之一，治未病是中医的独有思想，

---

① 张其成：《中医文化学》，人民卫生出版社，2017年8月，16—20页。

而治疗的本质就是调和阴阳，疾病发生后首先要辨证求本，确定标本缓急，三因兼顾地考虑时令节气、地域特点和患者体质，体现了中医抓根本、分轻重、善思辨、顾大局的治疗观。

（一）调和阴阳

中医辨证的目的就是辨别阴阳，张介宾曾说"脉有阴阳，证有阴阳，气味有阴阳，经络藏象有阴阳，不知阴阳所在，则以反为正，以逆为从"，所以要如《素问·至真要大论》所言："谨察阴阳所在而调之，以平为期。"阴阳是生命之本，也是生病之本，更是治疗之本，中医的治则治法必以阴阳为纲，"调气之方，必别阴阳，定其中外，各守其乡"。在此原则之上，《素问·至真要大论》给出了一系列治疗方法。

"正者正治，反者反治。"这是阴阳表现在从脉证关系的逆从而言。张介宾解释说："若阳经阳证而得阳脉，阴经阴证而得阴脉，是为正病，正者正治，谓当以寒治热、以热治寒，治之正也。若阳经阳证而得阴脉，阴经阴证而得阳脉，是为反病，反者反治，谓当以热治热，以寒治寒，治之反也。"

"微者逆之，甚者从之。"这是阴阳表现于病象真假与治法的关系而言。张介宾解释说："病之微者，如阳病则热，阴病则寒，真形易见，其病则微，故可逆之，逆即上文之正治也。病之甚者，如热极反寒，寒极反热，假证难辨，其病则甚，故当从之，从之下文之反治也。"

正治法是临床上的常规治法，除了"寒者热之，热者寒之""微者逆之，甚者从之"，还有"坚者削之，客者除之，劳者温之，结者散之，留者攻之，燥者濡之，急者缓之，散者收之，损者温之，逸者行之，惊者平之，上之下之，摩之浴之，薄之劫之，开之发之"，选择何种治法，以病症的具体情况来定。

反治法是临床上一些反常病症所用的特殊治法，如"热因寒用，寒因热用"，是指某些外感热病，当里热盛极，阳盛格阴，见四肢厥冷之寒象，寒象是假，里热是本，故仍须用寒凉药物治疗。如某些亡阳虚脱病人，由于阴寒内盛，格阳于外，见面颊浮红、烦躁等热象，因其热象是假，而阳虚寒盛是本，故仍以温热药治疗。"塞因塞用，通因通用"是指中满而虚者，通之则虚尤甚，当补其虚而满自愈，为塞因塞用之义。内实而下利者，涩之则实更甚，当通其实，则利自止，为通因通用之义。

不管正治反治，逆治顺治，其原则都是求本而治，"必伏其所主，而先其所因"。张介宾解释说："伏其所主者，制病之本也。先其所因者，求病之由也。"

(二) 标本缓急

任何疾病的发生和发展都会通过若干症状表现出来，如何通过疾病的外在表现，找到疾病的本质和根源，是治疗疾病的关键。《素问·标本病传论》中说："知标本者，万举万当；不知标本，是谓妄行。"《素问·移精变气论》中说："标本不得，亡神失国。"所以说"治病必求于本"，但疾病发展有标本主次位置的问题，也有先后缓急的变化，具体治疗是如何取舍，《素问·标本病传论》提出了"急则治其标""缓则治其本""标本兼治"三个治疗原则。

急则治其标："先热而后生中满者治其标"，张介宾认为，各种常规疾病都应先治其本，而独有中满者先治其标，是因为中满这个病，其病邪在胃，胃是脏腑之本，"胃满则药食之气不能行，而脏腑皆失其所禀"，所以要先治中满，也是治本的前提。另外"小大不利治其标"，张介宾认为，小大不利就是二便不通，这是危急之候，虽然是标病，必先治之。所以对于危及生命的急重病症，要先治标病，标病缓解后再治本病。如大出血病患，应先止血。或原有宿疾又复感外邪者，应先治外感，再治宿疾。

缓则治其本：这是常规治法，就是没有危及生命的危急重症，就要求本而治。如"先病而后逆者治其本，先逆而后病者治其本，先寒而后生病者治其本，先病而后生寒者治其本"。如肺痨病人，其咳嗽等征为标，阴虚内热为本，应先滋阴润肺解决阴虚的矛盾。

标本兼治：标本从何下手，要"谨察间甚，以意调之，间者并行，

195

甚者独行"。就是看病情是轻浅还是深重，病情轻浅当然是标本兼顾，标本俱急并重时也要标本兼顾，如外感热病，热邪入里，里热实证不解而阴液大伤，导致腹满硬痛、大便燥结等正虚邪实病症，则清泻实热以治本的同时，要滋阴增液以治标。如单用泻下，恐进一步耗伤津液，单用滋阴又不足以泻在里之实。故此要清泻实热可存阴，滋阴"增水行舟"以治本。

有时治标治本互相矛盾，治标碍本，治本妨标，就要看有余或不足。"病发而有余，本而标之，先治其本，后治其标；病发而不足，标而本之，先治其标，后治其本。"

标本是中医的重要范畴，包含了病因、正邪、先后、缓急、医患、气象、治疗等诸多方面，《素问·至真要大论》中说："夫标本之道，要而博，小而大，可以言一而知百病之害。言标与本，易而勿损，察本与标，气可令调，明知胜复，为万民式。天之道毕矣。"可见抓住标本，就可以知道百病为害的缘由，分析疾病就比较简单而不至有缺损，可以调顺气机，明白六气胜复的道理，可以指导百姓生活的方式，自然之道尽在标本之中了。

(三) 三因兼顾

由于人与自然是一个统一的整体，疾病的发生不仅有内在的原因，也与人所处的地域、环境、季节等诸多因素有关，所以治疗的一大基本原则就是要因时、因地、因人制宜，就是根据季节、地区以及人体的体质、性别、年龄等不同，采取适宜的治疗方法。

因时制宜，就是治疗时要考虑季节的气候特点来用药。《素问·六元正纪大论》所谓："用寒远寒，用凉远凉，用温远温，用热远热，食宜同法。"王冰解释说，在四时气王的月份，用药和吃饭、穿衣都应注意，热温凉同者，都应当避开。就是用寒性药品的时候应避开寒气主令的季节；用热性药品的时候，应避开热气主令的季节；用凉性药品的时候，应避开凉气主令的季节；用温性药品的时候，应避开温气主令的季节，饮食调养都应遵循这个原则。正如《神农本草经疏》中所说："春温夏热，元气外泄，阴精不足，药宜养阴；秋凉冬寒，阳气潜藏，勿轻开通，药宜养阳，此药之因时制用，补不足以和其气者也。"但是如果季节反常，就不必拘泥这个原则了。另外暑多兼湿，暑天治病，应多注意清暑化湿；秋季气燥，外感秋燥，则宜辛凉润燥；春季风温宜辛凉解表，冬季风寒宜辛温解表。

因地制宜，就是不同地区人们的生活环境、物产水土、饮食习惯等特点，会影响患者的体质和性格，因而治疗用药时要考虑患者所处的地域特点。《素问·异法方宜论》说："一病而治各不同，皆愈，何也？曰：'地势使然也。'"《素问·五常政大论》说："地有高下，气有温凉，高者气寒，下者气热。""西北之气，散而寒之，东南之气，收而温之。所谓同病异治也。"一般西北人体质较壮，患病多外寒里热，治宜散其外寒，清其里热；东南地方滨海傍水，气候多湿热多雨，腠理疏松，体质较弱，其病多发痈疡或较易外感时邪，其阳气外泄易生内寒，其治疗应敛其外泄阳气并温其内寒。另如外感风寒病证，在西北严寒地区，用辛温解表药量较重，宜常用麻黄、桂枝；东南温热地区，用辛温解表药量较轻，且多用荆防。

因人制宜，就是根据每个人的先天禀赋和后天调养而造成的体质不同，以及年龄、性别等不同来考虑治疗用药的原则。小儿为稚阴稚阳之体，气血未充，脏腑娇嫩，易寒易热，易虚易实，病情变化快。多因饥饱不匀、寒温失调生病，治疗时忌投峻剂，少用补益，宜以针对脾胃，以调和为主，用药量宜轻。成年人身体壮实，治宜以泻为主，如须补益也应与行气推动药并用。老年人气血亏虚，生理机能减退，患病多虚或正虚邪实，其治疗虚症宜补，邪实须攻时则要慎重，一般也要泻中有补，用药量要比青壮年较轻，以免泻过造成气脱或血脱，损伤正气。如治疗便秘，小儿宜消食和胃；成人可通腑泻热，健脾和胃；老人则须润肠通便，益气养血理气。对于妇女患病，应考虑经、带、胎、产等情况，如在妊娠期，则要慎用峻下、破血、滑利、走窜等伤胎药物。

三因兼顾的治疗方法是中医整体观在医疗实践中的具体运用，与西医针对病灶靶点的治疗思想完全不同。①

第二节　诊疗方式

中医在诊疗上讲求"四诊合参，辨证求本"，注重整体审查、取象比类、内外合一、审证求因、天人相参，可以说在中医的诊疗行为中充分体现着中医文化的核心价值。

一、四诊合参

清代名医林之翰在《四诊抉微·凡例》中说"四诊为岐黄之首务"，中医在诊断方法上以望、闻、问、切四诊合参，从宏观、整体、功能角度辨识人体状况，以望而初知、闻而浅知、问而得知、切而多知相结合，遍查周知地做出诊断。

（一）望而知之

在望闻问切中，望诊居首，有四诊中"望尤为切紧"（《四诊抉微·凡例》）之说法，《难经》中也说"望而知之谓之神"（《难经·六十一难》），《望诊遵经》里说"治病必先知诊，诊病必先知望"，可见对望诊的重视。望诊即观察病人的气色、神态、形体乃至分泌物、排泄物的色质异常变化等，以协助了解病情、辨识疾病之状态的一种诊断方法。

事实上，人类对疾病的认识起初都是要依赖于对表面现象的观察和简单直接经验的总结与积累，我国医学最初对疾病的观察及病名的确立和鉴别也都是依靠望诊实现的。对望诊法的记载最早可见于殷墟甲骨文卜辞，此后《黄帝内经》《难经》《诸病源候论》等著作中对于望诊的作用和方法都做出了归纳，后世医家也极为重视望诊之法，比如张仲景的《伤寒杂病论》中有很多运用望诊的记载，孙思邈则在《千金翼方》

---

① 张其成：《中医文化学》，人民卫生出版社，2017年8月，20—23页。

中专门设立有"色脉"卷，以"诊气色法，冠其卷首"。及至宋元期间，金元四大家在其著作中对望诊均有涉及并多有发挥。

望诊包括望局部如面、舌、目、耳、唇、皮肤、毛发、指纹、齿、二便等，以及整体的望神、望色、望形、望态。望诊与中医的气血理论相一致，《素问》里说"五色微诊，可以目察"。中医强调整体望诊，并总结出"五色理论""五形之人"以及"形神合一"等望诊方法，《难经》中指出"望见其五色，以知其病"，《灵枢·本脏》说"视其外应，以知其内脏，则知所病矣"。

可见望诊这一诊疗方式是在中医脏象学说的以表知里、以象测脏理论指导下应用的一种诊断方法，也体现了人体外表和内部，局部和整体之间的整体关联性。

（二）闻声嗅气

四诊中的闻诊就是通过听声音和闻气味来诊断疾病的一种方法。《难经》中说"闻而知之谓之圣"（《难经·六十一难》），并说"闻其五音，以别其病"。以听声音来诊病的方法早在《周礼·天官》中就有记载，有"五气、五声、五色视其死生"之说法。在《黄帝内经》中则提出了语言、呼吸、咳嗽等声音的异常变化与疾病之间的关系，比如《素问·阳明脉解》里说"阳盛则使人妄言骂詈不避亲疏"，还明确阐述了五声是呼、笑、歌、哭、呻，五音是角、徵、宫、商、羽，以及五脏、五声、五音之间的相互关系，如肝"在音为角，在声为呼"、肾"在音为羽，在声为呻"与脏象理论相联系，奠定了闻诊的理论基础。

《难经》继承和发扬了《黄帝内经》中闻诊的理论，并谈到嗅气味的方法。后世的《诸病源候论》《医门法律》《四诊抉微》等都有关于闻诊的专门篇章。到民国时期，梁翰芬在《诊断学讲义》一书的"闻诊"一章中专门列出了"附嗅法"，并加按语说："此亦闻法之一，但一则以耳闻，一则以鼻闻，斯为异耳。"

归纳起来说，闻诊的听声音包括听患者的语言、呼吸、咳嗽、喷嚏、呕吐、肠鸣乃至呻吟、哭泣等声音，并分辨每种声音的清浊、高低、轻重、缓急，而嗅气味主要是指嗅患者的口气、体气以及排泄物的气味，并辨别出其腥、臊、臭，来判断患者的病性、病因、病位、病势等并对预后的效果加以判断。

《素问·五脏生成》中说"五脏相音，可以意识"，是说五脏在身体的内部，虽然不能以肉眼看到，但却可以通过外在的表相与声音表现出来。可见闻诊和望诊一样都是中医的见微知著、司外揣内的思维方式在诊断方法上的体现。

（三）问其病外

《难经》里说"问而知之谓之工"（《难经·六十一难》）。问诊是与病人或者其他对病情知情者进行对话，询问病情，了解病史、病人现状以及过往治疗经过来对疾病做出诊断的方法。孙思邈在《大医精诚·论治病略例》中说"未诊先问，最为有准"，指出了问诊在四诊中的地位。问诊虽然表面上看起来是四诊中较为简单的一种方法，但在临床中能够收集到较为广泛的信息，而且有些信息一定要问诊才能得知，历代医家都较为重视问诊。

从殷商时期的甲骨文记载中可知当时已产生问诊的早期观念，到《黄帝内经》中则可以看到十分丰富的关于问诊之论述，《素问·疏五过论》概括了问诊的内容："从容人事，以明经道，贵贱贫富，各异品理，问年少长，勇怯之理，审于分部，知病本始。"并说："凡欲诊病者，必问饮食居处。暴乐暴苦，始乐后苦。"指出问诊时要对患者之个性、年龄、生活条件、社会地位以及饮食习惯等详加了解。《素问·三部九候论》说："必审问其所始病，与今之所方病。"《难经》里也说："问其所欲五味，以知其病所起所在也。"强调诊病时应询问发病原因和发病经过。明代医家张景岳则在总结前人经验的基础上将问诊内容归纳概括为"十问歌"。

由于问诊也是和患者之间的一种沟通，因此医生的态度就显得非常重要，《素问·移精变气论》里说道，"闭户塞牖，系之病者，数问其情，以从其意"，指出问诊之时，医生要专心认真询问，并要对患者的想法加以尊重。孙思邈则提出："省病诊疾，至意深心。详察形候，纤毫勿失。"（《大医精诚·论治病略例》）可见问诊不仅体现出中医的个性化、差异化的诊断精神，也体现着医生对待患者的态度与医德。

（四）切脉诊病

《难经》说"切脉而知之谓之巧"，"巧"，为"技术""技巧"之意。切脉又称把脉或者说摸脉，是医生运用手指切按患者体表动脉，探查脉象，根据脉系的变化得知病情、辨识病证的一种诊病方法。脉诊是中医所独具的诊断方法，具有完整系统的理论体系，在中医临床中发挥着重要作用。

《素问·脉要精微论》指出"微妙在脉，不可不察"，《黄帝内经》中提出了"十二经遍诊法""寸口脉诊""三部九候脉诊"等，对于脉诊的内容、部位、作用等做了较为全面的阐述。《素问·经脉别论》中说："权衡以平，气口成寸，以决死生。"《难经》提出"独取寸口，以决五脏六腑死生吉凶"，认为寸口是脉之大会，之后的《脉经》则完善了"独取寸口诊法"。

由于脉诊并无客观度量标准，凭手指感知，大脑意会，《黄帝内经》比喻诊脉为"若窥深渊而迎浮云"。王叔和在《脉经》中认为："脉理精微，其体难辨，弦紧浮芤，展转相类，在心易了，指下难明。"这也反映出诊脉是以功能状态为基础，从整体动态和个性化角度掌握人体生命活动规律的特点。

（五）四诊合参

四诊各有侧重，各有特点，因此应该互相印证，彼此参照，《素问·阴阳应象大论》中说："善诊者，察色按脉，先别阴阳，审清浊而知部分，视喘息、听音声而知所苦；观权衡规矩，而知病所主，按尺寸，观浮沉滑涩而知病所生。"将望、闻、问、切四诊有机地结合起来的诊病方法，就叫作"四诊合参"，是中医诊察疾病的重要手段。

《史记·扁鹊仓公列传》里记载扁鹊能"切脉、望色、听声、写形，言病之所在"。四诊都很重要，不可偏废，然而后世有独重切脉诊断的倾向，清代医家林之翰在《四诊抉微》中说："殊不知望为四诊最上乘工夫，果能抉其精髓，亦不难通乎神明，闻问亦然，终是缺一不可。"诚然，不同的医家会体现出不同的诊疗特色，但是四诊合参是最为普遍的诊疗方法，体现了中医学的整体观念。整体察病的诊察原则，以及四诊合参的诊断方法，是整体观在中医诊断过程中的具体应用，也是中医诊断疾病的文化特色。

二、治疗技术

中医在长期临床实践中发明创造了多种治疗技术，《素问·异法方宜论》根据东、南、西、北、中央五方的地理环境和气候特点，提出针、石、灸、焫、毒药、导引、按蹻等不同治疗方法的运用，其原理是效法天地生长收藏和高下燥湿的情况。一般来说，药物、针灸和推拿是目前常用的主要治疗方法，另外还有食物疗法、正骨疗法、祝由疗法、导引疗法、刮痧疗法等。

（一）砭石

砭石就是以石为针的治疗方法。《山海经》说："高氏之山有石如玉，可以为针。"砭石疗法是从东方发源的，东方效法春天，得天地万物始生之气，在海滨傍水，为鱼盐之地，气候温和，当地的百姓喜欢吃鱼，偏好咸味。《素问·异法方宜论》中说："鱼者使人热中，盐者胜血，故其民皆黑色疏理，其病皆为痈疡，其治宜砭石，故砭石者，亦从东方来也。"鱼的特性是好使人热中，阴不足而阳有余，而盐味咸，胜血则渴，血弱而热，皮肤色黑，好发疮痈之患。这种情况宜用砭石来治。

（二）毒药

毒药就是药物治疗，指草、木、虫、鱼、鸟、兽之类。王冰注曰："能攻其病则谓之毒药。"《素问·异法方宜论》说："毒药者亦从西方来。"认为毒药治疗来源于西方，因为西方是金玉之地、沙石之处，法同秋天之气，肃杀牵引，使气收藏，所以水土刚强，多风，百姓多居住

202

在丘陵之所，不穿丝绵，以毛布细草为衣，喜欢吃鲜美的酥酪骨肉之物，体壮脂肥，肤腠闭封，血气充实，所以外邪不能伤其形体，疾病多从内而生，如喜、怒、悲、忧、恐，饮食男女等太过所导致的内伤疾病，需要用药物来治疗。《类经》中说："药以治病，因毒为能，所谓毒者，因气味之偏也。……大凡可辟邪安正者，均可称为毒药，故曰毒药攻邪也。"关于药物，《素问·五常政大论》把药物的毒性分为大毒、常毒、小毒、无毒四类，认为"大毒治病，十去其六；常毒治病，十去其七；小毒治病，十去其八；无毒治病，十去其九；谷肉果菜食养尽之，无使过之，伤其正也"。

（三）灸焫

灸焫就是用火艾烧灼之意。这一疗法来源于北方，北方是天地所闭藏的地方，为地势较高的丘陵地带，北方法象冬天之气，风寒冰冽，这里的百姓喜欢在荒野之地安家，《素问·异法方宜论》说："其民乐野处而乳食，脏寒生满病。其治宜灸焫。"灸焫治疗多适用于阴寒虚症，取艾焫阳升之气，温散寒邪。治疗方法有艾炷灸、艾条灸、温针灸、温灸器灸、灯火灸、天灸等。艾炷灸是常用灸法，将纯净艾绒搓成圆锥形艾炷，如苍耳子或者莲子大小，可以直接放在皮肤腧穴上施灸，又称为着肤灸，如果需要将皮肤烧伤化脓，愈后留有瘢痕者，称为瘢痕灸；若不使皮肤烧伤化脓不留瘢痕者，为无瘢痕灸。另外多用的是间接灸，就是用药物或者其他材料将艾炷与施灸的皮肤隔开，有隔姜灸、隔蒜灸、隔盐灸、隔附子饼灸等方法。艾条灸可分悬起灸和实按灸。悬起灸就是不让艾条点燃端接触皮肤，而是将点燃端对准腧穴，隔空熏烤，使皮肤出现红晕为度，有温和灸、雀啄灸、回旋灸等方法。实按灸则是将点燃的艾条隔着布或者隔数层棉纸实按在穴位上，使热气透入皮肉深部，火灭热减后重新点火按灸，包括太乙针灸和雷火针灸。

（四）九针

九针就是用微针刺激穴位来治疗疾病的方法，又叫刺法，或者针法。《素问·异法方宜论》认为，"九针者亦从南方来"，南方法象夏天之气，是天地长养阳气旺盛之处，地势偏地下，水流丰富而土地较弱，是雾露聚集的地方，百姓的食物多鱼和发酵过的食物，性味多酸性，收敛而使肌理致密，阳盛之地多湿气内满，热气内薄，容易生筋挛脉痹之病，适合用微小的细针来调理气脉的盛衰。针刺治法起源很早，相传为伏羲氏所创，从最初的石针、骨针，到竹针、金属针，理论体系应该在《黄帝内经》之前就已完善了，《内经》对经络、腧穴、针刺方法与禁忌都有系统详尽的论述，是针刺疗法的主要依据。刺法方面，《内经》提到了九刺、十二刺、五刺等。还有各种补泻手法，如徐疾补泻、呼吸补泻、捻转补泻、迎随补泻、提插补泻和开阖补泻等。《难经》对针刺手法又有发展，后世提出了子午流注按时间取穴针刺的方法、烧山火、透天凉、大补大泻、平补平泻、下针十二法、针刺八法等各种操作方法。

（五）导引按蹻

导引按蹻是《黄帝内经》记载的与针、灸、药、石并列的一种治疗疾病的方法。《素问·异法方宜论》记载："中央者，其地平以湿，天地所以生万物也众。其民食杂而不劳，故其病多痿厥寒热，其治宜导引按蹻。故导引按蹻者，亦从中央出也。"我国的中原地区，地势平坦湿润，适宜各种生物的生长，而物产也极其丰富，中部地区人们的食物种类繁多，生活也比较安逸，少于劳动，不劳动则四肢不够强健，所以多有痿痹、厥逆之类的病，又因为食物较杂而阴阳错乱，所以会得阴阳偏胜的寒热病证。这些病适宜用导引按摩法治疗。所以导引按摩法是从中原地区传出去的。按照王冰的解释，"导引，谓摇筋骨，动支节。按，谓抑按皮肉。蹻，谓捷举手足。"明代吴昆注："按，手按也；蹻，足端也。"可见导引是摇动筋骨、活动肢节的主动的肢体运动，按蹻是由别人来帮助捏揉皮肉，用手拍打、用脚踩踏的被动的按摩运动。明代张介宾则认为："按，捏按也；蹻，即阳蹻、阴蹻之义。盖谓推拿溪谷蹻穴以除疾病也。"认为按蹻是按摩蹻脉的意思，用推拿溪谷等蹻脉穴位来去除疾病。而清张志聪说得更为直接，"按蹻者，按摩导引，引阳气通畅于四肢也"。就是通过按摩导引，使阳气外发于四肢。总之，按摩也是导引方法之一，适用于四肢关节疾病和寒热类疾病。①

第三节 "情志"疗法

中医学善用五种情志相克原理纠正各种过度情绪，对心理疾病进行治疗。当有了一种过度的情绪的时候，换另外一种相克的情绪，主要是为了把原来的情绪抑制住，使得我们人体在性情方面保持一种平和的状态。同时，也可以通过音乐和六字诀等方法来调节情志。

一、情志失调与脏腑疾病对应

中医学认为，情志阴阳失调是生病的根源。佛家指"七情"为：喜、怒、忧、惧、爱、憎、欲。儒家称其为：喜、怒、哀、惧、爱、恶、欲。《黄帝内经》指称为"喜、怒、忧、思、悲、恐、惊"。另外，还有人的六种欲望和六种需求。人要生存，要活得有滋有味，有声有色，于是嘴要吃，舌要尝，眼要观，耳要听，鼻要闻，这些欲望与生俱来。

七种情志过度，就可能导致阴阳失调、气血不和而引发各种疾病。所以七种情志一定要调理，掌握适当。如果掌握不当，例如大喜大悲、过分惊恐等等，就会使阴阳失调、气血不周，首先是精神的错乱，然后就会影响到身体上，形成各种疾病。

中医学将我们通常说的七情六欲做了一个分类，将七情——喜、怒、忧、思、悲、恐、惊归结为五类，那就是怒、喜、思、悲、恐，这叫五志。"五志"分别对应的是五行。也就分别影响到人的五脏，那就是肝属木、心属火、脾属土、肺属金、肾属水。

每一个人都有喜怒哀乐，都有七情六欲情志的波动。这各种各样的

① 张其成：《中医文化学》，人民卫生出版社，2017 年 8 月，44— 48 页。

情绪，都是外界客观刺激所引起的精神上的反应。有不良情绪并不可怕，关键是要善于控制它、调节它，及时地排解它，而不能让它任意发展，否则就会受不良情绪的刺激和危害，产生各种疾病。

怒伤肝

怒气直接影响着肝。人在发怒的时候，气往上冲。大家可能都有过一些经验，如果遇到一些非常愤怒的事情，这个时候就会觉得血往上涌。所以有心脑血管疾病的人就一定要注意，千万不要发怒。因为怒的时候，一下子气血往上冲，就会导致一些不良的后果。《黄帝内经》上讲，肝脏是藏血的，发怒的时候直接影响到肝脏，肝血、气血往上涌，这时非常危险，有的就会脑出血。

喜伤心

《黄帝内经》上说，喜则伤心。说起来，喜是一种好的情绪，怎么会伤心呢？这里的喜其实说的是大喜，过分的高兴、兴奋，而大喜过望就会影响到我们的心，损伤心气。因为"喜则气缓"，大喜之后这个气就缓，缓意思是涣，表示水一下子涣散开来。太高兴、太兴奋了，往往气就散掉了，而产生心悸、失眠等症，严重的甚至发疯。

《儒林外史》里"范进中举"的故事，就是范进突然接到考中举人的通知的时候，大喜后就疯了。为什么疯了呢？就是伤心了。因为心藏神，心主神明，心是管思维意识、神志活动的。正常的喜乐，使精神愉快，心气舒畅。但狂喜极乐，会使心气弛缓，精神涣散，人也就迷失了，丧失神志，所以千万不要大喜过望。"乐极"亦不可取。为了健康长寿，任何情绪的过分激动都是不可取的，应采取"冷处理"的方法，善于自我调节情感，保持稳定的心理状态，一定注意不要超过正常的生理限度。

思伤脾

《黄帝内经》说："思则伤脾。"思虑过度会影响到脾脏，会影响脾胃。一个人多愁善感，老是在思考问题，考虑得太多往往不思饮食，或者饮食不和，这就影响到脾胃。脾是主运化的，饮食水谷精微到了脾胃的时候，就要靠脾胃的运化。运化就是运送和消化的意思。脾胃把吃进去的水谷消化成有营养作用的精微物质和无用的糟粕，并把其中的精微物质运送到全身。

脾的运化功能，除了运化水谷之外，还能运化水液。因情绪不好，就是思虑过度得病的占到了74%，所以《黄帝内经》中说的"思则伤脾"是有道理的。《黄帝内经》还说"思者气结"，思虑过度，气就淤积在那里。脾胃又不能把它运化走，所以就容易得病。

忧伤肺

《黄帝内经》说："悲则气消。"一个人如果老是忧愁，老是悲伤，他的体内之气就会耗散。忧伤、悲伤容易导致人的精、气、神消耗，首先会影响、伤害到肺。

恐伤肾

大家都听过这句话："吓得屁滚尿流。"这是有道理的。《黄帝内经》说："恐则气下，恐则气乱。""恐则伤肾。"恐惧的时候人的气往下走，首先影响到肾，肾在下方。这种体验大家可能有过，或者听说过。

比如在"非典"流行和"新冠"疫情期间，经常有这样的情况发生，那个时候只要人一发烧，体温上升，就被疑是"非典"和"新冠"，如临大敌。有个人实际没得"非典"和"新冠"，但他体温升高了，所以把他送到医院里。这个时候他就非常惊恐，大小便失禁，这是影响到了肾脏。"肾司二便"，肾气受损，大小便就失控了。

二、"五行相克"调节情志

中医学巧用"五行相克"调节情志，治疗心理疾病。有时候，光凭外在的药物并不能够完全治病，所谓心病还需心药医。心药到底怎么治病呢？这就是中医学所说的情志对治法，即以一种情绪去制服另外一种情绪，这是按照五行相克的原理而来。

怒胜思

《吕氏春秋》记载，战国时期，齐国的齐闵王因为思虑过度，重病不起，王后和太子就去请宋国的名医文挚。文挚诊断后对太子说，这个病，实际上不需要开方吃药，只需要让齐王愤怒。可是这种方法用了之后，齐王病好了，肯定会把我给杀了。太子对文挚说，没关系，他跟母后已经商量好了，只要把他父王的病治好，力保文挚不死。

文挚就斗胆用了一个方法。他先跟齐王说，我可以治你的病，但明天才能治。结果到第二天，他没来，使齐王非常生气。齐王派人去找他，文挚又说了：明天我一定来。结果到第三天他又失约了。齐王气极了，派人再去唤。这一次文挚来了，来了之后，他连鞋子也没有脱，就直接走上了齐王的病榻，去给他诊病。不仅如此，文挚还用粗语来告知病情。齐王在盛怒之下，一口脓血喷涌而出，之后病就好了。但很遗憾，齐王没有饶过文挚。虽然太子和王后再三求情，齐王仍非常生气，最终还是把文挚放到鼎里活活煮死。文挚就成为中国古代医学记载中第一个用情志办法治病而殉身的人。

思虑过度伤及脾胃，思属土，脾胃也属土，那么按照五行相克，木可以克土，而这个木在情绪上就是怒，发怒。这就叫怒胜思，胜就是克制的意思。其实也很好理解，一个思虑过度的人，他气机是郁结的，所以要用突然的情绪上的极大刺激、波动譬如愤怒，才能把这个气结打开。

思胜恐

古代名医卢不远给一个秀才治病。这个秀才先前找了一位医生给他看过病，那个医生可能是一个庸医，告诉他，十天之内，他就要死。这个秀才受不了了，一天到晚恐惧，怕死。后来就请卢不远给他看，卢不远用了一种分析病因的方法，就是思虑。卢不远告诉他，生老病死的规律是什么，按照佛家的说法、按照道家的说法、按照儒家的说法怎么来解释，同他一天到晚谈论生死问题。最后，十天之后没事，二十天后还没事，一个月之后，还活得好好的。

思可以克制恐惧的不良情绪。按照中医的说法，思属土。恐伤的是肾，属水。五行中，土能克水。现代医学分析，得癌症的人，至少有三分之一都是被吓死的。往往那些心胸豁达、善于思考生命问题的人，想通了，可能奇迹就会出现。

喜胜忧

名医朱丹溪曾经救治过一个秀才。这个秀才的妻子去世后，他茶饭不思，忧伤成疾。朱丹溪没有给他开药，只是在把脉之后，对他说，你有喜脉了，我给你开一服保胎的药。那个秀才一下子没有反应过来，等朱丹溪走了之后，他明白过来了，他是个男人怎么会有喜脉啊，还是个名医呢，怎么闹这样的笑话。此后他每想到这件事情，就大笑不止，久而久之，他的病就好了，不再忧愁了。因此，中医学认为，喜可以胜忧，喜属火，忧属金，火可以克金。喜这种情绪可以治疗那些忧愁的病人。忧愁过度，要尽量去寻找快乐，使自己高兴起来。

恐胜喜

如果一个人大喜过望，痰迷心窍了，可用恐的办法把他治好。如《儒林外史》范进中举后，他大喜过望，疯了，这是气往上涌的结果。怎么办？可以用恐的方法，恐则气下，范进让他惧怕的岳父胡屠夫一巴掌打醒了，打好了。恐惧可以治疗大喜过望的病，叫作恐胜喜。恐伤的是肾，恐和肾是属水的，而喜伤的是心，喜和心属火，水可以把火扑灭。

忧胜怒

古代有一个人得了眼疾，医生诊断下来，他眼疾的真正病因是长期愤怒，伤了肝。中医有一种说法叫肝开窍于目，肝和目是联系在一起的。医生告诉他，你这个眼病不重要，严重的是你左腿上面长了一个东西，这个东西会致命。这个病人一听，成天忧愁不已，结果过了一段时间，他的眼疾却好了。他成天地忧愁，哪里还有时间去愤怒呢？忧属金，伤的是肺，五行属金；怒属木，伤的是肝，肝和怒都是属木的，按照五行相克的原理，叫金克木，所以用忧愁这种情绪，可以去制服愤怒的情绪。

三、祝由

祝由，赋予声音神圣的治愈力量。《黄帝内经·素问》的《移精变气论》中黄帝问岐伯说："余闻古之治病，惟其移精变气，可祝由而已。"意思是说，我听说古时候治病只是改变、转变人的精神和气血（的运行），可以通过一种叫"祝由"的方法来治好病。岐伯的回答则指出，古时候人们生活的物质条件很艰苦，也很天然生态，同时也没有太多内在的七情六欲的纠葛，没有什么官宦功名的羁绊，处在清净淡泊的环境里，邪气不可能深入侵袭，所以可以不用药石，只需要祝由就能治好病。

"祝由"，如果将"祝"和"由"两个字连读就是"zhou"（咒），就是说"咒"是"祝由"的合音字。"祝由"就是一种念咒语的方法，祝祷鬼神消灾免难，解除病人的痛苦。祝由其实是一种巫术，中国古代的官府医疗多设有祝由科，唐代太医署设咒禁科，元、明、清的太医院设十三科，祝由是第十三科（到清代中期后被禁止）。

时至今日，祝由作为一种治疗方法，仍然不是一句"封建迷信"就可以定论的，所谓"病由心生，病由心灭"，很多心病只有用心药、心法来治。祝由可以达到转移注意、自我暗示的作用。调动患者的积极因素，转移其对疾病的注意、焦虑、担忧等，发挥患者的主观想象力，转变为良好的精神状态，使患者在精神上得到安慰、鼓舞，这对于减轻病痛、控制病情是有利的，一些特殊的疾病——精神情志类的某些疾病甚至可以不药而愈。

四、六字诀

古代先民早就注意到声音对人体的影响，比如《黄帝内经》提到的"祝由"，就是通过咒语来治病祛邪。庄子在《外篇·刻意》中描述："吹呴呼吸，吐故纳新，熊经鸟申，为寿而已矣。"这句话也成为呼吸吐纳的养生金句。随着我国古代礼乐理论高度成熟，周朝晚期时便出现了完备的音乐养生功能理论。

南北朝医家陶弘景根据道家先人经验归纳了"呼吸吐纳六字诀"，记录在《养性延命录·服气疗病篇》中。他认为吸气只有一种，呼气有六种，不同的呼气发出不同的声音，对人体五脏有不同的影响。具体说来，呼气有"吹、呼、嘻、呵、嘘、呬"六种方式，并有不同的功效：吹是祛风的（肾），呼是祛热的（脾），嘻是祛烦的（心），呵是下气的（心），嘘是散滞的（肝），呬是解除疲劳的（肺）。

后来，佛教中的高僧将呼吸的六字诀与四季对应起来，进一步探索声音对人体的影响六字诀——呼气的声响能影响脏腑。

当然，六字诀不仅仅是呼气时出声响，还有调身、调神的功夫，是一种身心合一的修炼功夫，是中医学治疗的重要方法之一。

五、音乐

中华文化除了"大六艺"（六经）外，还有"小六艺"。"小六艺"的目的是培养人格和技能，"大六艺"是培养情怀和精神。"小六艺"至今仍有很大养生价值，且较多应用的是"乐"和"书"。

清代大学者段玉裁认为，"乐"字篆文上面的那个字形，中间是鼓，两边的是小鼓。他还思考：乐器很多，为什么独独用鼓来表示"乐"呢？段玉裁认为，这是因为"鼓者春分之音。《易》曰：雷出地奋豫。先王以作乐崇德。是其意也"。意思是鼓发出声音是代表着春分时的声音，象征着圣贤领导创作音乐来礼敬、推广美德。由此可见，音乐在最初的本意上也与"德"关联紧密，不是靡靡之音，而是大德之音。乐教《礼记·仲尼燕居》中记载说，孔子认为："礼也者，理也；乐也者，节也。君子无礼不动，无节不作。不能诗，于礼缪；不能乐，于礼素；薄于德，于礼虚。"

音乐在孔子这里成为一种非常重要的教化内容——"乐教"，在《论语·泰伯》中，孔子认为，人文教化是"兴于诗，立于礼，成于乐"，意思是一个人、一个家庭、一个社会的风尚教化，兴起靠"诗教"，能够树立起来靠"礼教"，而最后应该达到的境界是"乐教"，即高尚、优雅且自由快乐的精神境界。

孔子本人就接受过很好的音乐教育，有很高的音乐修养。根据《韩诗外传》《史记·孔子世家》的记载，孔子曾经"击磬于卫""取瑟而歌"；曾"访乐于苌弘""学鼓琴于师襄子"。因为孔子有这样的教养，又对音乐表达人心有深刻的体验。所以，孔子真正能够坚持正确高尚的音乐主张，"闻弦歌而知雅意"，孔子"在齐闻韶三月不知肉味"，"困于陈蔡"时"七日弦歌不衰"，又明确地告诉弟子颜渊"恶郑声之乱雅乐也"，在鲁国听乐师"挚"演奏，他说"关雎之乱，洋洋乎盈耳哉"，到武城听到弦歌之声，他跟弟子说"割鸡焉用牛刀"。

我国古代最早的音乐美学和文艺理论专著《乐记·乐本》中说一切音乐的产生，都源于人的内心。而人们内心的变化是因为受到外物的影响，这种影响多会通过声音表现出来。中医学认为人的五志为"怒、喜、思、悲、恐"，分别对应"肝、心、脾、肺、肾"。在应对由于"七情五志"所引发的各种疾病时，结合不同的症状弹奏或欣赏相对应的音乐，可以起到很好的治疗、调节效果。

《乐记》中说，礼制可以引导人们的思想，音乐可以调和人们的情感。中华文化从某种程度上来说就是礼乐文化。音乐的最大作用就是"和"。这里包含两层含义，其一是让人心中和，音乐就像是定音哨，令人和谐。和如羹焉，可以把不同的食材调和在一起，做出美味佳肴。其二是音乐的和，需要不同的乐器、音调搭配在一起，形成节律，令人节制，有礼仪，逐渐形成"发乎情，止乎礼"的和谐。

早在两千年前，中医学就已经运用"乐"来治疗疾病了。如《黄帝内经》提到的"祝由"，即通过咒语来治病驱邪。《黄帝内经·素问·金匮真言论》将五音形成的不同意象与木、火、土、金、水五行相匹配，归纳概括为：木，其音角（清脆悠扬似木）；火，其音徵（热情躁动似火）；土，其音宫（温和厚重似土）；金，其音商（凄切委婉似

212

金）；水，其音羽（轻柔延绵似水）。

魏晋以后，音乐和医学，在理论上和实践上都进一步有所融合，文士有意识地将音乐与养生联系，并且融注到生活当中。古琴"中正和平，轻微淡远"的审美趣味，尤其得到文人喜爱，传承三千年未曾间断。琴音有益于养生，乃是儒、道与医家的共同认识。唐代之前，宫、商、角、徵、羽五音调和心、肝、脾、肺、肾五脏的中医五音疗疾理论已有发展，当时人们进一步认识到五音六律对养生、保健、治病的作用。

音乐可以调节情志。中医五音疗疾的理论基础就是五行与五志相生的关系，通过音乐的对治法，对人的情志进行对抗性治疗。听音乐一定要和环境、布局结合在一起，再配合饮食、颜色等，这才是中医学整体观与"致中和"哲学理念的体现。

第四章　中医文化的核心价值——"仁和精诚"

第一节　中医医德溯源

寻找中医医德思想的源头，了解不同时期医德理论和基本观点，掌握医德发展规律，是构建新的实践形势下的中医医德规范所必由途径。

一、上古时期——医德理想出现

医德的协调性特征决定它是医务人员的行为规范，医德的进取性特征要求医务工作者要树立崇高的医德理想。上古时期，人们对神圣人物发明中医药的传说故事就倾注了一直鼓舞后世医家的医德理想。

远古时期的先民们生活艰苦，卫生条件极差，各种伤痛疾病时有发生，人类学者研究发现，到山顶洞人时期，童年死亡率高达43%，能活到五十岁至六十岁的只占14%，对疾病的无能为力使原始先民对生命有了敬畏和渴望，据《帝王世纪》记载："伏羲氏……尝味百药而制九针，以拯夭枉矣"，"黄帝使岐伯尝味草木，典主医药，经方、本草、素问之书出焉"。《淮南子·修务训》记载，神农"尝百草之滋味、水泉之甘苦，令民知所避就"。宋代刘恕《通鉴外纪》亦称"民有疾病，未知药石，炎帝始味草木之滋，尝一日而遇七十毒，神而化之，遂作方书，以疗民疾，而医道立矣"。这些传说说明先民最初的医疗活动就已明确医疗的目的是治病救人，这是医学的职业特征，也是最基本的医德要求。其中蕴含的为拯民夭枉的献身精神，就是人们渴望医者具有的高尚品德，而伏羲、神农、黄帝就成为具有高尚医德的典范人物。

上古时期的医疗道德生活我们无从考证，从一些典籍的记载，可以推测当时社会的一个基本道德风貌。《礼记》的《礼运》篇是这样描绘的："大道之行也，天下为公，选贤与能，讲信修睦。故人不独亲其亲，不独子其子。使老有所终，壮有所用，幼有所长，鳏寡孤独废疾者皆有所养。"

当然，我们并不回避原始社会的愚昧野蛮、氏族复仇等道德生活的消极一面，但一个氏族团体内部的公有观念、平等观念和互助观念，确实是原始社会道德的基本特征。这种"大同"观念正是人们所向往追求的完美伦理道德关系，为后世思想家构筑自己的理想社会和理想道德境界提供了来源。后来的《墨子》《太平经》等就是举着这种道德观念的大旗在民间广为传播，基本上居于社会中下层的医生群体也以此为追求，深得老百姓的爱戴。

二、夏商西周时期——中医医德规范的萌芽阶段

公元前 21 世纪，夏禹之子启承袭了禹的职位，结束了"禅让制"而拉开中国阶级社会的序幕。当时的文化学术皆集于王宫，《周礼·天官·冢宰第一》记载了我国最早的医学分类，"惟王建国……设官分职，医师上士二人，下士四人，府二人，史二人，徒二十人。食医中士二人，疾医中士八人，疡医下士八人，兽医下士四人"。可见西周时期已经建立起相对完备的医政制度，医德规范也开始萌芽。

出现了最古老的医德评价体系。《周礼·天官·医师》记载："医师掌医之政令，聚毒药以供医事。凡邦之有疾病者，疕疡者造焉，则使医分而治之。岁终则稽其医事，以制其食。十全为上，十失一次之，十失二次之，十失三次之，十失四为下。"定期用治疗疾病成功和失误的次数评判一个医生的医疗技术的优劣，并据此分配俸禄，这是医生追求技术完善和道德责任心的内在动力，这种规范对提高医生的医术和医德水平也是一种社会约束力。

医学人道开始出现，对病人、老人、幼儿有特别的优待。《周礼·天官·大司徒》中记载："以保息六养万民，一曰慈幼，二曰养老……五曰宽疾。以本俗六安万民。"这就是西周出现的"保民"思想和"惠民"措施的体现。

医疗行为规范出现，勿妄施试医药。《易经·天雷无妄》记载："九五，无妄之疾，勿药有喜。《象》曰：无妄之药，不可试也。"就是说，凡所患的不是大病，不要小病大治，妄施针药。与疾病不对症的药物，不可以在人身上试用。这就要求医生在诊治疾病时要非常的细心、准确，用药要审慎、恰当，切忌妄施针药和妄试针药。这既要求了医术要精益求精，更体现了认真、负责的医德要求。另外，说明了当时人们已经意识到药物的副作用以及医药的双向作用，既可治人又可害人，医生执掌医术一定要慎之又慎。

三、春秋战国——中医医德规范初步形成

春秋战国时期我国思想界出现空前繁荣的"百家争鸣"局面，作为人类行为准则的道德规范成为社会讨论的核心问题，孔子提出的"仁""礼"成为中国伦理思想的主题。孟子把"仁义礼智"树为社会道德标准；管仲将"礼义廉耻"作为"守国"的"四维"规范；墨子提出"兼相爱，交相利"的道德理想；老庄学派则认为"见素抱朴"的纯朴自然的人性最圆满，主张"尊道贵德"的道德思想原则。这些都成为医德建构的丰富材料。

"医乃仁术"——确立中医医德的核心。仁是儒家思想的核心，孔子强调不分阶级贵贱的"爱人、行善、慎独"的美德。这也是医德的核心思想。孟子提出"无伤也，是乃仁术"（《孟子·梁惠王上》），明确了医术是"仁术"，是表达"爱人""救人"的技术。"术"必须以"仁"为宗旨和归宿，"仁"又必须以"术"为前提，"医乃仁术"界定了医学应当做什么和不应当做什么的范围，医疗要以重视生命、"无伤"为原则。

"六不治"原则的提出是我国最早的医疗行为准则。《史记·扁鹊仓公列传》记载秦越人扁鹊提出："骄恣不论于理，一不治也；轻身重财，二不治也；衣食不能适，三不治也；阴阳并，藏气不定，四不治也；形羸不能服药，五不治也；信巫不信医，六不治也。""六不治"的行医准则一方面要从心理上劝说患者改变生活观念以利于疾病的诊治；另一方面由于当时医疗手段的局限，患者病情恶化，很难说明是病情发展的必然还是医疗的过失，所以医生站在自我保护的角度，这六种情况下不要轻易施治。"六不治"原则既体现了当时的社会现实状况和医生面临的风险，也给后世个别医家为保全自己名声而袖手旁观、逃避责任带来负面影响。

推己及人的伦理观念形成。孟子在与梁惠王谈论国家政事的时候指出"古之人所以大过人者，无他焉，善推其所为而已矣"，正如老子所说："圣人常无心，以百姓心为心。善者，吾善之；不善者，吾亦善之；德善。"（《老子·第四十九章》）医道是表达爱人、爱己的术业，"上以治民，下以治身，使百姓无病，上下和亲，德泽下流，子孙无忧，传于后世，无有终时"（《灵枢·师传第二十九》）。真正的善德就是这种推己及人、恩泽于民、将心比心、待患若亲、"无弃人""无弃物"的品格，成为医家道德修养的准则。

为医"四德""五过""四失"的道德规范。在《黄帝内经》中，首次列专篇来讨论医德，在《素问·疏五过论》《素问·征四失论》中详细评析医疗行为与医疗态度的种种过失。

"五过"就是：良工所失，不知病情，一过也；愚医治之，不知补泻，二过也；不善为脉，不以比类奇恒，为工不知，三过也；医不能严，不能动神，外为柔弱，乱至失常，病不能移，则医事不行，四过也；医不能明，不问所发，唯言死日，五过也。

要避免上述"五过"，就要遵守为医"四德"，《素问·疏五过论》文中虽未明确列出四德，但提出诊病"必问尝贵后贱"；欲诊"必问饮食居处"；为脉"必以比类奇恒"；必须遵守"诊有三常"；诊者"必知终始"。文章总结说："诊病不审，是谓失常，谨守此治，与经相明。《上经》《下经》，揆度阴阳；奇恒五中，以决明堂；审于终始，可以横行。"以上阐述可见"四德"之立意，即"诊病务详病因，治病务重扶正，操作务遵常规，明察务求始终"。"五过"与"四德"是紧密相连的，无过即有德，重德可疏过，《素问·疏五过论》堪称中医医德规范轮廓形成的标志。

不遵守"四德"，就会带来"四失"，《素问·征四失论》指出："所以不十全者，精神不专，志意不理，外内相失，故时遗殃。"对精神不专、思辨不明、致病机理不清楚的现象进行了批判。医学是关于生命的学问，要做良医就要征四失，即"诊不知阴阳逆从之理""受师不卒，妄作杂术，谬言为道，更名自功，妄用砭石，后遗身咎""不知比类，足以自乱""妄言作名，为粗所穷"，必须精研医术，熟诸治病方法，否则，粗枝大叶，草率诊治，形同骗人而误病害命。

治未病的预防思想形成。在《道德经》中，老子谈到的养生之道就是"知不知，上；不知知，病"。知道未病之前就预防是上策，不知道防病于未然就会变得被动，这是治未病的一方面含义，所以《难经·第七十七难》说"上工治未病，中工治已病"，并诠释了治未病的另一方面含义，就是既病防变思想。指出："所谓治未病者，见肝之病，则知肝当传之于脾，故先实其脾气，无令得受肝之邪，故曰治未病焉。"《素问·四气调神大论》明确主张预防思想是医生的重要品德，"圣人不治已病治未病，不治已乱治未乱。夫病已成而后药之，乱已成而后治之，譬犹渴而穿井，斗而铸锥，不亦晚乎！"防患于未然，早期诊断，早期治疗，防微杜渐，既病防变的预防思想是评价医德的重要指标。

传道授业的准则——非其人勿教，非其真勿授。得其人乃言，非其人勿传。《素问·金匮真言论》提出"非其人勿教，非其真勿授"。另外，也要因材施教，"明目者，可使视色；聪耳者，可使听音；捷疾辞语者，可使传论；徐语安静，手巧而心审谛者，可使行针艾，理血气而调诸逆顺，察阴阳而兼诸方；缓节柔筋而心和调者，可使导引行气；疾毒言语轻人者，可使唾痈咒病；爪苦手毒为事善伤人者，可使按积抑痹。各得其能，方乃可行，其名乃彰；不得其人，其功不成，其师无名"（《灵枢·官能》）。这项准则和方法是历代医家选徒传授医道都遵守的。医疗行业关系到人们的健康与生命，医术是一把"双刃剑"，既可治人又可害人，所以什么样的人可以做医生是要经过审慎持重的挑选才行。授之得当，传之得人，则医术可发扬光大，治病救人，造福百姓；如果医术在不适当的人手里，就有可能走样失真，成为一些人求利骗财之术，贻害患者和后人。所以，选材而教是为了造就上工，杜绝庸医和不负责任的人掌握医治生命的权柄，并不是保守和不传授，"得其人弗教，是谓重失，得而泄之，天将厌之"（《阴阳二十五人》），《黄帝内经》明确了良方要传后世的思想，《病传》中说"生神之理，可著于竹帛，不可传于子孙"。因为"明为良方，著之竹帛，使能者踵而传之后世，无有终时者，为其不予遭也"（《玉版》）。就像《内经》这样的医学经典被传承下来，让中华民族的子孙代代受益，至今仍是指导中医实践的宝典。

尊重病人的思想。《灵枢·师传》篇告诫医生要"入国问俗，入家问讳，上堂问礼，临病人问所便"，强调医生必须要建立尊重患者、耐心聆听、待患若亲、病本工标的医患关系。并且主张对待患者要"举乃和柔，无自妄尊"。不得以施恩者自居，更不得利用医疗业谋财猎色，充分体现了对病人尊重的思想。在《素问·移精变气论》中讲到诊治疾病的一个关键就是"因得之"，从与病人的接触中得知病情，那就是选择一个安静的环境，关闭门窗，与病人密切联系，取得病人的信任，耐心地询问病情。"闭户塞牖，系之病者，数问其情，以从其意。"务使病人毫无顾虑，尽情倾诉，从而得知其中的真情。所以"良工皆得其法，守其数，亲戚兄弟远近，音声日闻于耳，五色日见于目"（《素问·汤液醪醴论》）。一个好医生都能懂得法度，操守术数，与病人像亲戚兄弟一样亲近，声音的变化每天都能听到，五色的变化每日都能看到，做到这样还治不好病，就是因为"病为本，工为标，标本不得，邪气不服"(《素问·汤液醪醴论》)。

总之，到这一时期，中医医德规范基本形成，尤其在《黄帝内经》中，关于医生个人修养、社会责任、业务素质等方面都有明确的专门论述，虽零散，但已相当全面，并且一直成为后世医家所遵守和自我要求的准则，奠定我国传统医德的基础，对我国传统医德的形成和发展起到了决定性作用。我们当以此为源头，提炼总结出中医职业的心理特点和习惯，构建有特色的现代中医医德规范。①

第二节　"仁和精诚"的提出

绵延数千年中华儿女的生命健康有赖中医药的护佑，这次抗击"新冠"病毒中医药又屡建奇功。中医药为什么有这么大的生命力？其根本原因就在于中医药学有自己独有的价值理念。这一价值理念正是中华优秀传统文化价值观的体现。厘清并坚守中医价值理念对于弘扬中华优秀传统文化、增强民族自信和文化自信具有重要意义。

整体观念、辨证施治是中医药学的两大特色。基于这两大特色，结合中医药学发展历史和历代中医人治病救人的实践，我将中医药学的价值理念概括为"仁和精诚"四个字。

医心仁，医道和，医术精，医德诚。总而言之，中医"仁和精诚"的价值理念又可归结为一个"和"字，"和"正是中华文化和中医文化的核心价值。中医学将"和"的核心价值落实在人体生命上，落实在治病养生上，使形而上之"和"变得真实真切，变得人人都可以感受到，都可以从中受益。从而促使中医价值观不仅植根于中国人的心灵，而且外化为中国人的生活方式和生命方式。

中医学"仁和精诚"是中华文化核心价值观念的体现。中医学的基本理论、道德信念、行为规范、临床诊疗、养生实践无不体现了中华

---

① 周晓菲、张其成：《中医医德溯源》，《吉林中医药》，2009年8月。

文化的核心价值观念。

2009 年 4 月，国家中医药管理局医政司正在制定《中医医院中医药文化建设指南》，医政司领导特委托我负责完成该指南三大部分中"中医医院核心价值"和"中医医院的行为规范"两个部分的任务，为此专门设立"中医医院核心价值和行为规范研究项目"，要求尽快凝练出中医院的核心价值，并梳理出行为规范。好在当时由我负责的国家中医药管理局"中医医德规范研究"项目刚完成结题，这一研究历时三年，从六十余万字的古今中外医德文献资料中梳理出"中医医德八纲"。以这八个字为基础，经进一步的文献研究、逻辑分析，反复筛选，决定凝练出"仁和精诚"四个字作为中医药的核心价值。

这个项目结题时得到专家和领导的充分肯定，并正式写入 2009 年 7 月国家中医药管理局颁发的《中医医院中医药文化建设指南》（国中医药发〔2009〕23 号）："中医药文化的核心价值，大家普遍认为，主要体现为以人为本、医乃仁术、天人合一、调和致中、大医精诚等理念，可以用仁、和、精、诚四个字来概括。"同时，我和我的博士生联名在《中国中医药报》发表了《认识中医药文化的内涵》，文中写道："中医药文化核心价值的内核体现了中医药的本体观、价值观、道德观和思维方式等，我们用仁、和、精、诚四个字来概括。"这是第一次在报刊公开发表将中医药文化核心价值凝练为"仁和精诚"四个字。

凝练"仁和精诚"这四个字，是充分考虑到中医药文化核心价值作为中医学精神理念、价值取向、道德观念的总和，应当综合体现中医药学的生命观、身体观、天人观、疾病观、诊疗观、养生观，应当成为中医学、中医人、中医院、中医校共同信奉和遵循的精神信仰，所以必须是在长期的历史发展中形成的，既要有历史文献依据又必须简明精练。

"仁、和、精、诚"四个字，每一个字都代表一个层面，每一个层面都是难以被替代的。具体说就是：医心仁，医道和，医术精，医德诚。"仁"是中医学与中医人的出发点，是内心的信仰；"和"是中医药核心价值和思维方式的集中体现，是中医药学的灵魂所在；"精"是掌握中医药技术的根本要求；"诚"是对中医药从业者伦理道德和行为规范的总体要求。其中"仁"和"诚"往往容易混淆，其实结合孙思邈"大医精诚"的论述，不难看出"仁"偏重于内在的"大慈恻隐之心"，"诚"偏重于外在的真诚救人的行为规范。

"仁和精诚"的核心价值一经提出，就得到了中医药界的普遍认同，在中医医院、中医高校、中医科研院所、中医药企业得到广泛应用，不少机构直接将它作为院训、校训、企训。然而对"仁和精诚"四个字的丰富内涵，却不一定理解得全面准确。故有必要对这四个字做一深入阐释。

中医学治疗"新冠"肺炎的优异成绩极大提升了我们的民族自信和文化自信。事实再一次证明，中医学"仁和精诚"和中华文化"天人合一，保合太和"的价值理念具有强大的生命力。因为它符合社会的诉求、时代的需求和民众的追求。"和"作为中华民族的核心价值已经成为中华民族的文化基因，成为祖祖辈辈中国人的精神信仰。这一核心价值不仅是我们民族生生不息的根本原因，而且是我们身体健康的根本保证。所以中医学价值理念不仅可以用来治理人的机体问题，而且可以用来治理社会与国家。这就是"上医治国，中医治人，下医治病"。

第三节　"仁和精诚"的内涵

一、医心"仁"

中医之"仁"表现在两个方面：一是医术之仁——"医乃仁术"；二是医者之仁——"医者仁心"。

"仁"的意思就是"爱"，仁者爱人。《说文解字》曰："仁，亲也。从人从二。"徐铉注："仁者兼爱，故从二。""仁"又写作"忈"，是亲爱、仁爱的意思。"仁"字古文又写作"忎"。徐灏《段注笺》曰："千心为仁，即取博爱之意。"这个解释是错误的，从郭店楚简"仁"

字写法看，上面不是"千"，而是"身"，下面是个"心"，表明爱人要从内心和行为上都表现出来。"仁者爱人"含有爱自己、爱别人、爱众人之意。

（一）医术之仁

"医"作为一种职业，其目的就是治病救人、救死扶伤，这一职业特点被称为"仁术"。"仁术"一词最早出现在《孟子·梁惠王上》，一开始并不是指治人、治病的医术，而是指一种仁爱行为，进而推广到治国之术。孟子针对齐宣王以羊易牛、不忍见其死的做法评价说："无伤也，是乃仁术也。"就仁爱、无伤这一点来说，医术表现得最为明显。

所以后世"仁术"专指医术。仁爱之心通过医这一"术"得到最充分的体现。"仁"是"术"的前提，"术"是"仁"的体现。医术使爱人、爱己的"仁爱"思想得以具体落实。于是"医乃仁术"成为人们的共识。如"良医以仁术救世"（北宋《太平圣惠方卷第一》），"医者，圣人仁民之术也"（明代刘纯《玉机微义》），"医乃仁术也，笔之于书，欲天下同归于仁也"（明代汪机《推求师意·序》）。此外一些书名中直接用"仁术"，如明代张浩《仁术便览》、清代王士雄《仁术志》，都是医书。

"医术之仁"主要表现在两个方面。

1. 医为寄托性命之术。《素问·宝命全形论》曰："天覆地载，万物悉备，莫贵于人。"晋代王叔和《脉经·序》曰："医药为用，性命所系。"唐代孙思邈《备急千金要方·序》曰："人命至重，有贵千金。"宋代朱肱《活人书·序》曰："夫术至于托生命，则医非小道矣。"元代王好古《此事难知·序》曰："盖医之为道，所以续斯人之命，而与天地生生之德不可一朝泯也。"元代王珪《泰定养生主论·序》曰："医者人之司命，任大贵重之职也。"正因为如此，所以"夫医者，非仁爱之士不可托也，非聪明理达不可任也，非廉洁淳良不可信也"（《褚氏遗书》）。医术不仅直接关乎人的生命，而且与天地相通相应。《素问·宝命全形论》曰："人以天地之气生，四时之法成。"《灵枢·岁露》曰："人与天地相参也，与日月相应也。"明代张介宾《类经·序》曰："上极天文，下穷地纪，中悉人事，大而阴阳变化，小而草木昆虫，音律象数之肇端，脏腑经络之曲折，靡不缕指而胪列焉。大哉！至哉！垂不朽之仁慈，开生民之寿域，其为德也，与天地同，与日月并，岂直睊睊治疾方术已哉！"

2. 医为济世救人之术。《灵枢·师传》曰：医术"上以治民，下以治身，使百姓无病，上下和亲，德泽下流，子孙无忧，传于后世，无有终时"。张仲景在《伤寒论·序》中指出，医者作用"上以疗君亲之疾，下以救贫贱之厄，中以保身长全，以养其生"。唐代王冰《重广补注黄帝内经素问·序》指出，医者目的就是"释缚脱艰，全真导气，拯黎元于仁寿，济羸劣以获安"。宋代许叔微《伤寒论著三种·序》曰："医之道大矣，可以养生，可以全身，可以尽年，可以利天下与来世，是非浅识者所能为也。"清代喻嘉言在《医门法律》中指出："医，仁术也，……视人犹己，问其所苦，自无不到之处。"不仅如此，医者还可治国济世，孙思邈《备急千金要方·诊候》曰："古之善为医者，上医医国，中医医人，下医医病。"治国、治人、治病三位一体，理无二致。

(二) 医者之仁

中医之"仁"是通过医者体现出来的，也就是中医药从业人员的伦理道德和行为规范，既表现为医者尊重生命、敬畏生命、爱护生命的"仁心"，又表现为医者行医过程、进药炮制过程中的"至诚"行为。为了区分"仁"和"诚"，特将医德行为规范放在"诚"中阐述。"医者仁心"主要表现在以下几个方面。

1. 大慈恻隐之心。这是孙思邈《大医精诚》开篇提出的"凡欲为大医，必当安神定志，无欲无求，先发大慈恻隐之心，誓愿普救含灵之苦"。可见"大慈恻隐之心"是成为一个"大医"的第一条件。这里的"大慈"就是"大慈悲"，是佛家用语，予乐为慈，拔苦为悲。"慈"同样是老子提出的三宝中的第一宝，曰："吾有三宝，持而保之，一曰慈，二曰俭，三曰不敢为天下先。""恻隐"是儒家用语，孟子曰："恻隐之心，仁之端也。"（《孟子·告子上》）做一名大医，必须要有仁爱之心。因为医者面临的患者都是身心有疾病痛苦的人，所以决不能有一丝一毫的嫌弃、厌恶、冷漠之心，反而应该更加同情、怜悯，"其有疮痍、下痢，臭秽不可瞻视，人所恶见者，但发惭愧、凄怜、忧恤之意，不得起一念蒂芥之心，是吾志也"，这是医者应该具备的最基本的品德。

2. 普同一等之心。普同一等包括两方面的意思，一是医者与患者是等同的；二是所有的患者是等同的。首先，医者要做到与患者等同，须推己及人，视患若己，正如孙思邈所言："见彼苦恼，若己有之。"对待患者"皆如至亲之想"，清代喻嘉言《医门法律》指出，"医，仁术也，……视人犹己，问其所苦，自无不到之处。"清代徐延祚《医粹精言》提出医者要"以局外之身，引而进之局内，而痛痒相关矣"。其次，所有患者都是平等的，要一视同仁。孙思邈曰："若有疾厄来求救者，不得问其贵贱贫富，长幼妍媸，怨亲善友，华夷愚智，普同一等，皆如至亲之想。"明代医家陈实功所立"医家五戒"，第一戒便是"凡病家大小贫富人等，请视者便可往之，勿得延迟厌弃，欲往而不往，不为平易"。

3. 不私其有之心。古代医圣、药王、大医、良医都不会把医道、医术、良方据为己有、秘为私藏。无论《黄帝内经》《伤寒杂病论》，还是后世大家著书立言，皆以医道示人、以良方传世、以济世救人的胸怀传承医道医术。吴有性赞曰："仲景以伤寒为急病，仓卒失治，多致伤生，因立论以济天下万世，用心可谓仁矣。"（《瘟疫论》）刘纯感叹曰："良方录传，不惟及于一家一国，且遍于天下而传于后世，岂不愈于身亲为之者耶。"（《杂病治例》）然而后世的确有医家藏为己有，宋代医家陈自明批评"今之医者，或泥古，或吝秘，或嗜利以惑人，其得罪于名教多矣"（《外科精要》）。清代陆以湉则谴责这种"每见得一秘方，深自隐匿，甚至藉以图利，挟索重赀"的行为"殊堪鄙恶"（《冷庐医话》）。

由于"仁"乃儒学的核心思想,"医乃仁术"源于"仁者爱人",所以历史上出现了医儒相通、儒医不分的现象,出现了因儒而医的"儒医"群体。范仲淹曰:"不为良相,愿为良医。""儒医"群体从汉代已经逐渐形成,到了宋代更是蔚为大观,"儒医"之名正式开始流行。正如清代徐松在其《宋会要辑稿》中所说:"政和七年,……朝廷兴建医学,教养士类,使习儒术者通黄素,明诊疗,而施与疾病,谓之儒医。"以至"无儒不通医,凡医皆能述儒"。明代徐春甫《古今医统大全·儒医》曰:"吾闻儒识礼义,医知损益。礼义之不修,昧孔孟之教,损益之不分,害生民之命。儒与医岂可轻哉?儒与医岂可分哉?"

其实从两汉之际佛教传入中国以后,佛家的慈悲心、菩萨心渐渐和儒家的仁爱心、恻隐心相结合,共同成为医家的发心,如孙思邈《备急千金要方·大医精诚》的开篇所说的"先发大慈恻隐之心"即是例证。

二、医道"和"

"和"是中医药的核心和灵魂,笔者认为,中医学的核心价值如果用一个字概括,那就是"和"字。中医学的核心价值是中华文化核心价值的体现,中华文化的核心价值一个字也是"和",两个字就是"中和"。从《尚书·尧典》"协和万邦",到《周易·乾卦·象传》"保合太和",从西周末年史伯"和实生物,同则不继",到春秋末期老子"冲气为和"、孔子"和而不同","和"逐渐成为中华文化的核心价值,并在中医药学中得到最好的应用和发展。

"和"的内容极为丰富,"和"主要是指相对的两类事物、两个方面,即"阴"和"阳"的中和、和合、和谐,"阴阳和"可表现为天人合一、人我合一、形神合一,以及合一之后的和谐圆融的"太和"状态。"阴阳和"将宇宙万物、人与自然、人与社会、人体本身构成一个有机的、生生不息的整体。"和"是宇宙万物生命生生不息的前提和基础,人体只有"和"才能达到健康、快乐、智慧的最高境界。"和"的价值观念表现在中医药学所有层面。

（一）在自然观上是"天人相和"

就天和人的关系而言，天为阳，人为阴；天人合一，达到太和。"太和"是《易传》提出的最高价值观念，对汉以后中国文化的价值观起到导向的作用。《周易·乾·彖传》曰："乾道变化，各正性命，保合太和，乃利贞。"朱熹认为："太和，阴阳会合冲和。"《黄帝内经》充分表达了这一核心价值，如"法于阴阳，和于术数"（《素问·上古天真论》）；"人以天地之气生，四时之法成"。"夫人生于地，悬命于天；天地合气，命之曰人。人能应四时者，天地为之父母；知万物者，谓之天子。"（《素问·宝命全形论》）"夫自古通天者，生之本，本于阴阳，……皆通乎生气。"（《素问·生气通天论》）人居天地之间，天地人只有得其"和"，才能风雨有节，寒暑适时，天地和而气和，气和而心和，心和而形和，人才得以长生久视。中医的目的就是要使人与自然达到"太和"状态，如明代李盛春《医学研悦·伤暑全书》曰："庶起轩黄岐伯于当年，以常回太和之宇也。"医者治病首先要顺应人与自然，不能破坏人与自然的和谐，如明代万密斋《痘疹心法·自序》曰："所谓无伐天和，无翼其胜也。"如果人与天地自然失去和谐，就会得病，医术就是使"失和"重新恢复到"天和"，如宋代《重刊本草衍义·总叙》曰："是以疾病交攻，天和顿失，圣人悯之，故假以保救之术，辅以蠲疴之药，俾有识无识，咸臻寿域。"

（二）在社会观上是"人我相和"

作为医者，其社会关系主要是与患者的关系、与同道的关系，要做到信和、谦和、温和。对待患者，要言语温和、待患若亲，动须礼节、举乃和柔，勿自妄尊、不可矫饰，诚信笃实、普同一等。对待同道，要礼让谦和，互资相长，互学互帮，顾全大局，打破门户之见。孙思邈在《大医精诚》中对医者和患者、同道和谐相处做了具体的规定。医患关系的"和"对于解决当前医患矛盾、和解医患关系有着重要的意义。

（三）在身体观上是"形神相和"

《素问·上古天真论》提出养生的一大总则就是"法于阴阳，和于

227

术数"，就人体而言，形与神、身与心、气与血等都是"阴阳"，该篇提出了养生的四大方法，即"食饮有节，起居有常，不妄作劳，形与神俱"。饮食要与自己的体质、身体状况相和，起居要与时令、昼夜规律相和，运动要与自己的年龄、身体相和，心神要与形体相和。从某种意义上说，饮食、起居、运动表面上看都属于"形"的层面，其实都要与心神相合，不能分离。前三个层面最后都要落实在"形神相和"上。人自身的起居服食、视听言动、喜怒哀乐无所过，达到身体的情志和、气血和、脏腑和、经络和，也就是形神合一、心身合一，那么必定能宝命全形、健康延年。

（四）在治疗观上是"阴阳相和"

《黄帝内经》曰："生之本，本于阴阳"；"阴阳者，天地之大道也，……治病必求于本。"中医学认为，疾病就是阴阳不和，治病就要调和阴阳。中医用药疗疾的目的是"谨察阴阳所在而调之，以平为期"。为医者在诊断治疗上整体审查、四诊合参、辨证求本、处方用药，都是以调中致和为价值取向，无论是汤药、针灸、砭石、导引，其目的都是要使患者形神相和、气血相和、四气相和，形神、气血都是阴阳，四气五味、五脏六腑也是阴阳，五行是两对阴阳加上中土。"阴阳"不仅是生命的根本，而且是治病的根本。阴阳调和，则疾病自然消除。中医用阴阳二气互根互用、消长转化的平衡"调和"关系来描述身体的生理病理过程，如"阴阳之要，阳密乃固，……因而和之，是谓圣度"，四诊八纲辨证就是在动态中寻找"失和"，各种治疗手段都是使患者达到"阴平阳秘，精神乃治"的平人状态。

三、医术"精"

"精"和"诚"是孙思邈提出的作为"大医"必备的两方面价值要求，其中"精"是医术要求，"诚"是医德要求。"精"体现了中医医术要精益求精，怎样做到医术精？笔者认为不仅表现在学医行医的行为上，而且还表现在研医悟医的思维上。

（一）学医要"博及医源，精勤不倦"

孙思邈认为，医道是"至精至微之事"，千万不可以"求之于至粗至浅之思"，"故学医者必须博及医源，精勤不倦，不得道听途说，而言医道已了，深自误哉！"医源在哪里？孙思邈在《备急千金要方·大医习业》中明确指出："凡欲为大医，必须谙《素问》《甲乙》《黄帝针经》……又须妙解阴阳禄命、诸家相法及灼龟五兆、《周易》六壬，并须精熟，如此乃得为大医。"笔者把孙思邈学医的要求，概括为两门专业课、六门专业基础课，两门专业课即医学和易学课程，六门专业基础课为五经、三史、诸子、内典、老庄、天文。这些课程"若能具而学之，则于医道无所滞碍，尽善尽美矣"。可见学医不仅仅是学习医书、医方，而且要学习以《周易》为核心的传统文化知识，而后者正是"医源"。所以明代医家张介宾发出感叹："不知易不足以言大医！"诚哉斯言！张仲景早就说过：学医必须"勤求古训，博采众方"，学医之大忌就是"不念思求经旨，以演其所知，各承家技，始终顺旧"（《伤寒论·序》）。唐代王冰说：拯救百姓疾苦而达到健康长寿的医学，"非三圣道，不能致之矣"。这个三圣道就是伏羲、神农、黄帝之书（《黄帝内经·素问·序》），虽然这三圣即"三皇"之书今已不存，但从三皇传承下来的《易经》《神农本草经》《黄帝内经》却经后人整理保留下来，这些都是学习中医必须要精熟于心的。

（二）行医要"精益求精，臻于至善"

中国古代医者被称为"工"，《说文解字》曰："医，治病工也。"中医也自称是"工"，《黄帝内经》和《难经》都称医为"工"，但对"工"做了区分，分为"上工""中工""下工"三等。为医者应该成为"上工"。中医人深刻认识到治病的过程其实就是"工匠"制作和打磨产品的过程，对患者从四诊合参、辨证论治，到处方用药、针灸导引，每一步都精雕细琢，不可以有任何差错，如此才能把患者变成健康的人。但中医治疗的对象不是"物"而是"人"，所以又与一般工匠有重大的不同点，它是"至精至微之事"，又是至高至深之事，涉及人命，"人命至重，有贵千金"，所以一定要加倍地精益求精，一定要掌握一种释缚脱艰、安身立命、救死扶伤的高超技艺，要成为"上工"。只有专心医道，寻思妙理，审问慎思，明辨笃行，持之以恒，把精勤治学、精研医道贯穿一生，方能临证不惑，救死扶伤。切不可浮躁偏执，一知半解，浅尝辄止。

（三）研医要"惟精惟一，精思妙悟"

中医思维方式主要表现为整体思维、象数思维、变易思维、中和思维、直觉思维。中医学的象数思维主要体现在取象运数的思维方法之中，运用取象比类，分析人的生理病理功能结构，建立"藏象"学说；对疾病的认识上，将各种病症表现归结为"证象"，建立辨证论治理论体系。所谓"藏象""脉象""证象"等，其本质就是"意象"。这种"意象"是源于实体又高于实体的，需要有高超的直觉思维、悟性思维来把握，中医学称之为"心悟""心法"，在直觉思维过程中，人们的思维能动性被充分发挥，思维潜力得到充分发掘，从而具有逻辑思维无法代替的功能。而要培养这种高超的直觉心悟能力和取象类比的能力，就必须要"惟精惟一"。《尚书·大禹谟》曰："人心惟危，道心惟微。惟精惟一，允执厥中。"惟精惟一，就是要用功精深，用心专一。王阳明曰："惟一是惟精主意，惟精是惟一功夫，非惟精之外复有惟一也。""允执厥中"，主要指持守中道，同时"中"也可指"心"，总之要守持精深、专一的心。这原本是尧舜禹时代相传的挽救人心、彰显道心、治国安民的"十六字心传"。上医治国，中医治人，下医治病，所以同样也是一个大医、上工应该要修炼的功夫。

四、医德"诚"

医德"诚"是医心"仁"的外在表现。如果说"仁"偏于恻隐为端、慈悲为怀的医者之心，那么"诚"就是偏于心怀至诚、一心赴救的医德行为。孙思邈《大医精诚》为后世医家树立了典范，曰"凡大医治病，必当安神定志，无欲无求，先发大慈恻隐之心，誓愿普救含灵

230

之苦"；"普通一等，皆如至亲之想"；"见彼苦恼，若己有之，深心凄怆……一心赴救"；"详察形候，纤毫勿失，处判针药，无得参差"。后世苏耽橘井泉香，董奉杏林春暖，壶翁悬壶济世，华佗青囊度人，此等苍生大医，都是"医德至诚"的模范！

"诚"是对一个医者从内心到行为的基本要求，主要表现在以下三个方面。

（一）医者发愿必须"心地诚谨，心怀至诚"

诚有诚信、诚实、真诚、诚敬等意。《说文解字》曰"诚，信也。从言，成声"，《礼记·中庸》曰"诚者，天之道；诚之者，人之道"，《孟子·离娄上》曰"诚者，天之道；思诚者，人之道"，都是指诚是天道法则、是天地的根本属性，而做到诚、追求诚是人道法则、是做人的基本要求。作为一个医者面对是病痛缠身、羸弱无助的患者，所以必须要以至诚之心相待，痛病人之所痛，苦病人之所苦，要推己及人，从局外进到局内，易地以观，换位思考。如果把自己当成患者，站在患者的立场、处境，那么自己的思想感情就会发生变化，责任感就会油然而生。这时所发出来的就是"诚心"，也就是孟子所说的恻隐之心、羞恶之心、辞让之心、是非之心，这"四心"也就是仁、义、礼、智"四德"的开端。"人之有四端，犹其有四体也"，也就是说四心、四端就是人的本性，是与生俱来的，是至诚至信的。这种"至诚之心"也就是医者之仁心。

（二）医者对待患者的行为必须"真诚恳切，守信戒欺"

孙思邈对医者看病的行为规范做了具体的规定，如在患者求救时要求"深心凄怆，勿避险巇，昼夜、寒暑、饥渴、疲劳，一心赴救，无作功夫形迹之心，如此可为苍生大医"。面对患者"其有疮痍、下痢，臭秽不可瞻视，人所恶见者，但发惭愧、凄怜、忧恤之意，不得起一念蒂芥之心，是吾志也"。明代太医龚廷贤提出"医家十要"和"病家十要"，明代陈实功提出"医家五戒""医家十要"，都对医者及患者行为做出具体规定。对待患者要严守医密，不以虚言诳人，不以危言相恐，不以神方秘术炫世惑众，不曲顺人情以保己名。在处方用药上要实事求是，切忌为了谋利过度诊疗、过度处方。在进药炮制上，要剔除伪劣，选药上乘，如法炮制。

（三）医者自我行为必须"诚信求真，慎独自律"

《大学》曰："此谓诚于中，形于外，故君子必慎独也。"《中庸》曰："是故君子戒慎乎其所不睹，恐惧乎其所不闻。莫见乎隐，莫显乎微。故君子慎其独也。"孟子亦曰："君子慎独。"可见"慎独"主要是对"诚"而言的，"圣人重诚，敬慎所忽"。"慎独"是儒家提出的个人道德修养的重要概念，通俗的解释就是谨慎独处，在没有人在场或监督的时候也能够严格要求自己，不做违背道德良心的事。"慎独"是自律的最高层次。作为一个医者更要"慎独"，要始终保持医德之"诚"，不忘初心，不欺天、不欺人。由于医学的不断发展进步，所以要求医护人员要求真务实，踏实进取，要终身学习，不能有半点马虎。同时还要从事科研，要发表论文、著书立说，严禁抄袭剽窃、弄虚作假。在为人处世、对待同道上要诚笃端方，力戒傲慢偏见。孙思邈明确指出："夫为医之道，不得……道说是非，议论人物，炫耀声名，诋毁诸医。"

综上所述，中医"仁和精诚"的核心价值对于解决当前看病难、看病贵，解决医患矛盾、和解医患关系，对于培养中医药高端人才、推动中医药的科研创新、促进中医药事业产业发展、助推"健康中国"建设都具有重要意义。①

---

① 张其成：《中医药文化核心价值"仁、和、精、诚"四字的内涵》，《中医杂志》，2018 年 11 月。

第五章　中医文化的使命担当

——中医文化是中华文化复兴的先行者

第一节　中医文化是中华文化的重要组成部分

一、中医文化是中华传统文化的杰出代表

中医文化是中华民族优秀传统文化的重要组成部分，是中医药学的根基和灵魂，不仅集中体现了中医药学的本质与特色，而且决定了中医药学的历史形成和未来走向。

中医学是中国传统文化不可分割的重要组成部分，也是最能体现中华优秀传统文化特质的部分。正如习近平总书记 2010 年 6 月 20 日在澳大利亚皇家墨尔本理工大学中医孔子学院揭牌仪式的讲话中所指出，"中医药学凝聚着深邃的哲学智慧和中华民族几千年的健康养生理念及其实践经验，是中国古代科学的瑰宝，也是打开中华文明宝库的钥匙"。中医文化充分体现了中华优秀传统文化的核心价值观念、原创思维方式，融合了历代自然科学和人文科学的精华，吸收了儒家、道家乃至佛家文化的智慧。它是古代唯一留传至今并且仍在发挥重要作用的科技文化形态。

中医学是在中国传统文化背景下孕育、成长和发展起来的，尽管在不同历史时期吸收了不同的文化及科技成果，但其文化母体始终未变。一方面，中医文化与中华文明相伴而生，但从属于中华优秀传统文化。《周易》象数思维涵盖并体现了中医学整体、中和、变易、直觉、虚

静、顺势、功用等思维的特点，是中医学思维方法的核心，不仅为中医理论奠定了思想基础，而且成功地为中医临床实践提供方法学指导。儒、墨、道、法等诸子百家之学对生命本质的探讨深刻影响了《黄帝内经》生命观和医学理论的形成。自秦汉以后，中医学发展经历三次大变革，儒、道、佛与西学，成为中医学历史发展中四种最主要的推动力量，是中医学术思想发展演变的重要文化渊源。另一方面，中医文化承载着丰富的中华优秀传统文化的精髓，是打开中华优秀传统文化宝库的钥匙。中医药学以天地人一体、和谐共生、和而不同、以人为本等思想，反映了中华民族的认知方式和价值取向，是我国文化软实力的重要体现。但近百年来受西方文化和霸权主义者的侵袭，致使中华文明宝库蒙尘受垢。今天，随着当代中国的崛起，文化自信的建立，世界各国和地区也日益认同中华文化。中医文化全面系统地保有中华文化的核心价值理念，成为世界人民打开中华文化宝库的钥匙。

中医学理论的基本范畴——气、阴阳、五行等，直接根植于中华传统文化。中医思维方式重合轻分、重用轻体、重象轻形、重时轻空、重悟轻测的五大特征，与中国哲学重视主体性，重视内在道德性，重视智慧，重视觉悟，重视修行、体验与内求功夫是相一致的。中医学以"天人合一"的思想为指导，以"和合"为思维方式和价值取向。整体思维是中医学最基本的思维特征。中医学在观察分析和研究处理问题时，注重的是事物的功能、属性、作用，而不是形态、结构。以象数为思维模型、以取象运数为思维方法，建立了藏象、脉象、证象、药象等学说。中医学在时空合一思维方式基础上，更重视时间。在对人体生理、病理的认识以及诊断、治疗中，在形体观测的基础上，重视直觉体悟、由表知里等方法的运用。

中华传统文化是重"生"的文化。什么是"生"？《说文解字》说："生，进也，像草木生土上。"意思是草从大地上长出来，这叫"生"，是生命，是生存、生活，也是生生不息的过程。《黄帝内经》讲："人生于地，悬命于天，天地合气，命之曰人，人能应四时者，天地为之父母；人以天地之气生，四时之法成"，"生之本，本于阴阳"。从某种意义上说，中华国学就是关于"生"的学问——生生之学、生命之学，中华传统文化就是生命文化。《周易》说，"生生之谓易"，"天地之大德曰生"。医易同源。《周易》是"生生之道"，中医是"生生之具"。"具"就是器具、工具。儒、释、道注重生生之道、生生之德。而在中医看来，人身小天地，天地大人身。天地和人身就是一个同构、同序的生命体。中医不仅注重生生之道、生生之德，而且注重生生之具、生生之法。请不要忽视中医在中华传统文化中的地位。医家是与儒、释、道三家并立的中华传统文化四大支柱之一。儒、释、道、医四家关系可以用一张太极图来说明。

在太极图中，儒家是白的，是阳刚。儒家的基本精神是乾卦阳刚的精神，自强不息、刚健有为、勇往直前、百折不挠、昂扬向上。道家是黑的，是阴柔。道家的基本精神是坤卦阴柔的精神，厚德载物、柔弱虚静、自然无为、居下不争、以柔克刚。佛家在太极图外面一圈，因为佛家讲究"空性"，"四大皆空""五蕴皆空"。医家在哪里？在中间曲线。中医是讲阴阳调中。有人攻击中医太简单了，一个人有病叫阴阳不和，治病叫调和阴阳，病治好了叫阴阳调和了。我说这就对了，因为越简单的东西越接近事物的本质。中医讲调中，儒家讲中庸，道家讲中道，佛家讲中观。儒、释、道、医四家"你中有我、我中有你"，圆融和谐，共同构成了中华传统文化"阴阳中和"的基本精神。

"阴阳中和"是中华优秀传统文化的核心价值追求，也是生生之道的基本保证。《周易》说："保合太和，乃利贞。"儒家提倡："中也者，天下之大本也。和也者，天下之达道也。致中和，天地位焉，万物育焉。"道家《道德经》讲："万物负阴而抱阳，冲气以为和。"佛家讲"中观"——大乘佛学中观派以"八不"中道来解释空性。而"中和"思想在中医中体现得最为彻底。试想如果没有"中和"，天地万物怎么可能生生不息？人体生命怎么能健康长寿？

医乃仁术，"仁"充分体现了"生生之德"。朱熹说："仁者天地生

235

物之心，而人之所得以为心者也。"戴震更是直接提出"仁者，生生之德也"。儒家把"生生之德"落实在人伦关系上，医家则落实在治病救人上，"大医精诚"的"仁德"标准是为医者的基本道德操守和行为规范。明代医家陈实功提出"先知儒理，然后方知医理"，古代中国大批的儒医、道医、佛医把中华文化核心价值理念和精神落实到了医学上。

中医文化在中国传统文化中占有重要地位。中医学是中华文化中至今仍在发挥重要作用的科学技术。中医文化也是中国非物质文化遗产中独具特色的重要部分，已传播到世界许多国家和地区，成为服务于全人类的宝贵资源。①

二、中医文化振兴的思路

所谓振兴，当然就是我们过去曾经辉煌过，后来一度衰落了。这里有两个原因，一个是正面的原因；另一个是反面的原因。所谓正面的原因，就是说我们中医文化是提升国家文化软实力的一个重要因素，是传播和弘扬中华文化的一个重要载体。反面的原因，是近代以来中医遭受了几次沉重的打击。正反两方面的事实，告诉我们现在是到了中医生死存亡的关键时刻，是到了振兴中医文化的关键时刻。中医文化再不振兴，中医将不复存在。

"中医文化"有广义和狭义之分，广义的中医文化就是中医学一切物质文明和精神文明的总和。也就是说，这个文化是融汇在中医的各个方面的，它不是独立出中医药学的一个东西。我这里说的文化主要指狭义的，就是中医的核心文化、精神文化，着重在哲学这个层面，体现在生命观、本体观、思维观、价值观上。中医生命观就是对生命复杂现象的整体把握、直觉观察、灵性感悟，治疗观是未病养生的预防观念，司外揣内的功能观察、整体动态的诊察内容、辨"证"求"本"的诊断方法，发掘正气潜能（自组织自调节能力）的治疗原则；整体功能综

---

① 张其成：《中医文化精神》，中国中医药出版社，2016 年 9 月，39—41 页。

合调节的治疗方法。

中医文化的复兴，重点应在以下三个方面进行突破。

第一个方面是中医学的本体论，即气本论、气一元论。人体身上的气、中药的气——四气五味，能不能用现代科学研究出来？我看最终是可以的。把气搞清楚了，中医一切问题都解决了。脏腑——五脏六腑是什么？是气的五种结构系统。经络是什么？是气的通道。药物的作用是什么？就是气的效应。"气文化""气科学"一定要弘扬、要研究，千万不能因为跟西方的东西不一样，目前还不能用科学解释清楚，就说它不科学，就把它否定了。

第二个方面是中医思维方式。以象数思维为例，调和性治疗、自组织能力等，实际上都是象数思维在临床上的运用。中医无论是基础理论还是临床实践，都离不开象数思维。气就是一种象，阴阳也是象，五行也是象。象数思维是整体思维的具体体现。这种思维方式，我认为可以弥补西方科学的不足。

第三个方面是中医文化的核心价值。中医文化建设分为核心价值、行为规范、环境形象三个层面，其中核心价值压缩成四个字"仁、和、精、诚"。这四个字每一个字都有丰富的内涵，它的深刻内涵还要进一步研究，更重要的是需要加以弘扬。

中医的发展，我认为就是八个字，"坚持主体、发扬优势"。主体千万不能丢。其实老子已经在两千多年以前就告诉我们怎么搞中西医结合，四个字"知白守黑"。那就是一定要了解西方文化（白），但一定要坚守住自己的文化主体（黑）。

中医是不是科学，这是个低级问题。如果拿现代科学的标准对照，中医当然不是科学。现代科学必须满足三个条件：逻辑推理、数学描述、实验验证。中医能吗？但如果拿科学的一般标准，科学就是分科的学问，就是对事物规律的探讨，那中医当然就是科学。最近，英国科学委员会为"科学"第一次下了一个"官方定义"，即："科学是以日常现象为基础，用系统的方法对知识的追求、对大自然的理解以及对社会的理解。"按照这个定义，中医毫无疑问就是科学，它有自己的话语系统，有自己的科学形态。

我在 1999 年就提出"中医现代科学化悖论"：中医能实现不改变自己非现代科学特色的现代科学化吗？这句话听起来很拗口，举一个例子大家就明白了。这就是"上帝万能"悖论：上帝能创造出一块连他自己也拿不动的石头吗？你无论怎么回答都不对。所以，我认为不必要在这个方面打架，我们就是要坚持我们的主体，我们这套东西，不管叫什么、不叫什么，都没关系，只有这样，我们的中医才有可能按照自己的路子继续走下去。①

在 21 世纪，中医学应该如何发展？应该如何现代化？这是中医学界乃至整个学术界关注的热点。由于视角不同，观点纷呈，因而形成了很多学术流派，这实属正常现象。笔者认为，不同观点、流派的分歧焦点就在于对待中医学特色持何态度上。什么是中医学的特色？前文已经指出：中医学的特色就是中医学特有的思维方式。"剥离派"和"改造派"立足于分离和打碎中医学特有的思维方式，"补天派"立足于保持中医学特有的思维方式。作为"补天派"的一员，笔者坚持中医学的特色——中医学特有的思维方式不能丢，并再一次陈述以下四点理由。

1. 从哲学角度看。中医和西医是认识人体生命规律的两种不同的思维方法，中医偏向于从整体、动态、关系、时间、自然、社会、文化等层面观测人体生命规律，西医偏向于从局部、细节、个体、结构、空间、物质等层面观测人体生命规律，两者分别从不同的层面探讨并揭示人体生命规律，就思维方式而言是各有优劣，互为补充，而不是谁比谁有绝对优势。这两种思维方式在今后相当长的一段时间内还难以融合在一起。

2. 从文化学角度看。中医和西医是两种不同的文化样式，人类的

---

① 张其成：《中医文化精神》，中国中医药出版社，2016 年 9 月，133—135 页。

238

文化是多元的，就文化样式而言并没有什么高低、上下、优劣、先进落后之分，所谓的"西方文化中心论""西方文化优等论"是必须批判的，现代文化的特征之一就是"多元并存"，中医学作为一种独特的文化形态是不应该让它消亡的。上海三位名老中医说得好："我们认为中医与西医不能简单地、机械地用'先进'与'落后'来定位……譬如，能说太极拳比广播体操落后吗？能说京剧比西洋歌剧落后吗？能说国画比西洋油画落后吗？能说二胡比小提琴落后吗？"

3. 从科学角度看。中医虽然不是现代科学，但却是一种传统科学。科学的形态也应是多样的。有传统科学形态，也有现代科学形态。中医学不是那种建立在结构论、形态学基础之上的科学，却是一种建立在生成论、功能学基础之上的科学；中医不是公理论、原型论科学，而是模型论科学。这一点前文已经论及。值得注意的是，中医学的某些原理虽然与现代线性科学不符，却与现代系统科学、非线性科学、混沌科学的某些原理相吻合。所谓"线性"与非线性绝非"中西医学之间的非线性关系中的概念"。此外，要注意的是，科学的形态不等于科学性，中医学不是现代科学，但绝不能说中医学不科学；即使否认中医学是传统科学，也不能说中医学不科学。

4. 从实践角度看。中医经过了数千年的临床实践，证明有它独到的疗效。有一些西医治不好的病，中医却能治好；有一些西医需要花很大代价治好的病，中医只需要花很小的代价就能治好。说明中医是合理的、有用的、有效的，当然也是科学的，因而不能全盘抛弃。

"中医现代科学化""中医西医化"归根结底就是由于对中医特色——中医思维方式的错误评价所造成的。只有正确认识了中医理论思维方式的价值，才会找到中医学发展的正确方向；只有正确认识了中医理论思维方式的优势和不足，才能选择合适的研究方法，发扬优势、修正不足。"剥离派"虽然认为中医有科学的成分，但在对待中医特有的思维方式的基本态度上实际上与"改造派"是一样的，那就是认为中医以阴阳五行、取象比类、重用轻体为特征的思维方式是不科学的，

"剥离派"所谓的中医的"科学成分"无外乎就是指那些符合西医的部分。有一位医学人类学家在考察了中西医临床行为以后认为，一个中医要做很多事情，是全方位的，他既要研究病史，研究得病的文化、社会、心理、生理等复杂原因，又要进行多途径的治疗，同时还要做哲学家、心理学家、社会学家等多方面工作，如果"剥离"了的话，那么原本很丰富的临床工作就会变得很单纯，就与西医的物化治疗没什么区别了，因而"剥离派"这种研究方法是危险的。这个警告值得我们反思。[①]

第二节 中医文化的培养和传播

中华文化和中医文化有两点相同职能：第一，在思维特质上都是一致的，因而都承担着复兴中华优秀传统文化的义务；第二，在核心价值上都是一致的，中医文化的"精、诚、仁、和"是中华文化"阴阳中和"的全面绽放。中华文化和中医文化也有两点不同职能：第一，中华文化偏于形而上是精神领域，中医文化偏于形而下接地气的日常应用，更加感同身受；第二，承载中华文化与中医文化的典籍文本不同，体现着两者"和而不同"的使命构成。鉴于此，以下将两者的使命进行融合梳理。

一、中医文化的培养

（一）中华文化与中医文化教育传承

中华文化与中医文化教育从本质上说是一种人生观和价值观教育。中华文化与中医文化教育不是建立道德信仰的充分条件，却是建立道德信仰的必要条件。

1. 高校中华文化与中医文化经典"通识教育"

高校中华文化与中医文化经典的"通识教育"须加强。首先，要

---

① 张其成：《中医文化精神》，中国中医药出版社，2016年9月，93—95页。

回归中华文化与中医文化经典教育的本体功能，树立正确的通识教育理念，给通识教育以应有的地位。要认识到中华文化与中医文化经典通识教育独立的育人价值，本然的教育即应该是通识教育。其次，要充分认识中华文化与中医文化经典在通识教育中的作用，构建科学合理的通识教育课程体系。最后，要改革中医价值理念通识教育的方式方法，变"教"为"育"，注重饱含中医价值理念的中华文化国学经典的体验式实践教育。

目前，中华文化与中医文化经典通识教育形式和教学方式单一，多以讲述知识为主，教学质量和效果难以保证。中华文化与中医文化经典通识教育要求以文化人、知行合一，探索以实践为主的体验式教学方法，寓教于乐、寓教于行。将中华文化与中医文化经典通识教育融入家庭、学校和社会，在行住坐卧的日常生活中，在对待父母、师长与同学的态度言行上，加以应用实践。不断提高中华文化国学与中医文化经典通识教育塑造灵魂、培育人格，以及启迪智慧的教学效果。

我一直提倡人的一生当中，至少要读中华文化与中医文化经典当中五本经典著作，即《易经》《论语》《道德经》《六祖坛经》《黄帝内经》。少年和青年必读《论语》，中年必读《道德经》，老年必读《六祖坛经》，至于《易经》和《黄帝内经》则要一辈子读。为什么这样说？因为，《论语》告诉你来到这个世界上要做什么；《道德经》告诉你来到这个世界上不要做什么；《六祖坛经》告诉你来到这个世界上要往哪里去。而《易经》和《黄帝内经》，一则以知命，一则以养生。这样人的一生才是完满的。

令人振奋的是，中共中央办公厅、国务院办公厅印发了《关于实施中华优秀传统文化传承发展工程的意见》。实施中华优秀传统文化传承发展工程，是为了建设社会主义文化强国，增强国家文化软实力，实现中华民族伟大复兴的中国梦。党中央、国务院如此高度重视中华优秀传统文化的传承发展，这是史无前例的。近年来，出现的"国学热"表明社会各阶层已开始关注并学习中华优秀传统文化。如何将中华文化与中医文化核心思想理念、中华传统美德和中华人文精神贯穿国民教育始终，并贯穿人的一生，我们任重而道远！

2. 中医文化高校教育学科设置

鉴于中医文化是中华文化先行者的担当，当下中医文化教育应当最大限度回归教育本体功能。饱含中医价值理念的中华文化教育的本体功能是教化人心、培养人格、完善人生。一个显见的事实是，中医院校的西医课程一般在 40% 左右或更高，毕业的中医学学生基本中西医兼通，对西医的包容度较高，中西医结合在临床上大都成为自觉。

目前国内已有多所中医药大学设立国学院，招收中医文化本科生和研究生，可至今没有相应的学科与学位。长期以来，我们实行的是苏联专才教育与文史哲分科的模式，而中医文化体现的是中国文人以文史哲融会贯通为特征的思维方式与文化心理。现行的人文学科的划分，湮没了中医文化的本来面貌，使得中医文化的精髓很难保留与传承。建议参照马克思主义理论一级学科的做法，在哲学类下可以设立"国学"一级学科，下属经学、子学、小学等二级学科，并相应设立国学学士、硕士、博士学位。

另外，在西医院校中医学教学时数少、教学周期集中，而且教学既无前导课预备知识又无后续课的联系巩固，故难学易忘现象较为普遍。不少西医院校的学生认为学习该门课程没有多大意义，对日后的临床工作帮助不大，抱着应付考试的心态听课，力求老师少讲少考，缺乏学习兴趣和热情，这对于中西医协同发展是极为不利的。

在西医院校开展中医学教育教学，首先要让学生了解中国哲学和中医思维。中医学是建立在中国古代哲学基础上的一门人体生命医学，中国古代哲学注重天人合一、顺应自然，是一种和谐共生的整体思维，不仅把人与外在自然与社会看成和谐共生的整体，而且把人体内在的五脏六腑看成和谐共生的整体。要告诉学生这种思维虽然产生在农耕社会，但并不落后，因为人最基本的生活需求和生理特征并没有改变。这样学生自然就明白了中医学所讲"心""肾"和西医的"心""肾"不是一回事，中医学五脏六腑其实是与自然相互感应的五大功能系统。所以在课程设计上应该有一门中医哲学课。

我个人认为"中医文化学"可以分两个层面，分别为二级学科和三级学科。作为从属于"中医学"一级学科下的二级学科，"中医文化学"包含以下三级学科：中医哲学、中医史学、中医文献学、中医语言文字学（医古文）、中医人类学、中医伦理学、中医心理学等等。作为三级学科，"中医文化学"略同于中医哲学，因为文化的核心无疑是哲学，所以作为三级学科的"中医文化学"所要研究的内容主要是中医哲学所要研究的内容。鉴于目前中医史学、中医文献学、中医语言文字学（医古文）已经是成熟的三级学科，而中医哲学还未被列为三级学科，所以我建议作为三级学科的"中医文化学"研究可以等同于中医哲学研究。

在这些子学科中，中医哲学无疑是其核心，因为任何一种文化的核心都是该文化的哲学。中医哲学就是中医学的世界观和方法论。具体地说，中医哲学要研究的主要问题就是中医学的生命观、中医学的气本论、中医学的思维方法、中医的价值观念、中医的道德伦理。这些问题实际上是中医学的根本问题、终极问题，也可以叫元问题。中医学要发展如果不搞清楚这些元问题，而只是一味地对一些细节问题去做科学实验、去搞科学论证，就往往会走偏。目前中医出现的危机从某种意义上说，正是文化的危机、哲学的危机。所以中医哲学、中医文化学的研究在现阶段就显得更加重要和迫切。

作为中国传统哲学的一部分，中医哲学不仅与易、儒、道、释哲学有相同的共性，而且还有与易、儒、道、释哲学不同的个性。2003年，我们组织全国力量编写了全国第一部《中医哲学基础》规划教材。该教材从哲学角度阐明了中医药学的文化来源、学术内涵和思维特征，目的就是想通过对中医学固有的哲学概念范畴的分析，使学生了解中医哲学的基本概念、基本思想和基本方法，了解中医学的哲学基础和文化特色，厘清中国哲学与中医学的体用关系，厘清中医学与西医学的思维异同，厘清中医学在现代社会的优势和劣势，从而为后期系统学习中医学知识打好基础。

3. 中医药行业教育和普及教育

以中医药行业为范例，通过中华文化核心价值助推社会主义核心价值观践行，将提高中医药从业人员的道德素养、中医学思维水平与中医学医疗服务水平，促进中医医院良好医风的形成；通过对中医药院校课程体系的改进与培养模式的完善，将促进中医药人才的知识结构完整。

一般而言，强调"中医药文化"的文化属性是从中医学生存的文化背景而言的，其内容主要包括中医学的思维特质、中医学理论表述的方式与中医学实践的方法论，以及中医学与其他学派传统文化的相互关系等等。目前中医学临床疗效下降似乎已是不争的事实，这也是中医学医疗市场日渐萎缩的重要原因之一。那么中医学临床疗效下降的原因何在？无非是很多中医学临床医生不能真正用中医学看病。为什么不能用中医学看病？究其原因，主要是丧失了中医学治病的思维方式。而中医学的思维方式则是在研读中医学经典著作，以及在中医学理论指导下临床实践的基础上培养起来的。

一个没有数理化基础的人想学好西医学，成为一名合格的西医医生，在今天几乎是不可能的事。同样的道理，一个没有古代中华文化经典知识，没有受到中国文化思维训练的人，如果只学习几本现代人编写的中医学教材，而不注重阅读中医学经典并加强中华传统文化熏陶，即便毕业享有某种文凭，在临床上用起中医学来也往往力不从心。

在今天的环境中，今人学习中医学要比前人难上许多。如今中小学课程配置都是西式的，几乎没有中华国学传统文化的一席之地，甚至连语文课本都按照还原的机械的方式进行设计，细胞、分子、原子等微观概念早已在年轻的学子们头脑中生根发芽。而进入中医院校，突兀地接受阴阳、五行、气等传统整体性概念，让人思维一时难以转换过来。不经过一番传统思维方式的训练与传统文化的重新熏陶，想进入中医学的思维状态，无疑是痴人说梦。然而事实不仅如此，中医学的学习者还要继续接受大量中医学思维训练，有时候这方面的课程比重反而要大于中医学临床技术本身。

一个普遍的情况存在于学院教育，与中医学密切相关的有关中华传统文化的课程学习及培训，几乎处于空白状态，即使有，也是区区一两门课程，且是选修，这样的情况下，培养学习中医学的兴趣与思维方式的难度可想而知，虽然中医学教育规模不断扩大，人数不断增多，然而在临床实践中真正能够按照中医学思路治病的大夫，据有关部门分析，在中国只有二三万人。在这种情况下，加强中医文化建设，提高对中医文化的认识与加大教育力度，对于中医学的从业学习者培养钻研中医学的兴趣及强化中医学诊疗思维方式来说，显得尤为重要，而且不可或缺。

中医文化是一个包含科学、人文等各种成分的极其复杂的混合体。中医药的科学研究和人文研究并不是截然对立的，而是相辅相成的。中医文化在发展的过程中，不断汲取当时的哲学、文学与历史等多种学科知识。今天，若离开了中华传统文化教育和传播，单纯学习中医学诊断、方剂与药性，终究难成为一代中医名家；离开文、史、哲等文化的滋养，中医理论也难以得到持续发展。从某种意义上说，中医文化是中医发展的重要推动力，中医文化的复兴是中医学复兴的重要途径，中医学的复兴又是推动中华民族文化复兴的一个重要途径。所以，中医文化能够重现昔日辉煌，也将是中华民族文化复兴的一个重要表现。

中医文化还有一个重要的功能就是教育，就是教化人心，教我们怎么做人。落实在每一个人的修养上，包括身体和心灵两方面的修养。多年来我一直呼吁中医文化和中华文化经典要贯穿国民教育始终，所以在全国政协会议上我提交了一个《关于进一步深化落实中小学中医文化教育》的提案。此外，面对日益严重的医患矛盾，我还提了两个提案：一是建议在医卫系统开展中华优秀传统文化教育以促进和谐医患关系建设，提升医护人员的人文素养和道德修为，加强医患互动，化解医患矛盾；二是建议逐步实行"全民免费医疗"制度改革，公立医院要去市场化，回归公益性，要建立一种保障水平更高、个人支付比重甚微的全民医疗保险制度，让医患不再是利益关系，而是纯粹的医疗关系。

因此，建议建立医卫系统中华优秀传统文化教育的机制。首先，针对管理者和医护人员制定中华传统优秀文化教育培训制度，规定学习的时间、学分、学习体会、践行情况等；其次，制定考核评价体系，将学习践行的效果纳入绩效考核，从医护人员满意度、患者满意度、医疗纠纷次数等方面对医院和个人进行评价考核；最后，要制定奖励与处罚制度，对通过学习中华传统文化明显提升满意度的医护人员进行表彰，在提拔与评职称方面给予优先。

同时，构建医卫系统中华优秀传统文化教育的内容体系。我们要明确中华优秀传统文化教育的目的：一方面是让医护人员修身正己，重塑"医者仁心"的信仰，发恻隐之心、感恩之心、谦卑之心、敬畏之心，一心服务病人；另一方面是让患者保持良好积极心态，增加患者认同度满意度，改善患者情绪，提升患者抗病能力，建立和谐医患关系。因此，要遴选中华优秀传统文化中立德修心的内容，如《论语》《孝经》《黄帝内经》《大医精诚》等经典著作，历代大医仁医经典语录、感人事迹等。

明确了教育的目的和内容，还要改进中医文化教育的方式方法。我们应倡导知行合一、学以致用的教学方法，变"教"为"育"，转识为智，以文化人，以德树人，汲取"书院式"教育经验，探索以实践为主的体验式教学方法，寓教于乐，寓教于行。可采取集中封闭式培训、俱乐部沙龙、讨论分享等多种形式。探索医护人员和患者及患者家属共同培训方式。

另外，鼓励开办"书院"。书院是唐宋至清代出现的一种独立的教育机构，是私人或官府所设的聚徒讲授、研究学问的场所。其特点是以道德教育为架构、以讲会为办学特色、以导学结合为教学方法，自主办学，自由讲学。符合教育教化人心、提升人格、觉悟人生的本体功能。建议放开民间办学限制，鼓励民间开办中华文化与中医文化教育"书院"。通过"书院制"教育，提高国人人文素养，回归教化人心、提升人格的本体功能，重塑中华民族道德信仰。

4. 中小学中华文化与中医文化教育

从娃娃抓起，中华文化与中医文化进中小学能够助推中华优秀传统文化传下去。中华文化和中医文化的哲学观、和谐观和生命观与当代社会主义核心价值观一致，与当代社会小学教育中的道德教育与民族精神教育的理念一致；中华文化与中医文化的健康思维、健康知识、养生智慧与"健康中国"思想一致，也与中小学培养和谐、健康、安全生活方式的诉求一致。

（1）内容遴选原则

包含中医文化的中华优秀传统文化所涉及的内容十分丰富，既有"阴阳和谐""天人合一""仁者爱人"等反映中华文化核心价值的内容，又有生命文化、生活文化、养生文化等反映中华文化实践层面的内容。这么博大精深的内容需要进行遴选，然后凝练提升。首先确定遴选的原则，即以对中小学生有教育价值，并能帮助中小学生建立健康生活方式、树立正确价值观和提升文化自信为原则；然后将所选择的内容进行创造性转化，形成适合中小学生思维发展规律、认知特点、心理特点和健康需求并乐于接受的内容；最后研究梳理适合中小学教育的中华文化的知识体系、课程资源及表现形式。

中华文化和中医文化进中小学既需要基础教育和中医药队伍两支队伍协同作战，更需要培养一支既懂中华文化与中医学文化，又懂中小学教育心理的教师队伍。一方面是培养中小学相关专业的教师懂中医文化与中华文化，这需要研究中小学教师对中医文化与中华文化的兴趣点和关注点，还有需求点及理解能力等；另一方面是培养社会相关人士懂基础教育，这需要研究这些社会资源的质和量、社会支持体系的质和量等。在此基础上，深入研究中华文化和中医文化进中小学的教师队伍建设的政策机制、培训内容、培养方式及成功经验。

（2）教学模式特点

中医文化助推中华优秀传统文化进中小学的教学模式有其自身的特

点，需要进行转化和创新。首先，探索和总结中华文化与中医文化融入地域文化资源的教学模式，如北京"杏林春苗计划"等。

其次，探索和总结中华文化与中医文化融入校园文化的教学模式，如通过选择试点学校，助推中华文化和中医文化内涵"传下去"与学校独特文化和教学理念融合，使之成为具有校园文化特色的综合性课程。

最后，研究并创新中华文化与中医文化融入中小学课程的教学模式，比如将中华文化和中医文化与中小学的语文、美术、思想品德、科学、生物、化学、社会实践等多门学科结合，融入主流教学体系中去，构建适合中小学教育的地域资源利用、校园文化融合与主流教学融入等中华文化与中医文化的教学模式。

（3）参与模式

关于中华文化和中医文化进中小学的学生参与模式，首先，研究中小学生利用中医药社会场馆资源的模式，调研分析国家中医药管理局确立的全国中医药文化宣教基地及各地中医药博物馆、遗迹遗址、教育机构、医疗机构及有关企业中医药文化科普馆等，探索为中小学学生提供有趣、有价值的场馆体验项目，提升中小学生场馆体验的兴趣和参与度。

其次，研究中小学参与中医药文化实践活动的模式，组织多种形式、生动有趣的中医药实践活动，如北京市初中开放性课程实践中医药科学课程受到学生的欢迎，在2015—2016年仅初中一个年级就有三万三千名学生参与。另外，学生活动如校园剧、微情景剧、楹联、书法、绘本、诗词、图画、歌舞、雅集、野外实践、科学体验等形式，能让学生对中医药具有触摸和体验感，从传统文化到科学实践，全面了解中医药。从受众参与度的角度研究探索中华文化与中医药文化进中小学的参与模式、参与程度和参与效果等。通过实地调研法对中小学分层抽样，收集、统计和分析有关中华文化与中医文化的教学实践内容，以及中小学生对这部分内容的需求与接受度的情况，从理论和实际需求层面遴选出适合进中小学的中华文化与中医文化内容，并进行创造性转化和创新性发展。

再次，从师资队伍、教学方式、学生参与方式三个关键性问题入手，通过研究总结形成可复制的、有效的中华文化与中医文化进中小学实施模式。

最后，形成集内容创新、教法合理、实践性强与政策导向、舆情引导、行业监管于一体的中华文化与中医文化进中小学助推中华民族文化复兴的综合教学模式及其效果评价工具。

（4）关于教材与课程设置

加快推进中华文化与中医文化经典篇目走进中小学语文课本，深化落实中小学中华文化与中医文化教育，中华文化与中医文化的传承与人才培养，对培育中小学生的文化自信、民族自信而言意义十分重大。尽快在中小学语文必修课与选修课教材中进行中医经典篇目的引入（比如《本草纲目》《伤寒论自序》《黄帝内经》等），以及在学校的课程设计和校内外各类实践活动中，增加与丰富对中华文化与中医文化的教育，以从根本上解决中华文化与中医文化在传承上正在面临的危机问题。

关于进一步深化落实中小学中华文化与中医文化教育，2019年10月，《国务院关于促进中医药传承创新发展的意见》指出："把中医药文化贯穿国民教育始终，中小学进一步丰富中医药文化教育。"为此我提出以下建议。

①教材建议

针对初中语文课必读名著《父亲的病》等文中存在的对中医学的讽刺，应当加以适当的删节或注脚，说明鲁迅先生写出这些话是事出有因的，个别庸医并不能代表整个中医界。

中医学经典篇目走进语文课本。如语文必修课本小学可增加《神奇的小草》，扁鹊诊治虢国太子，李时珍编纂《本草纲目》等；初中增加《大医精诚》《伤寒论自序》《后汉书·华佗传》等；高中增加《黄帝内经·上古天真论》等。语文选读课本，小学可增加《用阴阳说明人体的组织结构》《神农尝百草》《饮食有节》等篇目；初中可增加《中医如何看病》《千古中医故事》；高中可以选择《黄帝内经》《难经》《伤寒论》等经典篇目。

②课程建议

各校可以结合当地中华文化与中医文化资源及实际情况，开设校本选修课、综合实践课、研修课等不同课程类型，讲授中医学基础理论课、中医学适宜技术以及中医文化经典等内容。也可以将中华文化和中医文化与生物、化学、通用技术等学科结合，开展科学研究和发明创造。各级中医药管理局、卫健委与中小学联合，组织编写适合特定年龄段的中医教材，进一步落实中医学经典相关校本课程与社团课程。

③活动建议

第一，校内活动。以人大附中的实践为例，可以成立学生中医学社团，组织《黄帝内经》知识大赛，定期开展知识讲座、中医保健操等社团活动，还可以开发中医学三字经的快板、中医京剧、中医辩论赛等学生喜闻乐见的活动。组织开展中草药种植，开设中医学文化主题德育课，设立校园中华传统文化节或中医药文化节。

第二，研学活动。以年级和班级为单位，遴选中华文化与中医文化的研学导师，走出校园，来到中医学流派发源地、道地药材出产地、中药店、中医博物馆、中医医馆医院等进行研学旅行，体验参观中医学诊病治疗、中药种植炮制等实践活动，学习必要的中医学知识及技法，书写研学日志，形成总结报告，在实践中学会和获得有关能力。

5. 教育指归

我在全国政协会上连续提交了有关中华文化与中医文化的提案："加强国学的系统教育，提升中华民族的道德信仰"，主要是针对中小学中华文化与中医文化教育的；"加强高校的国学通识教育"，是针对大学生的。中华文化与中医文化教育是一个系统工程，从幼儿、小学、中学，到大学、大学后，是伴随人一生的。但是，我国无论哪一级的中华文化与中医文化教育都很薄弱。说到底，中华文化与中医文化教育是一种价值观的教育、人生观的教育、日常行为方式的教育，以及道德伦理的教育。中华文化与中医文化教育的目的是培育人格健全的人，一个人格健全的人具备发自人文精神的自信和快乐。在我看来，孩子的成功并不一定是取得多大成就，而是人格健全，过一种快乐幸福的生活，这才是最重要的。

拿我自己家的教育来说，我出身于中医世家，父亲李济仁为首届国家级"国医大师"，母亲张舜华为国家"非遗""张一帖"第十四代传人，而我又作为长子继承了母亲的衣钵，成为"张一帖"的第十五代传人。我小时候父母亲并不强求我们学医，而是让我们遵从自己的兴趣。我和我的三个弟弟一个妹妹都酷爱学习，因为我们学习知识都是快乐的。父亲在"破四旧"的时候收藏了很多珍贵文物，尤其是一些文化大家的字画和一些线装书，这让我非常着迷。我从十一二岁就开始接触《易经》，并深深被其吸引，父母不仅不反对反而很支持，这在当时是需要非凡的勇气和见识的。后来，我研究《易经》和《黄帝内经》等中华文化经典，把中华文化和中医文化结合起来，就成为我毕生所求的事业。

尊重孩子的想法。作为教育的实施者，我们应意识到我们的教育对象不是大机器生产中标准统一的零件，而是有思想、有个性、可塑造的未成年人。一个人的最高境界是快乐、健康与智慧，加起来才是幸福。我想真正成功的教育，一定是帮助孩子塑造健全的人格，能分辨真善美与假丑恶，为了心中的梦想孜孜以求。

中医文化延展了中华优秀传统文化的文化根脉，其中蕴含的思想观念、人文精神、道德规范，不仅是我们中国人思想和精神的内核，对解决人类共同面对的难题也有重要价值；包含中医文化的中华文化同样是解决医患矛盾问题，并构建和谐医患关系的精神动力，直接影响了中华民族健康生活方式的养成。这一切都决定了中医文化是中华文化的"先行者"的地位，同时也决定了中华文化是中华民族伟大复兴先行者的地位。

中医文化养生实践助推全民健康生活方式的养成，是中华优秀传统文化核心价值的动态表现，也是助推中华优秀传统文化复兴的重要"抓手"。2016 年 8 月，习近平总书记在全国卫生与健康大会上提出："要着力推动中医药振兴发展，坚持中西医并重，推动中医药和西医药相互补充、协调发展，努力实现中医药健康养生文化的创造性转化、创新性发展。"由中医健康养生文化创造性转化与创新性发展而形成的中华健康生活方式，必将促进"健康中国"建设、提高全民健康素养。

中医学健康养生方式经过了千百年的发展，积累了丰富的经验。然而随着社会的巨大变化，不仅疾病谱发生了改变，而且人们生活方式也发生了重大改变。与时俱进的中医生命文化结合易、儒、释、道生命文化、融汇现代健康医学研究成果，正在摸索出一套适合当代人的社会生活实际，适应现代疾病谱变化的健康生活方式的标准。

当然，今天人们的生活方式已与古人有很大的不同，古代形成的中医学生命文化要进行创造性转化和创新性发展，才能为当代社会大众所接受，进而变成自己的日常生活习惯。

历史上中医药学生命文化及易、儒、释、道的生命理论和实践经验十分丰富，当代生命科学著作、文章及电视网络节目也十分庞杂、泥沙俱下，如何梳理这些中医学生命科学文献，将它正本清源并进行创造性转化和创新性发展？这是提高全民健康素养、形成健康生活方式的关键。

中医学生命文化与易、儒、释、道生命文化曾经孕育了许胤宗、甄权、孙思邈等一批高寿大医，也诞生了《黄帝内经》《养性延命录》《千金要方》《修龄要旨》《遵生八笺》等养生著作，其顺天应时、形神俱养、阴阳调和的中华文化和中医生命文化几千年以来护佑中华民族繁衍生息，在当今社会就需要结合现代生活与现代科技，将这些宝贵的文化资源进行创造性转化和创新性发展，促使人们在饮食、起居、运动、情志等方面养成健康的生活方式，并提高健康养生文化素养。探索中医学行为文化中的生命实践，及其与易、儒、释、道生命文化的关系，是中华文化助推中华民族健康生活方式养成的途径。

中医学是中国的特色医学，无论从服务群体、药用资源，还是从文化心理接受方面，都是我们民族发展自己卫生事业的特有优势，也是建设和谐社会，使人人享有健康的重要保障与途径之一，更是我们发展国家保障国民健康所具备的先天优势。另外，在现代卫生资源严重不足的情况下，又能保证人人享有健康的可能条件之一，对于解决看病难、看病贵等问题具有切实可行的现实意义。

十九大报告提出："坚持中西医并重，传承发展中医药事业。"国务院《中医药发展战略规划纲要（2016—2030）》与《中华人民共和国中医药法》颁布实施，标志着中华文化与中医文化健康生活方式的养成，将成为国家发展战略，中华文化与中医文化也将进入全面发展新时代。要重视发挥中华文化与中医文化资源在建设健康中国中的巨大作用，通过防病治病践行，弘扬中华优秀传统文化，服务民生身心健康事业。

（二）中医文化的品牌保护

中医文化品牌符号助推中华优秀传统文化符号的塑造，这意味着从物质文化层面探索中医药品牌符号助推中华民族文化符号的塑造。中医文化品牌符号是物质文化关键性问题之一，是中华优秀传统文化核心价值的活态形象化表达，也是中华民族文化符号的重要组成部分。

中医文化品牌符号对中华民族各级各类文化符号的塑造具有重要的助推作用。2016 年 8 月 19 日，李克强总理在全国卫生与健康大会讲话中强调指出："实施中医药传承创新工程，推动中医药生产现代化，打造中国标准和中国品牌。"深刻揭示了中医国学文化品牌对打造"中国品牌"的意义。

1. 老字号品牌研究

（1）老字号品牌形成原因与文化内涵研究。首先对老字号中医文化品牌符号进行分类，拟分为物象品牌和堂馆品牌。前者包括中医药器物、药物、人物、图像——如针灸、火罐，人参、葫芦，黄帝、岐伯、张仲景、孙思邈，太极图、经络图、藏象图等，后者包括同仁堂、胡庆余堂等老字号药店和太医院、名医馆、药王庙、医圣祠等。然后筛选出具有影响力的品牌，探明品牌形成的原因、文化要素、价值属性以及品牌维护和推广的方法途径，进而研究老字号中华文化与中医文化品牌符号在新时代的创造性转换和创新性发展。

（2）易、儒、释、道文化符号与中医学文化符号比较研究。首先筛选易、儒、释、道的物象和场所两大类文化符号，前者如人物、器物、服饰、图像等，后者如儒家孔庙书院、佛家寺院、道家宫观等，探析内涵和象征意义。然后对易、儒、释、道文化符号与中医文化符号进行比较研究，探明历史演进过程中的互动关系，分析异同点。

（3）新兴中医文化品牌符号的升级塑造。从中医药物象和机构两类品牌中选择出主体性标识性较强，而且接受度影响力较高的品牌进行升级塑造，重点对有一定影响力的中医医院、中药企业进行品牌塑造，包括内涵提升、名称标记以及视觉设计等。以此促进中医文化产业的发展，提升中医药行业的社会效益和经济效益。

（4）分级塑造中华民族文化符号。从中医文化品牌符号中挑选能够代表国家、地域和行业的文化符号，进行分级品牌塑造。如"黄帝"这一文化符号不仅是中医文化的形象标识，也是中华民族国家文化的形象标识，将其塑造为国家级品牌，可以起到中华民族旗帜象征的作用，进而促进民族凝聚力的提升。再如张仲景、华佗、孙思邈等，可将其塑造为各自祖籍地、生活所在地的地域文化符号，进而提升地方的文化软实力。

（5）文化品牌符号推广传播方式。以中医文化品牌助力中华优秀传统文化品牌的推广传播，探讨中医文化品牌符号推广传播方式，尤其是怎样利用现代传媒方式进行推广；探讨对目标受众进行中医文化品牌名称、品牌标志、品牌定位、品牌个性的宣传推广活动；对中医文化品牌符号推广传播进行跟踪研究和效果评估，从而树立中医文化品牌良好形象，提高品牌知名度、美誉度和特色度，以便更好地为中华文化品牌的国际传播起到带头和示范作用。

2. 促进民族品牌的塑造与推广

探讨中医文化各类符号助推中华民族各级文化符号的塑造，是一项开拓性的工作。

（1）堂馆品牌

在老字号民族品牌中，中医药堂馆品牌以其深厚的文化底蕴、良好的社会信誉和悠久的历史传承而独树一帜，老字号堂馆品牌形成的原因及文化要素、价值属性，可以为新兴中医国学文化品牌和中华文化符号塑造提供借鉴。

通过对老字号药店、名医馆品牌形成的历史、文化内涵、价值属性的研究，探讨中医药品牌符号塑造的途径，不仅有助于当代中药企业、中医医院品牌的塑造，而且可以为其他行业民族品牌的升级塑造提供借鉴；通过对中医药品牌多媒体、新媒体、全媒体传播方式的探索，不仅有助于中医药品牌的推广传播，而且能较大提升中华民族品牌的国内国际影响力、竞争力以及知名度。

我在全国政协有一个关于加快建立"国家中医药博物馆"的建议：建立"国家中医药博物馆"是传承发展中华优秀传统文化、展现中医药文化光辉历史和伟大成就的重大工程，不仅仅是中医人所盼望的盛事，是中医药行业发展的大事，而且是提升国家文化软实力、实施"健康中国"国家战略的重大举措。

中医药是中华民族代表性的文化符号，国家中医药博物馆是展示中华优秀传统文化、彰显中华民族文化自信的"国家形象"。近二十年来，几届政协委员多次提案，国家有关部委也曾反复研究，但由于种种原因，至今国家中医药博物馆建设项目尚未启动。据不完全统计，我国现有中医药文物一百万余件。全国中医药院校、科研单位及民间有数十家博物馆，收藏文物不到十分之一。这些博物馆大多规模小，文物保存条件不足，专业人才缺乏，管理理念和手段滞后。因此，迫切需要建立"国家中医药博物馆"更好地抢救、保护中医药宝贵遗产。目前，国家发改委已把建立国家中医药博物馆列入国家重点建设工程，期望尽快启动国家中医药博物馆建设项目规划与投资论证工作。

（2）中医世家与"非遗"保护

中医世家是培养名医的摇篮。由于中医世家有着几代人积累的经验，从小耳濡目染，在世医之家的环境中成长起来的中医，更容易"勤求古训，博采众方"。明代医圣李时珍就是出身于中医世家，年轻时本想走仕途却三次考试不中，后随父业医，由于有得天独厚的医家条件，加之自己的勤奋钻研，所以很快就成为一代名医。由于勤奋著述，广搜博罗，写出了流传于世的《本草纲目》。

此外，明代的另一位名医万密斋，也是出身于世医之家。据不完全了解，历代名医中，大多都有世医之家的背景，九十位国医大师和一百位全国名中医中也有不少有世医之家的背景。世医之家，是培养名医的摇篮。中医世家有利于保持特色优势。中医世家大多是父传子、子传孙，代代相传，在传承医技时会毫不保留，会倾囊尽授，"世家中医"大多有自家的"绝活"和"绝招"，具有自身的医疗特色，容易形成学术流派。

比如，安徽徽州的国家非物质文化遗产"张一帖"世医家族就是典型代表。张氏医学在明嘉靖年代从张守仁开始，由于医术精湛，经常使用一帖（剂）药而愈，被称为"张一帖"。"张一帖"世代相传，由张根桂到张舜华、李济仁，已经传承了十四代，至今已到十五代，历时四百六十余年无间断。目前，"张一帖"家族传承在中华文化、中医文化、中医临床、中医生物科技各个领域全面绽放：有一位国医大师；三位名老中医；一位做中华文化与中医国文化研究；一位做中医生命科学研究；并且以家族之力建有两座中医学博物馆活态展示中华文化与中医诊疗文化品牌。"张一帖"家族这种全方位传承在中国医学史上是不多见的。

建议支持中医世家在传承中华文化与中医文化上的重要作用，可以落实到政策层面。像曾经呼吁要重视民间中医，发展民营中医医疗机构一样，现在我们须大力呼吁。对此，建议：制定支持保护鼓励发展"中医世家"的扶持政策；对现有的中医世家进行调查统计，完善人才信息；对中医世家中的优秀人才进行培训提高；对有特色的中医世家技能或学术经验鼓励"申遗"，或列入科研项目进行开发研究等。

在中国现有三十八个入选联合国教科文组织《人类非物质文化遗产代表作名录》和《急需保护的非物质文化遗产名录》中，中医药项目只有《中医针灸》一项。在国家级非物质文化遗产保护名录的十大类中，传统医药类无论是项目数量还是传承人数量都是最少的。保护中医药非物质文化遗产已经到了刻不容缓的地步。

中医药非物质文化遗产不能束之高阁，也不能放进博物馆里瞻仰，而是要在使用中传承，在使用中保护。我们要深入发掘中医药宝库中的精华，使记载在古籍、融入在生活、使用在临床的中医药理念、方法生动起来，彰显时代价值，释放文化魅力，服务大众健康。

同时，要继续推进"中医中药中国行"活动，树立品牌、扩大影响。要大力鼓励推广中医国学文化、养生健身、防病治病的科普宣传。扩大受众面，覆盖全社会，让更多百姓受益。同时做好活动的科学评估，及时改善传播方式。真正把中华文化与中医文化的精髓传播开来、把中华文化与中医文化的健康理念树立起来、把中华文化与中医文化身心健康生活方式建立起来。

中华文化与中医文化复兴的是一种健康快乐的"人"的文化，目的是要让人们首先树立健康快乐的观念，然后是形成健康快乐并适合自己的生活方式，进而从学术源流来理解中华文化对于我们中华民族复兴的助推力量。这就要求我们对待易、儒、释、道、医五家要注重其相通性、互补性，梳理出五家的共同思想资源。从五家思想中凝练出中华文化的基本精神。尤其是中医文化传承了中华文化的精髓"阴阳中和"，致力于身心的"调和致中"。易家、儒家、道家、佛家、医家这五家圆融和谐，共同构成了中华文化的基本精神。从经世致用的角度讲，易家让我们"行得通"，儒家让我们"提得起"，道家让我们"放得下"，佛家让我们"想得开"，医家让我们"活得长"。

二、中医文化的传播

向大众传播中华文化和中医文化的具体方式格外重要，方式得当可以把抽象的中华文化与中医文化最终落实到大众日常生活行为方式上。传播中华文化与中医文化包括"道"与"术"两个方面，要促进"道"的传播，"术"很重要，正所谓术以载道。举例来说，针灸推拿目前已经推广到一百八十三个国家和地区，气功、太极拳等传播范围更广，两者都包含了中华文化与中医文化天人合一、回归自然的文化理念。

（一）国内传播

中华民族伟大复兴的中国梦，其实就是中华文化和中医文化的伟大复兴，这个时代呼唤着中华优秀传统文化的伟大复兴。中华文化与中医文化中的智慧与奥秘，并不是老古董，而是中华民族的智慧源泉，能够帮助我们增广心智，解决现实的困惑，打开人生智慧和幸福的大门。当然，这一切需要我们共同深入和实践，要让中华文化与中医文化传播搭上媒体融合的快车。

推动中华文化与中医文化媒体融合发展成为我们面临的一项紧迫课题。我们需要运用信息革命成果，推动媒体融合向纵深发展，做大做强主流舆论。媒体融合是大趋势，然而中华文化与中医文化的大众传播却存在传播内容不规范、传播手段单一和传播方式陈旧等问题，导致受众无所适从，甚至加深对中华文化与中医文化的误解。

在2017年12月，国家中医药管理局发布的《关于推进中医药健康服务与互联网融合发展的指导意见》中已明确提出：中医药健康服务与互联网融合发展是将中医药养生、保健、医疗、康复、健康养老、中医药文化、健康旅游等中医药健康服务与互联网的创新成果深度融合。基于此，我提出以下建议：

一是建立"国家中华文化与中医文化传播中心"。在国家中医药管理局领导下，依托国家级科研院所或高校建立国家中华文化与中医文化全媒体传播平台。要从政策、资金、人才等方面加大对媒体融合发展的支持力度。

二是做好中华文化与中医文化全媒体传播的顶层设计。首先要在基础战略工作上做出规划，要与互联网、大数据等创新成果深度融合，与中医药数据中心——国家人口健康数据中心中医药分中心及省级中医药数据中心加强合作，与互联网、手机、手持智能终端等新兴媒体传播通道有效结合，发出中华文化与中医文化的"国家声音"。全面提高中华文化与中医文化全媒体的传播力、引导力、影响力、公信力。

三是打造中华文化与中医文化全媒体传播精品佳作。要开展中华文化与中医文化资源的普查，发掘中华文化与中医文化资源，建设中华文化与中医文化素材库和信息资源库。在此基础上分类分批打造中华文化与中医文化精品，既要打造图书（包括普通本、精装本、线装本）精品，又要打造新媒体精品。要大力发展中华文化与中医文化创意产业，促进中华文化与中医文化数字文化产品的创作，着力发展数字出版、移动多媒体、动漫等新兴文化产业，引导开发一批能传世、有影响的中华文化与中医文化音频和视频节目、电视剧、电影、专题片、动漫作品及其他适合移动新媒体传播的中华文化与中医文化的精品佳作。

四是建设中华文化与中医文化全媒体融合发展的复合型人才队伍。中华文化与中医文化全媒体融合发展需要具备中医药学、国学、传播学、信息科学等跨学科知识人才，目前此类人才极其缺乏，需要加强培养。建议"国家中华文化与中医文化传播中心"和有条件的中医药大学合作创办"中华文化与中医文化传播"专业，培育高层次、复合型专业人才队伍。同时与互联网企业建立人才交流合作机制，促进中华文化与中医文化人才与互联网人才双向流动。

五是要开展中华文化与中医文化资源的普查，发掘中华文化与中医文化资源，建设中华文化与中医文化素材库和信息资源库。并在此基础上分类分批打造中华文化与中医文化精品，既要打造图书精品，又要打造新媒体精品。

六是通过中华文化与中医文化核心价值的提炼和宣传，促进中医药行业社会主义核心价值观的践行，促进职业道德建设，提高中医医疗、健康服务水平，改善医患关系，形成中医药行业特有的行业风尚和人文环境；通过中医药健康养生文化及易、儒、释、道养生生命文化的创造性转化和创新性发展，制定健康生活方式标准，提高民众的健康文化素养，促进民众健康生活方式的养成；通过中医药品牌符号的塑造和推广，提升中医医院中医药服务水平、中医药企业的社会效益和经济效益；通过中华文化与中医药文化进中小学，促进下一代形成正确的人生观、价值观和健康的生活习惯；通过中华文化与中医文化国际传播，提高中华民族的国家文化软实力和国际竞争力。

可喜的是，近几年来，国家中医药管理局加大中华文化与中医文化建设的力度，如有关领导表示要有计划地推动各地建设中医药博物馆，还要建国家级中医药博物馆；国家中医药管理局还专门成立了中医院环境文化建设标准课题协作组；2007 年，国家中医药管理局联合有关部委共同主办了"中医中药中国行"大型科普宣传活动；一些电视媒体也加大了对中医国学文化的传播力度。

（二）国际传播

包含中医文化的中华优秀传统文化"走出去"，能够提高中华文化软实力，提升中华文化的国际竞争力与影响力。中医文化是中华优秀传统文化"走出去"的先行者。目前，尽管中医文化已经传播到世界一百八十多个国家地区，积累了大量成功的经验，但由于不同文化的差异、文化传播的缺失，在一定程度上影响着中医文化走向世界。总结中医文化海外传播的经验与不足，探明中医文化海外传播的路径和手段，将对中华优秀传统文化"走出去"起到示范和助推作用。

习近平在南京中医药大学与澳大利亚皇家墨尔本理工大学合作建立的中医孔子学院揭牌仪式上指出"中医药学是打开中华文明宝库的钥匙"，为我们以中医文化为着力点推动中华优秀传统文化"走出去"提供了研究指南。我们要在考察中医文化国际传播的历史与经验基础上，围绕提高中华文化软实力目标，深入探讨中医文化国际传播对于推动中华优秀传统文化"走出去"的意义、目标与重点，从宏观上设计文化传播的叙事架构，帮助讲好中国故事，提高中华文化影响力。

让中华文化与中医文化走向世界，不仅是全体中医人的历史使命，而且也是摆在当代中国人面前的历史考卷。答好这份考卷，将为中华优秀传统文化的传承发展提供一个好的典范，将为实现中华民族伟大复兴提供一份强大的力量。可以说中华文化与中医文化的复兴是中华民族伟大复兴的先行者。那么怎样才能答好这份考卷，完成这一历史使命呢？

首先要深入发掘中华文化与中医文化宝库中的精华。中医文化是中华民族先民们的一项伟大的发明创造，是在天人合一哲学理念指导下经过长期实践而形成的，所以几千年以来一直护佑中华儿女的健康繁衍，护佑中华民族战胜一次次的瘟疫灾难。对这一宝库中的精华要努力挖掘，在哪里挖掘？当然最主要是历代中医药文献典籍。据《全国中医图书联合目录》统计，从战国至1949年止，存留于世的中医药图书共计一万二千一百二十四种。再加上陆续发现的中医药出土简帛文献以及传世的孤本、秘本，这些古籍的数量是其他学科古籍很难相比的。同时，我们还要着重挖掘传统文史哲及科技典籍尤其是《道藏》中与医药养生相关的宝贵资源。这些都是"物"的资源，此外还要关注"人"的资源，尤其是现代还健在的国医大师和各级名老中医专家，要做好口述史研究和人类学田野调研。

要挖掘什么？我认为要从"道"和"法"两个层面下功夫。"道"的层面要挖掘中华文化与中医文化宝贵的价值观念和原创思维，比如天人合一、调中致平、顺应自然、整体和谐的价值观念和思维方式，注重人与自然社会的和谐统一，注重人体自身形神的和谐统一，注重人的内稳状态和抗病潜能的激发，注重疾病预防的"治未病"思想，这是中医文化的"魂"，也是中华优秀传统文化核心价值观的完备体现。

在"法"的层面是要梳理历代中医药行之有效的中药方剂，还有针灸、推拿、导引等适宜技术方法。历代中医学的方剂数量是惊人的，

《中医方剂大辞典》收方十万余首。需要去粗取精、去伪存真。中医学养生融合了儒、释、道的养生理念和方法，需要对中医学丰富的养生文化资源进行梳理总结。

挖掘出来以后如何实现创造性转化和创新性发展？这是中华文化与中医文化面临的艰巨任务。由于中华文化与中医文化的价值观念和思维方式是符合当代生物—心理—社会—生态医学模式转变大趋势的，是与现代健康理念相融相通的，因而中华文化与中医文化走向世界应该文化引领，进而道法并进。将中华文化与中医文化促进人类健康之"道"和中医药服务人类健康之"法"传播出去。

中华文化与中医文化走向世界的目的，是要让中医药优质的健康医疗服务惠及世界，并造福全人类。中华文化与中医文化贵在整体观念，贵在整合思维，未来世界一定是赢在整合。中华文化与中医文化将人看成一个与天地社会相通相应的整体，将生命看成一个脏腑经络相贯相连的整体，有一套系统的全身健康、全能健康、全程健康的方法，通过日常生活中饮食、起居、运动、情志的调节，养成健康的生活方式和行为习惯，从而达到不得病、少得病、晚得病、不得大病的目标。所以，弘扬中华文化与中医文化，是为人类保有健康提供了先进的保健理论和技术。

在当今社会，中华文化与中医文化要发展创新，要国际化，就要与现代科技相结合，才能创造出举世瞩目的重大成果。屠呦呦从《肘后备急方》受到启示，利用乙醚提取技术发明青蒿素，从而成为第一位获得诺贝尔科学奖项的中国本土科学家，第一位获得诺贝尔生理医学奖的华人科学家，就是一个最好的证明。

中华文化与中医文化走向世界还必须实现产业化和现代化。要增强中华文化与中医文化的软实力，必须大力发展中华文化与中医文化产业，实施重大文化产业项目带动战略，加快文化产业基地和区域性特色文化产业群建设。由于中华文化和中医文化与人类健康息息相关，所以中华文化与中医文化产业兼具文化产业和健康产业双重优势。因此，要整合跨行业资源,创作出具有国际影响力的影视、网络等文化产品。

从某种意义上说,中华文化与中医文化走向世界的过程就是中医学国际传播文化认同的过程。中医文化"走出去"不是文化输出,而是文化共享,是文明交流互鉴,这就需要搞清楚不同国家的地域差异和文化特质,从"受众"这一核心要素入手,尊重受众的文化多样性,规范中医药文化翻译标准。目前我国在海外设有中医中心,要利用好这些平台,还要加强与海外民间各类中医药团体平台的整合,借助新媒体手段,提高中华文化与中医文化国际传播的认同度。

第三节　中医文化是中华文化复兴的先行者

一、弘扬中医文化是中华文化伟大复兴的理性选择

长期以来,对中医哲学、中医文化的研究一直没有引起足够的重视。在中国文化学界,一般只关注对儒、道、佛的研究,而忽略中医文化的研究;在中医学界,一般只关注中医的临床和实验研究,同样忽略中医文化的研究。

中医文化复兴不仅是振兴中医的重要途径,也是推动中国传统文化复兴的重要途径,其意义重大。北京师范大学几年前完成"我国文化软实力发展战略研究"项目,对全国大学生调查显示,在前十位最具代表性的中国文化符号中,汉语(汉字)、孔子位居第一位、第二位,中医居第六位。改革开放以来,中医药对外交流与合作不断深入,中医药逐步被越来越多的国家接受和认可,越来越多的各国民众选择中医药作为医疗保健手段。中医药的医疗保健方法与手段,已成为传播中华传统文化的重要方式。

优秀的中华文化与中医文化同根同源,本为一体,正如树木生长一样,一棵树即使再茂盛,当它根基下的土壤营养不足时,也会慢慢衰败凋敝。在现代社会背景下成长起来的中国人,对于本民族的传统文化逐渐陌生,对原有的书面语言文言文更缺乏必要的掌握。在大多数人看

来，以文言文写就的文化典籍、中医药书籍无异于"天书"，由文言文记录的优秀中华传统文化、中医思想，成为摆在现代人面前的一道难题。传承、发展和振兴优秀的中华传统文化，还有很多工作要做，而从中医文化的普及入手不失为一种可行的方案。

"中医药学凝聚着深邃的哲学智慧和中华民族几千年的健康养生理念及其实践经验，是中国古代科学的瑰宝，也是打开中华文明宝库的钥匙。"中医的命运注定与中国传统文化荣辱与共，中医学所肩负的已不仅仅是医学的本职，同时，还承担着中国传统文化的薪火传递。以中国思想来解释中医，从中医产生的文化背景来研究它的根源、正当性及独立性，同时通过中医来弘扬中国文化，来发挥中国文化对世界的影响，实现中医与中国文化的共同复兴。

中医学根植于中华传统文化的沃土，在长期发展过程中，汲取了儒、释、道的精华，蕴含中华传统文化中"优秀"的文化要素、文化基因。中医文化不仅是中华优秀传统文化的重要组成部分和杰出代表，而且是自古流传至今仍发挥重要作用、与民众生活至为密切的科技与人文融通的"优秀文化"。整理、探索、提炼中医文化中"跨越时空、超越国度、富有永恒魅力、具有时代价值"的文化精神、文化要素，把它弘扬起来、传承下去、传播出去，对中华优秀传统文化的伟大复兴、中国梦的实现具有重大意义。

中医学具有自然科学与人文科学双重属性，通过研究、发掘、彰显中医学的文化属性，如中医文化的核心价值、养生实践、品牌符号，从而为中华优秀文化复兴树立典范，拓宽了中医学的研究领域，深化了中医文化的学科内涵，促进中医文化学学科发展。以中医文化与儒、释、道三家文化资源互为藩篱，从文化结构的三个层面具有诸多对应关系，如中医文化的核心价值对应中华传统文化的核心价值、中医文化养生实践对应中华文化健康养生方式、中医品牌符号对应中华文化品牌符号，整体构成一幅中华传统文化中的"优秀"文化基因、文化要素的动态图景，因此，中医现代复兴可起到推动中华传统文化的学术研究与学术发展的作用。

对中医药健康养生文化的挖掘整理，及创造性转化和创新性发展，并将其成果对大众进行普及传播、对中小学生进行教育实践，促进全民健康生活方式的养成，提升全民健康素养，能起到助推"健康中国"建设的作用。中医药堂馆文化、器物文化的梳理、挖掘，中医"老字号"品牌文化的研究，提炼品牌符号塑造的途径，将有助于提高中医医院、中药企业的经济效益。研究中医文化多媒体、新媒体、全媒体传播规律，探讨中医文化电影、电视、网络产品的制作途径，能促进中医文化产业的发展。

从某种意义上来说，中医的文化研究是中医发展的重要推动力，中医的文化复兴是中医复兴的重要途径。中医的复兴又是推动中华民族文化复兴的一个重要内容，中医文化能够重现昔日辉煌也将是中华民族文化复兴的一个重要表现。中医药行业内践行医学生态思想复归、医学人文基点的重立、医务工作道德伦理的迭进，对改善医患矛盾，形成和谐的医患关系和良好的人文环境，进而推动全社会道德建设，以促进整个社会的文明和谐有重要作用。中医文化作为中华优秀传统文化重要组成部分，中医药集硬实力与软实力于一体，中医药的现代复兴不但对中华民族解决医学世界难题，树立文化自信大有帮助，而且中医文化在国际交流传播中能作为先行者带动中华优秀传统文化"走出去"，从而提升国家文化软实力，助推中华优秀传统文化的复兴。①

二、中医文化是中华文明伟大复兴的先行者——纪念习近平中医孔子学院讲话十周年

"中医药学是打开中华文明宝库的钥匙"，这是习近平十年前在出席皇家墨尔本理工大学中医孔子学院授牌仪式讲话中首次提出的，是对中医药学在中华文明史上重要地位的精辟论断，是一个崭新的学术命

① 张其成：《中医文化精神》，中国中医药出版社，2016年9月，47—48页。

题。为什么只说中医药而不是其他学科学派是"钥匙"？这把"钥匙"究竟是什么？怎么真正发挥"钥匙"的作用？这不仅是中医学界而且是国学界乃至整个知识界都必须要回答的问题。

笔者多年来从事中医文化和中华传统文化研究，这一命题对笔者触动很大，经过反复学习思考，笔者有了几点体会。第一，这一命题可以理解为中医药是中华文明伟大复兴的先行者，中医药文化可以助推中华优秀传统文化的复兴。第二，中医药学这把"钥匙"是由中医文化三个层面共同打造的。第三，只有中医药学而不是其他学科学派能够担任"钥匙"的职责。为此，我在2016年的全国两会上提交了《以中医药文化助推中华优秀传统文化复兴》的提案，建议将这一问题作为国家社科基金重大项目进行研究，后被采纳，经过竞标有幸成为该项目的首席专家。下面结合这个重大项目，谈谈笔者对"中医药学是打开中华文明宝库的钥匙"这一学术命题的理解。

（一）"钥匙"由中医文化三个层面共同打造

"中医药学是打开中华文明宝库的钥匙"，所谓"钥匙"也就是"先行者"，要打开中华文明的宝库，中医药要走在前面，要带头引领。只有拿着中医药这把"钥匙"才能打开中华文明宝库的大门；只有打开宝库，发现宝藏，才能助推中华文化和中华文明的伟大复兴。也就是说，在中医药的引领下，可以助推中华优秀传统文化的伟大复兴。

这就必须解决两个问题：第一，中医药文化究竟是什么？第二，中医药文化怎么"助推"中华文化和中华文明的复兴？经过反复思考，我将本项目总体研究框架确定为：从中医药文化的三个层面、两个维度出发探讨助推中华优秀传统文化复兴的途径。三个层面偏于回答第一个问题，两个维度偏于回答第二个问题。

中医药学这把"钥匙"是由中医药文化三个层面共同打造的。三个层面就是中医药的精神文化、行为文化、物质文化。三个层面好比"心—手—脸"，形成一个从"内隐"到"外显"的过程。其中精神文化是"钥匙"最核心部分，好比钥匙采用的金属材料，行为文化好比

266

"钥匙"的制作过程和使用方法，物质文化就是"钥匙"的模样、形状。三个层面比较而言，精神文化是最重要的、最关键的，从某种意义上也可以说这把"钥匙"就是中医药的精神文化，也就是中医核心价值和中医原创思维。精神文化决定了行为方式和物质形态，行为方式和物质形态体现了精神文化。

再说中华文明的复兴其实也包括这三个层面，其中精神层面主要指中华民族天人合一、和谐共生、尊崇生命、关怀天下的价值理念和天道信仰，行为层面主要指中国人衣食住行的生活方式，物质层面主要指中华民族发明创造的物质产品。中华文明复兴最重要的就是中华民族的价值理念和生活方式的复兴，当然复兴不是复古，而是一种创造性的再生。中医文化恰好全方位满足了中华文明复兴的这一要求，所以本项目设立了三个层面子课题。

但在申报项目时遇到一个问题：中医文化三个层面的范围太广了，涉及内容太多了。从一般意义上说，中医药的精神文化包括中医药的思维方式、价值观念、医德伦理、心理状态、理想人格、审美情趣等；行为文化既包括诊断治疗的行为方式、采集炮制的行为规范、学医行医的礼仪规范，也包括中医药健康养生的行为活动等；物质文化包括中医药的建筑、器具、药材、品牌符号等。这么多问题如果面面俱到，是没办法完成的，必须设定有限目标，在每个层面选取一个关键性问题。

三个层面选取哪三个关键性问题呢？这是颇费脑力的事。最后决定，在精神文化层面选取中医药核心价值问题，行为文化层面选取中医药养生实践问题，物质文化层面选取中医药品牌符号问题。首先，中医药文化核心价值是中医药文化的灵魂。核心价值和思维方式究竟是什么关系？我认为是一体两面的关系，中医核心价值也可以说就是"中医思维"，它不仅是中华优秀传统文化核心价值的重要体现，而且也是社会主义核心价值观的重要源泉，所以中医药核心价值可以助推社会主义核心价值观的践行。其次，中医药养生实践与儒、释、道养生文化有密切关系，将它与现代医学健康科学、与当代社会发展需求结合起来，经过创造性转化与创新性发展形成健康生活方式，因此中医药文化养生实践可以助推健康生活方式的养成。再次，中医药品牌符号是中医药文化的外在表现，是中医药的形象标识。中医药品牌符号主要有老字号中医药机构品牌、中医药器物品牌等，它与儒、释、道的文化符号融贯互补，共同构成中华文化的形象标识，所以说中医药品牌符号可以助推中华民族文化符号的塑造。三个层面的三个关键问题之间具有严密的逻辑关系，其中核心价值是灵魂、是思想指导，健康养生实践是核心价值的动态表现和具体应用，文化品牌符号是核心价值的有形化、可视化体现。

两个维度是纵向和横向，纵向侧重于国内将中医药文化"传下去"，通过国内中医药文化进中小学，助推中华优秀传统文化向下一代的传承；横向侧重于国际将中医药文化"传出去"，通过国际中医药文化传播，助推中华优秀传统文化跨国度、跨文化的传播。这两个维度实际上是对前三个层面研究成果的传承与传播，但因为传承传播的对象不同，所以需要根据国内中小学生思维认知特点和国外民众不同文化背景的实际情况，对所传播的内容和形式进行创造性转化和创新性发展。

（二）只有中医药学能够担任"钥匙"的职责

中医药学根植于中华传统文化的沃土，在长期发展过程中，汲取了儒、释、道的精华，蕴含中华传统文化中优秀的文化要素、文化基因。中医文化不仅是中华优秀传统文化的重要组成部分，而且是中华优秀传统文化的杰出代表。

中医药已经成为中华民族的文化符号和形象标识。中国外文局对外传播研究中心从 2012 年开始连续开展了中国国家形象全球调查，从已经发布的六次调查结果看，中医与中餐、武术一直是海外受访者认为最能代表中国文化的三大元素，中医基本排第二名（2015 年排第一名）。海外受访者接触或体验中医药文化的比例以及好感度都呈上升趋势。2018 年调查结果显示，31% 的受访者接触或体验过中医药文化，其中81% 的人对中医药文化持有好印象，比上次调查好感度大幅提升。

近年来中医在海外越来越受欢迎，这一现象也说明了只有中医学能够担任"钥匙"的职责。为什么说只是中医而不是儒、道、佛也不是其他科技文化是打开中华文明宝库的钥匙？

要回答这个问题，可以从中华传统文化的基本结构和中华传统文化的基本精神两个维度来考察。首先是中华传统文化的基本结构，我曾提出"一源三流，两支五经"的观点。和西方文化、印度文化、阿拉伯文化"一源一流"的结构不同，我们中华文化的基本结构是"一源三流"，"一源"是指中华文化的总源头是"易"，从"易"这一源头流出了三条河流，那就是儒、道、佛（中国化佛教）。因为《周易》的经文形成于三千年以前，是中华第一经典，也是世界四大元典之一。它导源出两千五百年左右的儒家、道家及其他诸子百家，也影响了从印度传入两千年左右的佛家，使其逐渐演变为以禅宗为代表的中国化佛教。从学术源流看，孔子弘扬了《周易》乾卦精神，老子弘扬了《周易》坤卦精神。后世儒家将《周易》奉为五经之首，道家将《周易》奉为三玄之一。《周易》成为唯一一部为儒家和道家共同尊奉的经典。

"两支五经"中的"两支"是指中国传统文化在当代社会的两个支撑点、两个落脚点，也就是说在当代社会还有两大学科最完整、最系统地保存了中华传统文化，那就是国医与国艺，国医和国艺还在现实生活中为大众服务，为大众所熟知。"五经"是指最能代表中华文化的五部经典，那就是《易经》《论语》《道德经》《六祖坛经》《黄帝内经》，其中《易经》是中华第一经典，其他四部分别为儒家、道家、中国化佛家、医家的第一经典。遗憾的是国艺没有留下一部可以与这"五经"并列的经典。

从中华文化的结构看，儒、释、道偏于"形而上者"，是上层思想意识、精神信仰；中医药则偏于"形而下者"，关乎每一个人的生命，贴近每一个人的日常生活，是落地的。但中医又不是纯粹的"术"，中医还是"道"，是道术合一，中医的"术"是"道"的应用、"道"的体现。在当代社会，很多人已经不知道儒、释、道，但都知道中医，有病也会去看中医、吃中药。此外中医还是将科技与人文融为一体的文化形态，中医除了吸收儒、释、道的思想精华以外，还吸收历代的科学技术成果，可以说中医学最全面、最完整地保留了中华优秀传统文化。而且中医学持续时间长达几千年，随着时代的发展而不断创新不断发展，至今长盛不衰。所以用中医这把钥匙可以打开中华文明宝库的大门。

我们再考察一下中华传统文化的基本精神。中华传统文化的基本精神或者说中华文化的精神主干究竟是什么？目前有三派观点，一是"儒家主干"说，二是"道家主干"说，三是"儒道互补"说，我是赞成"儒道互补"——准确地说应该是儒、释、道三家互补说的。但互补的交点在哪里？我认为就是"大易之道"，所以我提出"易道主干"说。"大易之道"贯通儒家、道家乃至中国化佛家，所以是中华民族的精神支柱。

"大易之道"的内涵可以概括为"阴阳中和"四个字。"阴阳"代表中华民族有两大精神，就是乾卦的"自强不息"和坤卦的"厚德载物"。儒家偏重于阳，道家偏重于阴。儒家的基本精神是乾卦阳刚的精神，自强不息、刚健有为、勇往直前、百折不挠、昂扬向上、变异创新、与时俱进、拼搏进取、勤劳勇敢；道家的基本精神是坤卦阴柔的精神，厚德载物、柔弱虚静、包容宽厚、自然无为、居下不争、谦虚谨慎、以柔克刚。这两家不是截然分开、绝对对立的，而是互相包容、有所交叉的。是阴中有阳、阳中有阴；乾坤并健、儒道互补。虽然如此，但两家毕竟有所偏重。

与儒家道家相比，中医则是不偏阴阳的。如果阴阳有偏了则是病态，所以中医治疗的目的就是调和阴阳，达到阴阳不偏、阴阳平衡、阴阳调和，这样才会健康、快乐、长寿。就这一点而言中医比儒家、道家更接近于"大易之道"，更能体现中华传统文化的核心价值。

再看"中和"，儒、释、道三家都讲"中"：儒家讲中庸，道家讲中道，佛家讲中观。三家都讲"和"，儒家讲仁和，道家讲柔和，佛家讲圆和。儒、释、道三家"你中有我、我中有你"，圆融和谐。而中医则从人体健康这一最切近生命的领域，最完整地体现了"中和"的核心价值和思维方式。

对于中医的核心价值，我曾概括为"仁和精诚"四个字。具体说就是：医者仁心，医道中和，医术精湛，医德至诚。其中医道之"和"字正是中医思维方式的最大特征，"和"用两个字说就是"中和"或者"平和"。中医将人的健康状态称为"平"，将健康人称为"平人"，也称为"阴阳和平之人"。"和平"就是调和致平，"和"是"平"的手段，"平"是"和"的目的。《黄帝内经》提出"法于阴阳，和于术数""谨察阴阳所在而调之，以平为期""内外调和，邪不能害"，强调人只有通过调和阴阳，依靠自身脏腑、经脉、气血的功能活动及调节能力，才能达到人体内外的协调统一、形神气血的协调平衡。与西医的对抗性治疗不同，在"以平为期"理念指导下，中医采用调和性治疗的方法。中医以激发人体潜在的自组织、自修复能力为目的，通过人体内各种机制综合作用的调控，维持生命的动态平衡。这一方法符合现代肌体内稳态或自稳态理论。

中医认为，"阴阳失和"是病机的总纲，它具体表现为三个层面的"失和"：一是人与自然失和。人与天地万物阴阳之气相通相和，如果风、寒、暑、湿、燥、火等气候变化异常，太过或者不及，六气就变为六淫，由对人体无害转化为对人体有害，成为致病的因素。二是人与社会失和。《黄帝内经》重视人的社会致病因素，在《征四失论》《疏五过论》中有详细的论述，认为社会习俗、政治经济、道德行为等失和都可以致病。三是人本身阴阳失和，表现为气血不和、形神不和、脏腑不和、经络不和等。尽管疾病的病理变化复杂多端，但都可以用"阴阳失和"即阴阳的偏盛偏衰来概括。当阴阳失和发展至严重程度时，就会出现"阴阳离决，精气乃绝"的现象。既然疾病是"阴阳失和"造成的，那么，"调和阴阳"就是中医的治疗总则。药物、针灸、推拿等各种治疗方法，都是为了调和阴阳，把"不和"转变为"和平"，达到阴阳的动态平衡，恢复肌体的内稳态。

相比较而言，儒家更强调人与社会的和谐，道家更强调人与自然的和谐，佛家更强调人与心灵的和谐，而中医则不仅重视人与自然的和谐、人与社会的和谐，而且重视人自身的和谐。中医"调和致平"的理念和方法不仅可以用于治病，而且可以用于治国，所谓"上医治国，中医治人，下医治病"。对个人来说，人与人之间关系和谐了，那他一定是快乐的，他的生活一定是多姿多彩的。对国家来说，国家内部体制机制顺畅、和谐，国与国之间互联互通、关系和谐，人类就会和平发展，社会就会安宁大同。

中医既反映了中华文明的价值理念和思维方式，也是贴近百姓生活、将科技与人文融为一体的文化形态。中医"调和致平"的理念及其各种医疗技术、养生方法，几千年来护佑着中华民族繁衍生息。所以用中医药这把"钥匙"可以打开中华文明宝库，也可以助推中华优秀传统文化的伟大复兴。

（三）中医药抗击"新冠"疫情彰显中华文化的魅力

面对肆虐的新型冠状病毒肺炎疫情，中医人挺身而出，第一时间逆行武汉，奋战在抗疫第一线。相比 2003 年的 SARS，这次中医从一开始就及时参与进来，并且是全程参与，这是一大进步。中医药总有效率达 90% 以上。以武汉江夏方舱医院为例，五百六十四名患者以中医药治疗为主没有一例转为重症，同时缩短了治愈时间。中医药为战胜疫情发挥了重大作用，做出了杰出贡献，极大提升了中医文化自信。

为什么中医药能取得这么大的胜利？究其根本，还是"中医思维"发挥了作用。前面已经说过，中医思维和中医价值观是一体两面的关系。中医思维是中医立身之本，也是中华优秀传统文化价值理念和思维方式的集中体现。此次抗击疫情，中医药在发病、治疗、预防三个方面彰显了"中医思维"的威力。

首先在发病方面，中医主张"内外相合，正气盛衰"。中医有三因致病学说，如果从内外两个角度看，此次"新冠"肺炎是由内外两个原因造成的，外在的原因是疫毒加上气候。新冠病毒属于中医"疫毒"的范畴。《素问·刺法论》说："五疫之至，皆相染易，无问大小，病状相似。"这种"疫毒"是一种有别于六淫、具有强烈致病性和传染性的外感病邪。"疫毒"加上异常的天气就会导致传染病的发生。按照《黄帝内经》五运六气的说法，去年己亥年第六步气，也就是小雪—大寒（2019年11月22日—2020年1月20日）："其病温厉"，容易导致温热、疫疠类疾病，也就是传染病多发。当时武汉近一个月的气候的确是这样，是暖冬，本来应该下雪，结果没有下雪，而是下雨，阴雨蒙蒙，湿气很重。所以全小林院士提出此次新型冠状病毒肺炎称为"寒湿疫"，是由寒湿之疫邪引起的，病性上属于阴病，以伤阳为主线。

从内因看，各人的体质有差异，正气盛衰不同。这次疫情传染性极强，但也有同一个家庭多数被感染但个别没有被传染的例子。什么原因？就是这个人正气足，抗病力强。《诸病源候论》说："恶毒之气，人体虚者受之。"《温疫论》说："本气充满，邪不易入，本气适逢亏欠，……外邪因而乘之。"所以，最终是否发病，还取决于人体自身的正气是否旺盛。

其次在治疗方面，中医主张"扶正祛邪，整体调节"。中医对待疫病的治法和药方众多，东汉张仲景《伤寒论》就有多个有效经方，总的来说都强调治病必求本，辨证论治。根据不同症候，有的用发汗法，有的用下法或吐法。明代的吴又可认为，治疫以逐邪为第一要义。这次在"新冠"肺炎中得到普遍使用的"清肺排毒汤"，就来源于张仲景《伤寒杂病论》记载的四个经方：麻杏石甘汤、射干麻黄汤、小柴胡汤、五苓散。"清肺排毒汤"的治疗有效率为97.78%，轻症患者没有一例在服用清肺排毒汤之后转为重症或危重症的情况。

"清肺排毒"这一方名其实反映了中医对待病毒的思维方法，是"排毒"而不是"杀毒"，这一点和西医是不同的，西医是杀毒。这正是中西医学不同的思维方式，西医是分析性、对抗性思维，中医是整体性、调和性思维。西医致力于精准有效的单靶向治疗，遗憾目前还很难实现。中医则是扶正祛邪，整体调节，是多靶点治疗。一方面是扶持正气，也就是提高自身的免疫力、抵抗力；另一方面是祛除邪气，将体内的疫毒排除出去。

在预防方面，中医主张"形神兼养，提升正气"。中医十分重视"治未病"，重视预防。对"新冠"病毒，最有效的预防当然是隔离，彻底阻断传染渠道。同时中医强调要增强体质、提高正气、提高免疫力，这就是《黄帝内经》说的："正气存内，邪不可干。"

怎样提高正气？中医主张要形神兼养。所谓"形"不仅指一些补气血的药物，更指形体导引运动。

所谓"神"，就是要调节情志、调节精神。《黄帝内经》重视七情五志、心理因素对人体健康的影响："心者，五脏六腑之主也""心为君主之官"，如果"悲哀愁忧则心动，心动则五脏六腑皆摇"。面对新型冠状病毒，要保持平和宁静的心态，不要恐慌，不要焦虑，不要悲观。一旦形神兼养，"形与神俱"，正气就得以提升了。

中医药抗击疫情不仅彰显了中医药的威力，也彰显了中华文化的强大生命力和中华文明的永恒魅力。为弘扬中华优秀传统文化、增强民族自信和文化自信做出了重要贡献。①

---

① 张其成：《中医文化是中华文明伟大复兴的先行者》，《南京中医药大学学报》，2020 年 6 月。

结　语

一、中医学发展须守正创新

不久前，国家中医药管理局发布的一项调查结果显示，中国公民中医药健康文化素养水平稳步提升，达到 15.34%。在全国十五岁至六十九岁人群中，具备中医药健康文化素养的人数据推算超过 1.58 亿人。这一结果说明，中医药健康文化的普及度越来越高，中医药在群众日常健康管理中发挥着重要作用。

习近平总书记强调："要遵循中医药发展规律，传承精华，守正创新。"守正，意味着坚守正道，坚持按事物的本质要求和发展规律办事。中医药发展规律的核心，就在于中医学思维的规律。中医学思维的特征可用一个"和"字概括。这既包括形神中和、气血中和、脏腑中和，也包括天人中和、人我中和、人物中和。这样一种思维方式具有深厚的历史传统，发端于中国古老的经典《易经》，后为儒家、道家和医家所继承并发展。中医学讲究调和致中，如果失调就会生病，治病就是把失调的状态调到中和、平衡的状态。

中医学的传统中，有"医源于易"的说法，是指中医学理论的基本概念、思维方式源于"易"。易学有一个很重要的特点就是包容创新，既表示自强不息、变易创新，也意味着厚德载物、包容广大。中医学历史上，从元代前后出现了不同学术流派，各学派在思维方式上借鉴了宋儒对易学的创新和发展。到了近代，中医学也经历过这样那样的冲

275

击。当时一批中医学家一方面以中西医汇通的方式应对变化；另一方面仍坚持发扬传统，从未丢掉中医学理论体系的哲学根基和精神实质，挺起了中医药的脊梁。

可见，中医学之所以能历尽千年而不衰，能够世代传承并不断发展，就是因为守住了中医学调和致中的思维方式和价值理念。这既是中医学经千百年发展的智慧选择，也是中医学发扬光大的守正要义。只有守正，中医学才能实现文化自信、创新发展，为人类健康做出新的贡献。

如果说守正是固本，创新则决定着未来。中医学如何创新？"传承不泥古、创新不离宗"是核心要义所在。当前，中医学的创新大致可分为两个思路。一是主张继承就是创新，强调完全按照传统中医来治病、授徒。二是主张充分利用现代医学和科学的理论、方法、手段等，强调中西医并重、共同发展。两个思路都有可取之处，综合起来，就是要走一条守正创新的路子。中医学的守正创新强调以中医为主导和本体，以西医及现代科学为支持，推动中医药实现真正的创新发展。

知常明变者赢，守正创新者进。中医学的历史就是一部守正创新的历史。正因为受到不同时代哲学成果、科技成果的滋养，中医药才能不断发展进步。当代中医学绝不能画地为牢、故步自封，否则不仅无法实现创新，甚至可能在自我封闭中变得更加脆弱。我们相信，中医学只要守住最核心的思维精华和价值观念，尊重事物发展的规律，充分运用现代科技成果，大胆创新、不断开拓，就一定能始终保持生机活力，更好地造福中国人民和世界人民。

二、让中医药走向世界

中医药是中国的，也是世界的。让中医药走向世界，是习近平同志在广东考察时提出的振奋人心的号召。这不仅是全体中医人的时代使命，而且是摆在当代中医人面前的历史考卷。

让中医药走向世界，目的是让中医药优质的健康医疗服务惠及世界、造福人类。目前，中医药服务已遍及全球一百八十多个国家和地区。中医药逐渐为五大洲的民众所接受，尤其是针灸、气功、太极，受到越来越多国际友人的喜爱。这说明，中医整体医学、整体健康的观念和方法是有效的，大众是受益的。中医将生命看成脏腑经络相贯相连的整体，将人看成与天地相通相应的整体，通过日常生活中饮食、起居、运动、情志的调节，养成健康生活方式和行为习惯，从而达到不得病、少得病、晚得病和不得大病的目标。

让中医药走向世界，需要深入发掘中医药宝库中的精华。中医药是我国先民在天人合一哲学理念指引下，经过长期实践而形成的伟大发明创造，几千年来一直护佑着中华儿女的健康繁衍。据《全国中医图书联合目录》统计，从战国至1949年，存留于世的中医药图书共计一万二千一百二十四种。加上陆续发现的中医药出土简帛文献和传世的孤本、秘本，中医古籍数量相当可观，深入挖掘大有可为。同时，要挖掘传统文史哲和科技典籍，特别是《道藏》中与医药养生相关的宝贵资源。这些都是"物"的资源。此外，还要重视"人"的资源。关注健在的国医大师和各级名老中医专家，做好口述史研究和人类学田野调查。

明确从哪里挖掘，更要明白挖掘什么。这可以从"道"和"法"两个层面下功夫。在"道"的层面，应挖掘中医药宝贵的价值观念和原创思维，如天人合一、调中致平、顺应自然、整体和谐的价值观念和思维方式等。中医药注重人体自身形神的和谐统一，注重人的内稳状态和抗病潜能的激发，注重人与自然、社会的和谐统一，注重疾病预防的"治未病"思想。这是中医药的"魂"，是中华优秀传统文化的重要体现。在"法"的层面，应梳理历代中医药行之有效的中药方剂，以及针灸、推拿、导引等技术方法。历代中医的方剂数量是惊人的，《中医方剂大辞典》收方近十万首，需要去粗取精、去伪存真。

让中医药走向世界，需要充分运用现代科技手段和成果。中医药形成发展的历史，就是一个不断吸收先进科技成果的过程。例如，西汉中期成书的《黄帝内经》就吸收了当时天文、历法、音律、物候的知识。在当今社会，中医药如果排斥现代科技、与现代社会相隔离，那就不可能发展创新，不可能走向世界，其结果必然是为时代所抛弃。对中医药一定要有文化自信，但这种自信不是画地为牢、故步自封，而是立足自身，勇于运用现代科技成果，不断开拓创新。事实证明，越是与现代科技相结合，越能创造出重大成果。屠呦呦受到《肘后备急方》的启示，利用乙醚提取技术发现青蒿素，成为第一位获得诺贝尔科学奖项的中国本土科学家，就是最好例证。

中医药走向世界，还需要实现产业化和现代化。我们要清醒地看到，虽然近年来中医药国际化取得很大成绩，但目前仍只有部分国家承认中医药的合法地位，而且大部分只认可针灸而不认可中药。这就需要改革中医药体制，推进产学研一体化，加快中医药产业化进程。让科研先"走出去"，让数据说话，让更多外国人了解中医药机理。将传统中药优势与现代科技相结合，加大研发投入，促进中药现代化。只有研发出既符合中医理论、作用机理又确切的中药产品，才能让外国人从心存犹疑到心服口服。

从某种意义上说，中医药走向世界的过程就是文明交流互鉴、共建共享的过程。这就需要弄清不同国家和地区的文化特质，摸清受众需求，多用受众能理解、好接受的方式来展示中医药发展成果。应利用好海外的孔子学院和中医中心等平台机制，加强与海外各类中医药团体平台的整合，借助新媒体手段，不断提高中医药国际传播的文化认同度。

三、调和致平 利国利民

习近平同志指出，中医药学是打开中华文明宝库的钥匙。《中国国家形象全球调查报告2015》显示，最能代表中国文化的形象符号是中医。在世界文明史上，唯有中华文明绵延数千年从未中断。其中，中医学传承至今而且仍然发挥着重要作用。这是值得每一个中国人引以为荣的。

中医的核心价值理念，用一个字概括就是"和"，用四个字概括就是"调和致平"。"调和"理念是有深刻意义的。中医将人的健康状态称为"平"，将健康人称为"平人"，也称为"阴阳和平之人"。"和平"就是调和致平，"和"是"平"的手段，"平"是"和"的目的。《黄帝内经》提出"法于阴阳，和于术数""谨察阴阳所在而调之，以平为期""内外调和，邪不能害"，强调人只有通过调和阴阳，依靠自身脏腑、经脉、气血的功能活动及调节能力，才能达到人体内外的协调统一、形神气血的协调平衡。与西医的对抗性治疗不同，在"以平为期"理念指导下，中医采用调和性治疗的方法。中医以激发人体潜在的自组织、自修复能力为目的，通过人体内各种机制综合作用的调控，维持生命的动态平衡。这一方法符合现代肌体内稳态或自稳态理论。

中医认为，"阴阳失和"是病机的总纲，它具体表现为三个层面的"失和"：一是人与自然失和。人与天地万物阴阳之气相通相和，如果风、寒、暑、湿、燥、火等气候变化异常，太过或者不及，六气就变为六淫，由对人体无害转化为对人体有害，成为致病的因素。二是人与社会失和。《黄帝内经》重视人的社会致病因素，在《征四失论》《疏五过论》中有详细的论述，认为社会习俗、政治经济、道德行为等失和都可以致病。三是人本身阴阳失和，表现为气血不和、形神不和、脏腑不和、经络不和等。尽管疾病的病理变化复杂多端，但都可以用"阴阳失和"即阴阳的偏盛偏衰来概括。当阴阳失和发展至严重程度时，就会出现"阴阳离决，精气乃绝"的现象。既然疾病是"阴阳失和"造成的，那么，"调和阴阳"就是中医的治疗总则。药物、针灸、推拿等各种治疗方法，都是为了调和阴阳，把"不和"转变为"和平"，达到阴阳的动态平衡，恢复肌体的内稳态。

中医"调和致平"的核心理念源于先秦哲学的"中和"思想。无论是《尚书》的"协和万邦"、《周易》的"保合太和"、《国语》的"和实生物"，还是老子的"负阴而抱阳，冲气以为和"、孔子的"君子和而不同"、有子的"和为贵"、子思的"致中和",都十分重视天地万物的整体统一、和谐共生。相比较而言,儒家更强调人与社会的和谐,道家更强调人与自然的和谐,而中医则不仅重视人与自然、人与社会的和谐,而且重视人自身的和谐。中医"调和致平"的理念和方法不仅可以用于治病,而且可以用于治国,所谓"上医治国,中医治人,下医治病"。对个人来说,人与人之间关系和谐了,那他一定是快乐的,他的生活一定是多姿多彩的。对国家来说,国家内部体制机制顺畅、和谐,国与国之间互联互通、关系和谐,人类就会和平发展,社会就会安宁大同。

中医既反映了中华文明的价值理念和思维方式,也是贴近百姓生活、将科技与人文融为一体的文化形态。中医"调和致平"的理念及其各种医疗技术、养生方法,几千年来护佑着中华民族繁衍生息,今天也必将进一步助推健康中国建设,助推中华优秀传统文化复兴。

图书在版编目 (CIP) 数据

文化先行 / 张其成著. -- 北京：中国文史出版社，
2023.8

（政协委员文库）

ISBN 978-7-5205-2637-1

Ⅰ．①文… Ⅱ．①张… Ⅲ．①《周易》-文集②中国
医药学-文化研究-文集 Ⅳ．①B221.5-53②R2-05

中国版本图书馆 CIP 数据核字（2020）第 240047 号

责任编辑：薛未未

出版发行：**中国文史出版社**

社　　址：北京市海淀区西八里庄路 69 号院　　邮编：100142

电　　话：010-81136606　81136602　81136603（发行部）

传　　真：010-81136655

印　　装：廊坊市海涛印刷有限公司

经　　销：全国新华书店

开　　本：720×1020　1/16

印　　张：18.5　　　字数：205 千字

版　　次：2023 年 8 月第 1 版

印　　次：2023 年 8 月第 1 次印刷

定　　价：68.00 元